정치의 품격

선출직 공직자의 도덕성

정치의 품격

: 선출직 공직자의 도덕성

초판 1쇄 · 2020년 3월 31일
초판 2쇄 · 2021년 10월 15일

지은이 · 김경동 · 진덕규 · 박형준
펴낸이 · 한봉숙
펴낸곳 · 푸른사상사

주간 · 맹문재 | 편집 · 지순이 | 교정 · 김수란
등록 · 1999년 7월 8일 제2−2876호
주소 · 경기도 파주시 회동길 337−16(서패동 470−6)
대표전화 · 031) 955−9111(2) | 팩시밀리 · 031) 955−9114
이메일 · prun21c@hanmail.net
홈페이지 · http://www.prun21c.com

ISBN 979−11−308−1636−4   93340
값 22,000원

사회문화총서

정치의 품격

선출직 공직자의 도덕성

김경동 진덕규 박형준

**The dignity of politics
: morality of the elected officials**

이 저서는 한샘DBEW연구재단의 지원으로 수행한 연구임.

이 책을 준비하기 시작하던 2019년 여름. 대한민국 국민의 뜻을 받들어 국정을 책임진 국회는 80일이라는 긴 휴면에서 간신히 깨어나 드디어 임시국회 개원을 알렸다. 그러나 여기에 제1야당인 자유한국당은 불참했다. 국회는 장기간의 휴식으로 국정에 손을 놓고 있다가 무엇인가 하려는 듯했지만 국회의사 일정은 반쪽짜리 모습으로 본회의는 개회도 하지 못하고 상임위원회도 회의 흉내만 낸 채 그렇게 흐지부지 일정을 마치고 말았다. 그 두 달 반의 휴업 동안에 여야 대치로 의정 활동은 아예 멈추었고 민망한 막말의 잔치는 도를 넘겼으며 물리적 폭력의 난투극마저 지난날의 데자뷔를 연출한 극적인 파노라마의 장면을 굳이 상세하게 전할 필요는 없을 것이다.

그런 사태가 벌어지는 사이 국회의사당 주변에서는 "무노동 무임금, 왜 우리 노동자에게만 적용하는가?"라는 취지의 플래카드를 치켜들고 소리 높여 아우성치는 시위가 한창이었다. 청와대 청원 사이트에는 국회를 해산하라는 시민의 요구가 쏟아져 들어온다고 하는 이런 일련의 상황을 연일 보도하는 언론매체의 정보에 접하며 국민이 과연 어떤 생각을 할지 특별히 따로 서술

할 필요는 없을 것이다. 아마도 다수의 시민은 국회 정상화를 위한 소위 '국회선진화법'이라는 법률까지 자신들이 입법해놓고 지금 무슨 짓을 하고 있느냐는 참담한 심경을 달래려 안간힘 쓰고 있을 터이다. 기실, 그 2019년이 저물고 2020년 경자년이 밝아오는 시점까지도 국회법을 어기면서 여당과 일부 야당이 야합한 가운데 예산안을 속전속결로 처리한 것도 모자라서 이른바 패스트트랙이라는 신속 처리의 미명을 쓴 선거법과 공수처법 등이 전문가의 판단으로는 국회법은 물론 심지어 일부 헌법마저 위반하는 내용을 담고 있음에도 불구하고 야당의 격렬한 반대를 무릅쓰고 기어이 통과시키는 불상사가 진행되었다.

그런데 이런 현상은 비단 대의기구의 문제만이 아니라 우리나라 정치의 전반적인 병폐를 반영하는 일부 증상에 불과하다고 봐야 한다. 본서를 집필하고 있던 시점에 한국 사회는 한 개인의 공직 취임을 둘러싸고 그의 과거 언행과 자신의 가족을 포함하여 자신이 저지른 온갖 비정상적인 행위 사이의 괴리와 인격적 이중성 등을 두고 국민의 정서와 여론이 양극단으로 분열하여 수십, 수백만의 군중이 나라의 명운을 좌우하려는 기세로 길거리로 쏟아져 나와 혼란의 도가니를 조성하고 있었다. 그러나 국회라는 국민의 대의기구는 거의 완전히 특정 정파의 정치적 탐욕에 휩쓸려 민주주의가 빈사하는 형국을 자아내고 있었으며 이를 바라보며 허탈해진 국민의 마음에는 짙어져가는 경제의 어두운 먹구름마저 드리워 나라의 앞날이 참으로 우려스러운 지경에 이르렀다. 이러한 믿기 어려운 민주정치의 위기가 닥쳐온 중심에는 대통령을 비롯한 정치권의 핵심 공직사회의 이기적인 우국지심의 결핍이 무겁게 자리하고 이를 견제하고 교정해야 할 책임을 진 대의정치의 미숙과 타락이 한몫을 한 것이라 하겠다.

이런 상황에서 한샘DBEW연구재단의 조창걸 이사장께서 본서의 제1저자인 김경동에게 참으로 시의적절한 연구과제를 수행해줄 것을 요청해왔다. 현금의 국제정세, 특히 동북아의 소용돌이치는 미묘하고 위험한 힘겨루기가 한반도를 둘러싸고 전운을 드리우는 긴장마저 자아내고 있는 데다, 세계 경제의 추세 또한 우리에게 유리하게 작동하지도 않는 아슬아슬한 상황이 마치 19세기 말 20세기 초 구한말의 모습을 연상케 하는 처지도 아랑곳없이 우리나라의 정치를 좌우하는 선출직 공직자(대통령 포함, 국회의원)의 행태가 너무나도 실망스럽고 위태로워서 이를 그냥 두고 바라보고만 있을 수는 없지 않은가라는 우국충정에서 이런 제안을 한 것이다. 지금과 같은 수준의 정치인의 능력과 자질로는 이 국가적 험로를 순탄하게 헤쳐나갈 수가 없을 것만 같다는 의구심을 지울 수가 없었기 때문이다. 그래서 본서를 저술하기 위한 연구과제에 착수하게 되었다. 적어도 이런 연구를 진지하게 시도한 보기가 드물다는 현실도 이런 구상에 한몫을 하였다.

　대개 공직자를 평가하고자 할 때는 실질적인 업무 능력과 도덕적인 자질을 함께 고려해야 하지만, 이번에는 우선 도덕성의 측면에 초점을 맞추고 연구를 수행해줄 것을 요청하였다. 이에 김경동이 연구책임자가 되고 진덕규, 박형준 두 공동연구자가 동참하여 연구에 착수하였고 주어진 기한에 과제를 종료한 것을 토대로 이 저서를 집필하게 된 것이다. 여기에는 사회적 기업 인토피아의 정현호 대표가 보조연구원으로, 그리고 정책학회의 옥승철 이사가 연구보조원으로 동참하였다.

　한샘재단의 조 이사장의 희망은 오늘과 같은 대의정치로서는 한국의 장래를 보장할 수 없다고 보고 앞으로는 최소한도의 도덕적 품격을 갖춘 공직자를 선출하는 것이 필수적이라 여기므로 어떤 방식으로 그들의 도덕성을 판단할 수 있을지 그 구체적 방안을 강구해주었으면 하는 것이었다. 이를 위해서 당장의 실질적 성과를 얻자고 하면 이른바 선출직 공직자의 도덕성 평가 지표 같은 것을 구성하고, 이를 수단으로 일종의 조사 같은 것을 하는 방안만 제시하면 되겠지만, 연구자들의 생각에는 그러한 지표를 만들더라도 어떤 근거에 의해서 작성하는지를 밝히는 작업이 우선한다고 보고 다음과 같은 내용을 포함하여 그런 실제적 과정을 뒷받침하기로 하였다.

첫째는 무엇보다도 현시점에서 어쩌면 한 세대 전에 권위주의 체제에서 성공적으로 이행한 우리의 민주정치가 오히려 퇴행하고 있다는 회의를 조금이라도 불식하려면 그러한 민주주의 정치에서 무엇이 잘못되고 있는지를 우선 살펴볼 필요가 선행한다. 현재 전 세계적으로 민주주의 위기를 우려하는 목소리가 드높아지고 있는 현실을 고려할 때 어디에 문제가 있는지 최소한의 기본적 분석은 해봐야 한다고 생각하였다. 문헌을 보면 볼수록 유감스럽게도 그 민주주의의 약점이 바로 대의정치에 있다는 점이 눈에 뜨였다. 따라서 현대 민주주의의 취약점인 대의정치에 관한 기초적 분석을 먼저 시도하였다.

둘째는 그러한 전 지구적 현상이 한국에서도 예외가 아니라는 사실에 주목할 때 한국의 정치가 여기까지 오게 된 배경을 추적해보고 미래를 향한 개선의 방향을 잡아가기 위해서는 아무래도 한국의 정치문화를 개략적으로라도 살펴봄으로써 우리의 이해를 도울 수 있다는 뜻에서 한국 정치문화를 되돌아보기로 하였다. 그 과정에서 우리는 참담하리만큼 조선조 말기의 정치적 부패가 심각했음을 깨닫게 되었을뿐더러 그러한 정치문화를 우리는 지난 한두 세대를 지나는 사이에서도 깨끗이 청산하지 못했다는 자괴감에서 벗어나기가 힘들었다.

셋째, 이어서 우리는 선출직 공직자를 정치 부문의 엘리트, 곧 지도자라 규정하고 지도자를 연구하는 사회과학 분야에서 정리한 리더십의 특성에 관한 이론을 개관하기로 하였다. 물론 이 방면의 연구가 워낙 방대하므로 우리 연구주제에 가장 가까운 주요 내용에 치중하고 이를 우리가 목표로 하는 리더십의 도덕성을 판단하는 가치 체계를 구상하는 것을 기초로 삼았다. 여기서 살펴본 이론은 동서양을 망라하여 고대부터 현대까지의 주요 관점을 집약적으로 포착하려는 목적으로 검토하였다.

넷째, 그러한 이론적 틀에서 제시하는 리더십의 덕목을 재분류하여 국가의식, 헌법주의 · 준법정신, 공직 가치, 전문직 가치, 사회적 가치, 윤리적 가치 등 여섯 가지 범주로 나누고 그 세목을 열거하여 선출직 공직자의 도덕성 평가를 위한 지표 작성의 틀로 삼았다. 여기에 더하여 실제로 세계 주요 국가에서는 어떤 가치 체계로 판단하는지를 면밀히 조사하여 구체적인 행동유형까지도 위의 6개 범주에 분류하는 작업도 시행하였다. 이를 위해서는 미국과 캐나다, 영국과 독일, 뉴질랜드, 일본, 중국의 국회의원의 윤리 규정을 비롯하여 관련 법령과 규칙, 인재 등용 과정의 각종 문서 등을 자료로 삼아 내용 분석을 실시하여 비교하고자 하였다.

다섯째, 이제 위에서 구성한 가치 체계의 항목을 기초로 실제 선출직 공직자의 도덕성 평가를 위한 지표의 개발과 그 지표를 측정하기 위한 질문 문항을 담을 질문서(설문지) 작성도 실제 보기로 제시하였다. 그 한 예로 선출직 공직자의 미래지향적 신윤리지표를 구체적으로 구상하고 질문 문항도 예시하였다. 물론, 이러한 지표와 질문서의 구체적인 내용과 형식은 이를 필요로 하는 주체가 각기 필요에 따라 수정 · 작성하거나 새로이 만들고자 할 때 우리가 제시한 가치의 틀을 일종의 기본 준거로 참고하여 각자 목적에 따라 적정한 내용과 형식으로 추진하도록 하는 데 유용한 기초 자료의 성격을 띠는 것이지 이것이 표준 매뉴얼이 아님을 분명히 밝혀둔다.

최근 공직 가치와 공직자의 도덕성을 다루는 연구의 예가 없는 것은 아니지만 선출직 공직자를 특정하거나 가치 체계를 조직적으로 새로이 정립하고 그를 준거로 삼아서 이론적으로나 방법론적으로 접근하려는 시도까지는 보여주지 못하고 있다는 점을 고려할 때 우리의 연구가 비록 미비하다 해도 이 방면에서 새로운 연구 영역을 개척하는 데 하나의 작은 불씨가 될 수 있을 것이다. 그리고 실천 면에서도 아직은 선출직 공직자를 선발하는 과정에서나 정부에 진출한 후 현직에 종사하는 동안에서나 이 정도의 체계적이고 심층적인 도덕성 평가를 실시한 예가 없다는 사실에 비추어 이와 같은 방법에 의한 도덕성 평가가 실제로 이루어지고 확산하기를 기대해 마지않는다. 그리하여 우리나라 정치의 품격이 한층 더 향상하고 한국은 도덕성이 탁월한 선출직 공직자를 가진 모범적인 국가라는 명망을 얻게 될 날이 속히 오기를 희망해본다.

이 자리를 빌려 이처럼 아주 특별한 연구 기회를 주신 한샘DBEW연구재단의 조창걸 이사장님께 각별한 감사의 말씀을 드리고 이 연구를 수행할 수 있도록 행정적인 뒷받침으로 도와주신 연구재단의 김동건 상무님에게도 고마운 마음 전한다. 아울러 이 연구 수행의 실무적 업무를 감당해주신 사단법인 미래학회의 김동환 직전회장님과 행정실무를 맡아 고생하신 박제석 간사님에게도 감사의 뜻을 보낸다. 이 연구 수행 과정에 그 엄청난 분량의 국내외 자료를 수집·분석하느라 고생한 정현호 보조연구원과 옥승철 연구보조원의 노고에도 치하와 감사를 전한다. 특히 정 보조연구원은 리더십 이론의 일부 원고도 작성하는 데 참여하였음을 이 자리에서 밝혀둔다. 그리고 이 연구 결과를 수정·보완하여 단행본으로 출판하는 일을 기꺼이 맡아주신 출판사 푸른사상사의 한봉숙 대표님과 맹문재 주간님, 직원 여러분께도 고맙다는 인사를 보낸다.

2020년 봄의 기운이 돌기 시작하는 시절
우리의 정치에도 새싹이 돋아나기를 기대하며
김경동·진덕규·박형준 사룀

차례

■ 책머리에 5

제6장　결론 : 도덕성 평가의 실행과 활용

제1장

서론

제1장
서론

우리네 정치에 없는 것 있는 것[1]

우리네 정치엔

국민은 없고
정치꾼만 판치네
(이발기사는 가소롭다는 투로
"이번 선거에서 투표하면 개××지요.")
민생은 시름없고
정치씨름 요란하네
(택시기사는 입에 거품을 물고
"정치엔 관심 없어요.
먹고 살기가 이렇게 어려운데
정치하는 ××들은 뭐 한대요?")

---

1   김경동 사회비평시집, 『시니시즘을 위하여』, 민음사, 2000, 86~89쪽;『문화일보』,
    1997. 8. 21.

우리네 정치엔

비전은 보이지 않고
비방만 난무하네
미래는 깜깜하고 과거만 옥죄이네
희망은 사라지고
냉소만 입가에 지네
희망 줄 보따리 너무도 빈약하고
터뜨릴 보따리 너무도 풍성하네
정책대결 공무니 **빼고**
이전투구 뒤범벅이네
선택 마당 아니고
구경 마당 되었네

양보와 타협과 협상은 흔적 없고
연구와 토론과 협조는 뒷전이고
제도와 법률과 절차는 제쳐놓고
대결과 분열과 줄다리기 왁자하네
밀치고 당기고 한 발작도 안 물리네
치고 박고 욕하고 갈등만 일삼네
상처 입은 지도자는 비틀거리고
패거리 보스만 띠룩띠룩 살찌네

우리네 정치엔

법치는 맥 못 추고
삼권분립 말뿐이고
민주주의 허울 좋고
인치에 눈치 늘고
독주, 독선 왕성하고
권위주의 실속 있네

선거는 바람뿐
민의만 허공에 흩날리네

공익은 뒤로하고
사욕만 채우네
권리는 짓밟히고
권력만 활보하네
실력은 비웃음 사고
금력만 힘깨나 쓰네
노력은 쓸모 없고
술수만 효험 있네
진실은 간 데 없고
거짓만 만연하네
말만 무성하고
실행은 가물었네
인격은 왜소하고
허상만 거창하네

우리의 정치엔
정치(正治)는 없고
패도(覇道)만 있네

　오늘날 우리 정치의 난맥상을 두고 왈가왈부하는 일 자체가 무의미할 정도로 실망스러운 현실을 바라보면서 이제부터라도 과거와 현재의 암담함에 주저앉을 수는 없고 내일을 위한 새로운 변혁의 모색에 과감히 나서야 한다는 마음가짐을 다져야 할 시점이다. 기실 우리와 비슷한 양상으로 현대 민주주의가 직면하고 있는 위기의 조짐을 우려하는 목소리는 전 세계적인 현상인 점도 주목할 필요가 있다. 이런 때에 우리가 시도해야 할 과제는 물론 다양하겠지만, 그중에서도 시급히 추진하라는 시대적 요청이 과연 무엇인지를 되짚어봐야 할 터인데, 이런 때 우리가 귀담아 들어야 할 선현의 충고를 이율곡 선생의 예지에서 얻는 것도 한 가지 방법이다.

현재 우리가 목도하고 있는 대의정치와 이를 뒷받침하는 정당정치의 무기력과 무질서를 두고 당장에 개선하려 할 때 대개는 제도적 차원의 변화를 먼저 시도하게 된다. 물론 원칙적으로 제도의 문제는 항상 분석과 비판과 개혁의 대상이어야 한다. 그러나 현실적으로 그러한 문제의 원천 자체가 바로 그 변화를 실현해야 하고 또 할 수 있는 주체, 즉 그 제도를 잘못 구축하고 부실하게 운영하는 사람들이라는 사실을 묵과할 수가 없다. 흔히 이를 두고 "닭이 먼저냐, 계란이 먼저냐?" 하는 순환논리의 함정을 경계하라고 하지만, 더 자세히 따지고 보면 제도란 원래 인간의 욕구 충족과 사회의 기능적 지속을 목적으로 인간이 창안하는 것이며, 거기에 문제가 발생하면 이를 적극적으로 해소하고 개선하는 주체도 인간이다. 다만 한 번 만들어 시행하는 제도는 거기에 익숙해진 인간과 기성 제도를 유지하려는 제도 자체의 관성 때문에 개혁이 어려워진다. 제도로 이득을 보는 특권층의 현상 유지 욕구와 그에 입각한 저항은 때로 강력하지만, 어떤 시대 어떤 사회이든 저항을 극복하고 개혁과 혁신을 추구하는 주체들도 있게 마련이다.

이처럼 기득권과 개혁 사이의 변증법을 500년 전 율곡 선생은 국가 변화의 3단계(창업, 수성, 경장) 논리로 정식화한 바 있다. 우선 혁명으로 새로운 국가 질서를 구축하고 새 질서의 규준으로 법제를 갖추는 것이 창업(創業)이다. 이런 법제를 계승하고 실현하는 단계가 수성(守成)인데, 수성의 안정기가 오래가면 낡은 관습과 의식으로 타성이 생기고 내부적인 모순으로 생긴 문제가 축적하여 이번에는 이를 개혁하려는 경장(更張)의 물결이 친다. 경장으로써 모순을 해결하면 다행이나 그렇지 못하면 다시 혁명에 의한 새로운 창업이 필요하게 된다(금장태, 1984: 91).

이와 같은 국가의 세 단계 변천 과정을 모두 정상적으로 거치며 운영하려면 여기에는 특별한 지혜가 필요하다고 율곡 선생은 일깨운다. 인간의 지혜란 살아가는 도정에서 어려움이 닥칠 것을 두고 어떻게 예비하고 처신할지를 깨닫는 역량이다. 거기에도 세 가지 유형이 있다. 첫째, 제일 수준이 낮은 지혜, 하지(下智)는 무릇 위난을 보고도 다스릴 생각이나 안정을 구하고자 함이 없는 지혜고, 둘째가 중지(中智)인데 일어난 뒤에 깨달아 변란임을 알고 다스려 도모하며 위험을 알아 안정을 시도하는 지혜다. 그리고 세 번째는 상지(上智)로서 미연에 밝게 보고 변란 전에 제어하고 다스리며 위태로움에 앞서 나라를 보전하는 지혜라고 하였다(조남국, 1985).

오늘 우리 정치에서 가장 시급히 필요한 지혜가 바로 이러한 상지임을 상기시켜주는 논지다. 그러한 인재가 국가 운영에 직접 참여한다면 국민은 아무런 근심도 없이 편안한 마음으로 생을 누릴 수 있을 터이니 대의제도가 불가피한 민주주의 정치에서 국민이 선택한 대표자라면 이만한 지혜를 터득한 인재이기를 갈망할 수밖에 없다. 현대 민주주의 정치는 곳곳에서 어려움을 겪고 있다. 그 어려움을 겪는 이유는 한편으로 제도의 한계에서 비롯된 것이기도 하지만 다른 한편으로 그 제도를 운영하는 사람들의 자질과 의식의 부족에서 기인한 것이기도 하다. 지금까지 세계의 모든 민주주의에서는 그 대표자를 1인 1표제에 의해 선출하는 선거제도를 보편적으로 받아들여 시행하고 있다. 그런데 일부 정치학자가 보기에 이 선거라는 민주적 과정 자체는 "범용한 인물을 대표로 뽑는 기회를 증대시키는 일에 불과하다"고 단정할 정도로 문제가 있다(Laski, 2015: 79). 라스키의 관점에 의하면 "입법회의가 전문가나 능력 있는 정치인들의 집합체는 아니다. 그저 여론의 흐름에 따라 이리저리 흔들리고, 지도자가 바람직하다고 생각하는 정책을 수용하도록 하기 위하여 지도자가 조직한 보통 사람들의 평균적인 표본이다." 여기서 우리는 과연 대의기구의 구성원을 이런 인물군으로 채우면 만족할 수 있느냐 하는 질문을 제기할 수 있다. 현실이 어느 정도 그렇다 해도 최소한도 국민을 대신하여 국정을 좌지우지하는 사명을 띤 리더라면 그런 수준의 범상한 사람이어도 아무 문제가 없다는 논리는 원칙적으로 수용하기가 어렵다. 이 명제가 본서의 문제의식의 시발점이라 할 수 있다.

따라서 미래를 내다보고 선진정치를 목표 삼아 선출직 공직자의 도덕성을 평가하는 주제를 다루기로 한 것이 본서의 주목할 점이다. 이를 위해서는 최소한도 다음과 같은 내용을 한 가지씩 검토하면서 추진하는 것이 바람직하다는 취지에서 이 책을 마련하게 되었다.

우선 선출직이 공직 생활을 하는 정치적 공간이 국회임을 전제할 때 현재 한국의 일반 국민이 그 의회를 어떻게 평가하는지를 보여주는 아주 단순한 통계자료 한 가지만 소개하면서 시작하려 한다. 최근 한국행정연구원에서는 우리 국민이 각종 공공기관과 민간조직체 등을 얼마나 신뢰하는지를 4점 만점으로 점수를 측정한 결과를 보고한 바 있다(한국행정연구원, 2018). 그 자료에 따르면 일반 시민(가족, 이웃, 지인 등)의 신뢰도가 기타 여러 공공기관보다 가장 높은 데 비해, 국회의 신뢰도가 가장 낮다는 사실이 드러난다([표 1] 참조). 측정 점수 범위를 1~4점의 척도로 비교할 때 국회가 유일하게 1.7~1.9 대 점수(100점 만점에 42.5점~47.5점)를 얻어서 100점 만점에 50점 수준 아래를 기록하고 있다. 그래도 시민 일반을 신뢰한다는 점수는 2.7점으로 최상위를 차지하였다. 국회의 신뢰도가 가장 저조한 것도 문제지만, 일반인을 제외하면 모든 기관이 전체적으로 평균 2.5점(100점 기준 62.5점)을 넘지 못할 만큼 우리나라의 공공기관 신뢰도가 낮다는 것도 여실히 드러난다.

[표 1] 일반인과 기관에 대한 신뢰(%) (단위: 점)[2]

단체 \ 연도	일반인	의료계	교육계	금융 기관	시민 단체	중앙	경찰	TV 방송사	검찰	대기업	국회
2015	2.7	2.5	2.4	2.5	2.4	2.2	2.3	2.4	2.2	2.2	**1.8**
2016	2.7	2.5	2.5	2.4	2.4	2.0	2.2	2.4	2.0	2.2	**1.7**
2017	2.7	2.6	2.5	2.5	2.4	2.4	2.3	2.4	2.2	2.2	**1.8**
2018	2.7	2.5	2.5	2.5	2.4	2.4	2.3	2.4	2.2	2.2	**1.9**

자료: 한국행정연구원, 2018

이를 반영하여 우리는 첫째로 대의정치의 난맥상에 관한 일반론을 간략하게나마 정리하였다. 현재 진행 중인 민주주의 위기론에서 핵심적인 요소가 역시 대의정치이기 때문이기도 하다. 이는 비단 오늘의 현상에만 그치지 않고 이미 20세기 초부터 논란의 대상으로 떠올랐던 쟁점이다. 그러므로 본서의 문제의식도 대의민주주의의 문제에서 출발한다.

둘째로, 그렇다면 우리나라의 정치문화는 어떤 특성을 드러내는지도 일별한 필요가 생긴다. 오늘의 대의정치의 난맥상이 갑자기 발생한 것이 아님은 두말할 나위도 없다. 그러한 정치문화는 오랜 세월을 두고 면면히 이어지기도 하고 서서히 변천하기도 하는 특징을 지닌다고 할 수 있으므로, 우리가 민주주의를 수용하기 전 근대화의 맹아기라 할 수 있는 조선조 내지 대한제국 말기의 정치문화부터 되새길 필요가 있다. 물론, 이 시기는 아무래도 근대화가 본격적으로 시작하기 전인 만큼 우리의 주 관심은 역시 광복 후 대한민국 건국을 기점으로 해서 오늘에 이르는 민주정치의 역사에 초점을 맞출

---

2   신뢰도 점수는 1~4점까지 분포하며 점수가 높으면 신뢰도가 높음.

것이다.

셋째는, 이러한 일반적인 배경을 염두에 두고 리더십 연구의 검토에서 본격적으로 선출직 공직자의 도덕성을 평가하기 위한 이론적 기초를 탐색하였다. 리더십을 다루는 이론적, 실증적 연구는 매우 활발하게 이루어지고 있으므로 이를 망라할 수는 없고, 동서양의 고전적인 사상의 주요 내용만 간추린 다음 주로 현대 사회과학 분야의 일반적인 리더십 연구를 집약적으로 고찰하려고 한다. 물론 우리의 주관심사는 선출직 공직자라는 범주의 정치지도자의 자질, 특히 도덕적 특질이다.

넷째, 이론적 담론을 바탕 삼아 이제는 실제 현대의 주요 국가에서 선출직 공직자, 즉 대의기구 의원의 도덕적 자질을 중심으로 그들의 품성과 행동을 규율하기 위해 제정한 여러 법령, 규칙, 행동강령 등의 문서를 내용 분석하였다. 여기에서 선출직 공직자의 도덕성 평가의 기준을 제공하는 가치 체계를 구축한 것이다.

그리고 마지막으로, 이렇게 마련한 가치 체계를 준거 틀로 삼아 실제 선출직 공직자의 도덕성을 판단하는 수단으로서 필요한 종류의 지표를 개발하고 이를 실측하는 데 이용할 수 있는 여러 형식의 질문서(설문지)를 작성하는 구체적인 보기와 아울러 이를 실용화하는 방안 등에 관한 논의로써 본서의 결론을 대신하였다.

1. 민주주의의 위기와 대의정치의 한계

민주주의의 위기에 관한 우려의 표명은 이미 20세기 초에 등장하였거니와 현대의 위기 상황을 염려하는 여러 형태의 표현에는 역시 대의정치의 근원적인 문제점이 핵심을 이루고 있다. 여기에 그 내용을 상세하게 소개할 수는 없지만 몇 가지 쟁점은 간략하게나마 지적해두는 것이 필요할 것으로 보인다.[3]

우선 "민주주의의 위기"라는 표현이 정치학계에 등장한 최초의 사례는 1933년에 출간한 정치학자 해럴드 라스키(2015[1933])의 저서 『Democracy in Crisis』다. 이 저서에서 그가 사용한 표현은 아래와 같다: "의회제도에 대한 회의론"(2015: 43), "민주주의가 안겨준 환멸, 대중영합적 제도를 향한 더 심각한 회의론"(2015: 47), "우리 정치체제의 쇠퇴"(2015: 61), "대의기관의 쇠락"(2015: 67), "만족스럽지 못한 상태에 놓인 현대국가의 의회"(2015: 77), 그리고 "자본주의적 민주주의의 위기"(2015: 147) 등이다. 그로부터 한 세대가 흐른 "1960년대 말부터 점증하는 '민주주의의 위기'"를 거론했고(Held, 1996: 235), "현 시대의 민주주의는 겉만 번드레한 협잡이나 마찬가지다"라는 시각을 보여준 헬드(Held, 1996: 298)는 인류 문명사에 나타난 민주주의의 모형에 관한 비교연구로 학계를 대표하는 정치학자이다. 그리고 1970년대 중반에 "민주주의의 위기"라는 주제로 보고서를 제출한 크로지에 등(Crozier et al., 1975)은 다음과 같은 주장을 하였다. "민주주의는 각종 요구의 과부하와 무책임한 주장 등으로 위협받고 있다…… 그리고 정치권의 권위는 비판적인 언론매체와 지식인에 의해 더욱더 손상 받고 있다; 이런 '역기능'은 '몰가치적인 민주주의'를 자아내고" 있다는 것이다(Papadopoulos, 2013: 1). 새천년에 들어서 최근에 파파도풀로스(2013)가 던진 화두는 "정치적 결정 행사에 미치

---

3 민주주의의 위기에 관한 근자의 논의는 최근 발표한 김경동(2018), 김경동 · 백완기 · 임현진(2019), Kim Kyong-Dong(2017a), Kim Kyong-Dong, Wanki Paik, and Hyun-Chin Lim(2019) 및 Papadopoulos(2013) 참조

는 민주정치의 영향력은 약해졌고"(2013: 1), "민주주의의 실체가 타락하였으며"(2013: 2), "민주정치가 공허해졌고 민주주의는 허점을 드러냈다"(2013: 3), 바로 "민주주의의 질적 저하"(2013: 237) 등이다.

이런 상황에서 민주주의의 위기를 자아내는 중심에 바로 대의민주주의의 "타락" 또는 "질적 저하"가 자리한다는 데 초점을 맞추고 그 문제점을 해부한 이가 바로 위의 파파도풀로스(2013)다. 그의 대의정치 해부를 약술하기 전에, 먼저 다시 고전적인 관점을 제시한 라스키로 잠시 돌아갈 필요가 있다. 왜냐하면 놀랍게도 이미 1930년대에 그는 대의민주정치의 약점을 꿰뚫고 있었던 것 같기 때문이다. 그에 의하면 "현대의 입법부는 만족스럽지 못한 상태다…… 과도한 업무에 시달려서 한 가지 입법과제조차도 적절하게 논의할 시간이 없고, 정당의 압력에 떠밀려서 의원 개개인은 단지 거수기의 지위로 전락할 따름이다. 그리고 유권자의 선택을 새로이 받기 위해서는 재선에 거의 몰두하다시피 해야 할 뿐 아니라 계속 의원직을 유지하기 위한 기회를 극대화하기 위해 각종 압력에 굴복해야 한다"(Laski, 2015: 77~78).

문제는 그렇게 단순하지 않다는 점을 현대 정치학의 파파도풀로스(2013)가 더욱 심도 있게 분석하고 있다. 그는 분석의 초점을 정치적 결정 행사에 맞추고 오늘의 대의정치에서는 "정치적 결정에 미치는 민주정치의 영향력이 너무 강한 게 아니라 약화하였다"는 주장을 펼친다. 그는 여러 가지 "형용사를 첨부한 민주주의"의 다양한 형태와 그 각각의 주역들을 소개하고 있다. 가령, "주창" 민주주의에서는 대의를 추구하는 시민사회의 여러 집단, "투표" 민주주의에서는 권력집중으로 대통령화해버린 정치지도자, "청중" 민주주의에서는 대중매체, 그리고 "감시" 민주주의에서는 매체와 아울러 법원, 옴부즈맨, 감사기관 등이 그 주역으로 정치적 결정 행사에 간섭하고 나섰다는 것이다. 이런 형식으로 이들은 정부의 입법기구의 상대적 후퇴에 이런저런 영향을 미치며 기여를 해왔다. 그러한 형용사가 붙은 민주주의의 일반적인 특징 중 눈에 띄는 것은 이것들이 결국은 소수의 과두적인 권력기관들의 불균형적인 개입에 의해 정책 결정의 기술관료화를 초래한다는 점이다. 이러한 현상의 결과 중 하나는 "애초에 대의제라는 원리는 민주주의에게 낯선 것이었다"는 명제가 실체화되어 나타났다는 것이다(Manin, 1997; Papadopoulos, 2013: 232에서 재인용).

여기서 우리는 더 이상 원론적인 논의는 하지 않고 그런 과두정치에 의한 의사 결정의 기술관료화가 초래하는 대의정치의 무력화를 살펴보아야 한다. 이런 형식의 결정 양식은 대의민주주의로 하여금 "지키지 못할 약속"만 양산하게 한다. 왜냐하면, 이런 식의 기술관료적 정책 형성 과정에는 유권자 또는 국민은 별로 중요한 취급을 받지 못하기 때문이다"(Rokkan, 1966: 105; Papadopoulos, 2013: 233에서 재인용). 그러한 정책 결정의 기제를 살펴보면 그 이유를 알 수 있다. 오늘날의 대의민주주의에서 나타나는 이런 추세는 다름 아닌 "정치 영역과 정책 형성 영역 사이의 분리"라는 현상이다. 다시 말해서 본시 국민을 위한 정책 결정을 주도해야 하는 대의기구는 무대 전면에서 작동하는 정치를 하기 때문에 매체가 이를 널리 노출해서 가시적이게 되고, 게다가 앞에서 분석한 여러 외부 세력에 의한 영향력 행사로 시달려야 하는 과정에서 그 본질을 잃고 있는 반면에, 기술관료적 정책 결정은 무대 뒤에서 작동하기 때문에 대체로 눈에 보이지 않는다. 그런데 국민에게 져야 하는 책임의 쟁점은 선거로 뽑힌 대표들의 어깨에 얹혀 있어서, 선거, 정당 및 입법회의 등은 그들 본연의 중추적 역할을 상실하고 민주주의의 타락은 무대 뒤에서 일어난다는 결과가 오게 된다는 설명이다(Papadopoulos, 2013: 235).

정치가 이 지경이 되면 시민들은 점점 더 정당을 향한 충성심을 유보하게 되고, 그중 일부는 적극적 비판세력이 되기도 하며, 더 나아가서는 스스로의 정치적 영향력을 박탈당했다고 느껴서 결국에는 정치인을 믿지 못하게 된다. 이를 타개하고자 정치인은 이제 유권자의 표를 이끌어내는 선거운동 과정에서 정치적 불신의 악순환을 자아내는 결과가 온다. "경쟁이 심한 정치 마당에서 약속은 부풀어지고, 그 결과는 기대의 격차로 귀착한다. 이 격차는 정치적 성과에 관한 공중의 환멸을 자아내고 정치인을 향한 신뢰도는 더 떨어진다…… 이런 종류의 나선형적 효과는 정치와 정치인에 대한 존경심을 침식하고…… 여기서 흘러넘친 효과는 민주적인 정당성마저 의심하는 데 더욱 깊이 영향을 미친다"(Papadopoulos, 2013: 232, 240). 이처럼 정치인, 정치, 그리고 대의민주주의 등을 불신하는 문제는 앞서 우리나라의 의회 관련 통계 자료로 소개했지만, 실은 세계의 수많은 나라에서 공통적으로 나타나고 있는 현상이다.

바로 이 지점에서 우리는 선출직 공직자 혹은 대의기구의 정치인의 국민을 향한 책임(accountability)에 관한 근본적인 질문을 제기하지 않을 수 없다. 비록 현실정치의 제도적 기제가 대의정치에 악영향을 미치기 때문에 대의기구의 무력화가 나타난다는 현상을 인정한다 해도, 그럴수록 진정성 있는 대의기구의 선출직 공직자라면 이를 극복하고 본연의 임무를 가장 효율적으로 수행할 방도를 강구하려는 시도를 끊임없이 경주해야 마땅하다고 보기 때문이다. 그러려면 그들의 개인적인 자질에 관한 언급을 하지 않을 수 없게 된다. 국민과 국가를 위해 헌신하겠다는 진정한 의식이 확고하다면 제도적 한계를 넘어서 본연의 대의정치를 구현하려는 피나는 노력을 보여야 한다.

2. 왜 도덕성인가?

그러한 자질이란 그럼 무엇을 말하는가? 민주주의의 위기를 언급하면서 분석가들은 주로 제도의 문제에 초점을 두고 해법을 찾으려 하는 경향이 있다. 제도의 문제에 관해서는 국가의 기본 질서를 규정하는 헌법 개정을 비롯하여 많은 논의가 있지만, 정치인(Political Man) 혹은 정치리더의 자질 또는 리더십의 문제 자체를 직접적으로 다루는 체계적 논의는 제대로 이루어지지 않고 있다. 특히 리더십 가운데서도 도덕적 요소와 정치적 요소를 결합한 연구는 거의 없다고 해도 과언이 아니다. 좋은 리더를 알아차리고 선택하는 주체는 국민이라는 전제가 민주정치의 현실임을 인정해야 하지만 그래도 선택의 대상으로서 마땅한 후보자군(群)이 어떤 자질과 요건을 갖추어야 하는지에 관해서는 사회적 합의를 도출할 수 있는 기준을 마련하는 것이 국민의 적정한 선택에 기여할 수 있다. 그러한 기준은 시민운동의 준거가 될 수도 있고, 또한 정치 안팎의 암묵적 자생적 관행으로서 자리 잡는 데도 유익한 지침으로 사용할 수도 있다.

권력의 행사로서 리더십은 전통사회와 현대사회가 그 성격을 달리한다. 전자는 도덕의 역할과 기능이 훨씬 크다면, 현대사회로 올수록 법의 지배에 의존하려는 경향이 강하다. 하지만 도덕과 법은 이분법으로 접근할 수는 없다. 전통사회에서도 법의 규율 없이 도덕만을 강조했던 리더들은 부패의 늪으로 쉽게 빠져들었다. 현대의 법도 도덕법 또는 관습법의 차원과 사회계약 및 정치적 통제 수단으로서의 여러 차원이 섞여 있고, 도덕적 근거를 잃은 법은 법으로서 생명력을 지속할 수 없다. 현대사회에서 도덕보다는 법의 중요성이 훨씬 커지긴 했지만 리더십의 작동에서 정치적 행위를 뒷받침하는 도덕적 정당성에 관한 질문은 끊임없이 제기할 수밖에 없다.

이런 문제의식을 전제로 우리가 다루어야 할 내용은 크게 두 가지로 집약할 수 있다. 첫째는 인간적 자질로서 인성 혹은 인간적 품격, 도덕성, 사회성 내지 윤리적 자질의 차원이 있고, 둘째는 임무를 수행할 능력, 역량 또는 전문성의 측면이다. 이런 생각은 이미 고전사상 유학에서도 밝힌 바 있다. 공자의 이상적 사회의 이념형인 대동 사상을 서술한 문서는 "큰 도가 행하여진 세상에는 천하가 모두 만인의 것(公器)으로 되어 있다. 사람들은 '현자와 능자(能者)'를 선출하여 관직에 임하게 하고"라는 문장으로 시작한다. 또한 맹자의 사상에서도 군주를 세울 때 먼저 백성에게 후보자를 선보이고 공적인 과업을 수행하도록 함으로써 그가 '도덕적'으로 명분을 충족시키고 실천 '능력' 면에서도 자격이 만족스럽다고 인정받으면 비로소 천명으로 왕좌에 오르도록 하는 절차를 시행한 기록이 있음을 언급한다. 거기에 그치지 않고 군주가 신하를 선발할 때조차도 좌우의 사람들의 의견에만 의존하지 말고, 오로지 나라 사람들(國人)이 모두 현명하고 유능하다고 할 때 비로소 그 연후에야 그를 잘 살피어 현명함과 능력을 발견하면 그제서야 그를 등용하라는 충고를 하고 있다(김경동, 2018; 김경동·백완기·임현진, 2019).

요컨대, 고대의 동양 사상에서도 정치를 하려는 사람이면 반드시 현자(인성, 도덕성, 사회성)와 능자(능력, 역량, 전문성)의 두 가지 큰 범주의 판단 기준을 제시하였다. 이런 문제의식은 정체(政體)의 문제를 최초로 가장 체계화한 아리스토텔레스에게도 보이는 인식이다. 그의 『정치학』은 일인에 의한 전제와 다수에 의한 전제를 동시에 위험하다고 보면서 시민의 주권과 대표자들의 탁월성이 결합된 혼합정을 상대적으로 바람직한 형태로 제시한다. 여기서 탁월성(Arete)이란 도덕성과 능력을 겸비한 의미를 갖는다. 동서양의 사상이 이 점에서 공동체의 의사결정 주체로서 정치인이 가져야 할 기본적인 덕목의 중요성에 대해 유사한 견해를 보여주고 있는 것이다. 폭정과 중우정치를 막기 위해서는 무엇보다 탁월성을 갖춘 정치인과 리더들이 국민들을 대표해야 한다는 것이다.

하물며 오늘날의 민주정체하에서는 유권자인 국민이 이와 같은 기준에 의거하여 선거로 대표를 선택할 것을 요청함은 너무도 당연하다. 본서는 이와 같은 논지를 살려, 선출직 공직자의 자격을 판단하는 내용 두 가지 중에서 첫 번째인 인성, 도덕성 내지 사회성이라는 범주의 자질을 평가할 수 있는 평가 기준을 이론이나 실천 면에서 체계적으로 정립하려고 시도하였다. 국민이 수시로 이를 적용할 수 있는 기회를 아직은 누리지 못하였다는 현실적 한계를 직시하여 이 문제를 본격적으로 다루어야 한다는 문제의식에서 출발한 것이다. 지금까지 시민운동단체 등에서 공명선거의 명분 아래 후보자 중에서 지원할 사람과 선택해서는 아니 될 사람들을 골라 국민에게 보여주는 정도의 활동을 한 적은 있으나, 그 기준의 체계를 이론적으로 연구하여 제시한 예는 볼 수 없었기 때문이다.

더군다나 디지털 시대의 급격한 변동을 겪어야 하는 미래사회에서는 국가적 지도자인 선출직 공직자의 도덕적 자질이 일정한 틀로 정착하면 쉽사리 바꾸기 어려운 법보다 더 중요한 판단 기준을 요할 터인데, 이런 것이 현재보다 더 명확해지리라 기대하기는 솔직히 쉽지 않다. 특히 이른바 AI 등 신기술과 더불어 진행하는 소통 환경 및 정치적 행위 양식의 변화가 리더의 자질과 리더십의 성격에 미치는 영향에 관해서도 주목할 필요가 있다. 이것은 도덕과 법이라는 차원에 더해 감성과 공감이라는 차원이 겹쳐진다는 것을 의미한다. 미래의 리더십은 탁월함을 구성하는 요소들이 윤리적 합리적 차원뿐 아니라 심미적 차원으로 확장되어야 하는 것이다(박형준, 2014, 박형준ㆍ권기돈, 2019). 물론 이 심미적 차원은 삶과 세상에 대한 해석적 능력으로 구성되기 때문에 윤리적 차원과 밀접히 연결될 수밖에 없다. 도덕ㆍ법ㆍ공감, 이

세 차원을 중요한 축으로 삼아 바람직한 리더의 자질에 관한 논의의 지평을 열 수 있다는 것을 의미한다.

어느 시대나 마찬가지지만 국가적 리더십은 국가 목표를 달성하기 위한 전략적 역량도 중요하지만 그 무엇보다도 선공후사의 공공정신, 공익정신을 필요로 하는데, 디지털 시대, 연결망 시대의 사회는 그 어느 때보다도 더 역동적이고 복합적인 모습을 띠게 될 터이니, 그런 환경에서 국가적 리더로서 선출직 공직자가 과연 과거나 현재보다도 더 도덕성에 민감하고 성숙할 수 있을지도 현재로서는 미지수다. 그러므로 지금이라도 이 문제를 진지하게 고민함으로써 적어도 미래세대의 국가 지도자는 시대에 걸맞은 도덕성을 지닐 수 있도록 예비하는 일이 중요하다 하겠다. 이 도덕성의 문제는 비단 정치 지도자 내지 국민의 대표자에게만 적용할 문제가 아니고 전 사회적인 차원에서도 고려해야 전반적인 민주주의의 성숙을 기대할 수 있고 그러한 관심은 현대 민주주의의 위기를 언급하는 논자들도 그 위기의 중심에 도덕성이 깃들고 있음을 지적한 보기가 충분히 있다.

한두 가지 사례만 소개한다. 지난 1994년 노백(Michael Novak)이라는 미국의 대표적 보수논객이 "과연 서양 문명은 쓸모없는 것이었나?"라는 제하의 글을 미국기업연구소(American Enterprise Institute)의 세미나에서 발표한 일이 있다. 그의 자문자답은 이렇다. "서방세계는 이미 금세기의 세 가지 이념 전투 중 두 가지를 해결하였다…… 정치적으로 민주주의가 독재보다 나은 체제이고 경제면에서 자본주의는 사회주의보다 더 공정한 체제라고 우리는 결정하였다. 지금부터 우리가 봉착할 질문은 '우리가 과연 어떤 도덕률에 의지해서 살아야 하는가'이다. 이 문제는 결국 미래를 위한 전투다"(Novack, 1994). 이에 더하여 최근 『타임』지에 보도한 언론인의 견해만 한 편 더 소개한다. 근자에 미국 사회가 겪고 있는 국수주의적 소요를 "미국의 증오"라 지목하면서 『타임」지의 직전 편집장이었던 깁스(Nancy Gibbs)가 한 말이다. "우리나라는 이제 도덕적 리더십과 실천 지침을 다른 어딘가에서 찾아야 할 것 같다"(Gibbs, 2017: 22).

이처럼 정치의 중심에 도덕의 문제가 떠오를 만큼 세계가 이 주제에 특별한 관심을 보이고 있다는 점에 주목할 필요가 있다. 결국 우리나라의 정치와 공직에서도 이 도덕의 문제는 과거로부터 끊임없이 논란의 대상이 되어온 것이며 아직도 해결의 기미가 가까운 지평선에 떠오르지 못한 것이 현실이다. 그러므로 이 책은 특히 문제가 되고 있는 대의정치를 대상으로 하고 그 대의정치의 주체인 선출직 공직자의 도덕성을 주제로 다루고자 한 것이다.

이처럼 도덕성의 문제가 정치의 영역으로 들어오게 된 까닭은 민주주의를 운영하기 위하여 구축한 제도가 법률적 · 이론적으로는 크게 미비하지 않다고 해도 그 제도의 실제 운용 과정에서 제도적 규범에서 일탈하는 사태가 발생한다는 데 있다. 이로 인해 민주주의의 이상을 실현하는 일이 빈번히 왜곡된다. 그 원인을 추적하면 우선 주어진 역사적 · 사회적 맥락에서 작동하는 구조적 특성이 자리 잡고 있다. 다만 이 구조의 문제는 오랜 역사의 전개 속에서 자리 잡은 특질에 해당하므로 그러한 구조적 문제를 정확하게 특정하여 해결을 도모하는 일은 전 사회적 차원의 근원적 조처를 요청하는 거시적이고 장기적인 과제에 해당한다. 그리고 그와 같은 구조의 문제를 해결하기 위해서라도 그 구조의 틀 속에 살아가는 사람들(인적 요소)의 실천이 불가피하다. 결국 공은 다시 사람으로 돌아오게 되어 있다.

본서의 주된 관심사는 제도보다는 사람의 요인에 있다. 제도나 구조에 대한 논의는 인간적 요소의 조건으로만 다룰 것이다. 민주주의도 예외는 아니다. 전 지구적 우려의 대상으로 떠오른 대의민주주의의 위기적 상황을 극복하고 정상화를 도모하는 일에 어떤 사람들이 참여하면 바람직할지를 묻는 것이 필요한 것이다. 요컨대 미래의 성숙한 민주주의를 창조하자면 현재의 시대적 조건에서 그 일을 주도하는 데는 어떤 사람들이 가장 적합할지를 탐구하자는 것이다. 이것이 본서의 문제의식이다. 그 적합성의 기준도 여러 가지가 있지만 우리는 우선적으로 대의민주주의를 정상화하기 위해 무엇보다 우선 대의기구에 참여하는 선출직 공직자의 도덕적 자질이 무엇인가를 체계화하고 현실에 적용할 수 있는 준거 기준을 마련하자는 취지를 갖는다.

3. 연구의 목적과 방법

이러한 의도에서 본 연구의 목적은 다음과 같다.

"미래사회 선출직 공직자의 인성을 도덕성과 사회성 차원의 복합적 자질로 파악하는 평가 기준을 이론적으로 체계화하고 이를 실용화하기 위한 구체적인 방안을 도출하여 이를 디지털 혁명의 미래사회에 걸맞게 민주주의를 구현하기 위한 정치의 혁신 과업을 추진하는 과정에 실질적으로 활용할 수 있게 하는 연구를 수행하고자 한다."

이 목적을 달성하기 위해서는 다음과 같은 내용의 연구를 실시하였다.

1) 연구의 주제

이 연구의 주요 개념은 '미래사회 선출직 공직자'와 이들의 인성을 규정하는 '도덕적 자질'이다. 우선, 왜 하필이면 이와 같은 개념을 도입하는지를 밝힐 필요가 있다.

첫째, '선출직 공직자'란 대의정치를 위하여 국민이 직접 선출하는 대표를 일컫는다. 국가기구에 종사하는 공직자에는 임명직과 선출직 두 종류가 있는데, 본 연구의 주 대상은 선거를 통해 공직에 임하는 사람을 일컫는다. 물론 선거에 의해서 공직에 임하는 공무원에는 입법부의 의원 외에도 행정부를 대표하는 대통령을 비롯한 각 단위 지방 정부의 장도 포함한다. 다만 본 연구의 주 대상은 대의기구의 선출직 공직자다. 여기서 특히 미래사회를 지목하는 것은 현재까지 우리나라의 민주정치 실현 과정에서 국민을 대표하는 선출직 공직자 일반의 특성이 국민의 눈에는 대체로 매우 부정적으로 비치고 있다는 사실에 기인한다.

이처럼 선거에 의해서 국민을 대표하여 국정 운영을 책임지는 공직에 참여하는 공직자가 진정으로 국민의 욕구와 관심과 이익을 올바로 인지하고 이를 정책에 반영하여 국민이 행복하고 국가가 유익한 결과를 초래할 수 있도록 하자면 이들이 그만큼 도덕적으로 정의롭고 실천적으로 유능한 인재라야 한다는 것은 이상적인 민주정치의 가장 긴요한 요건이다. 그럼에도 불구하고 한국의 대의기구를 운영하는 대표자들의 이미지가 상당히 부정적인 것만은 부인할 수 없다. 저들의 인간적 품격, 가치관, 의식 구조, 자세와 태도, 언사와 행동이 도덕적·윤리적 표준에서 볼 때 과연 얼마나 긍정적인 평가를 받을 수 있는지를 묻는다면 거의 모두가 부정적인 반응을 보일 것이 거의 자명하다 해도 과언이 아닌 것이 현실이다.

그렇다면 이런 대표자들을 어떻게 믿고 국정 운영의 중책을 맡겨야 하는가라는 의구심을 거둘 수가 없다. 더구나 미래사회는 급격한 기술 혁신의 여파로 인간이 상상하기 어려운 격렬하고 급속한 변화를 경험하게 될 것이 명백한데, 그러한 새로운 시대에도 이들이 과거처럼 도덕성을 의심받는 인사들로 가득 찬다면 우리 민주주의의 장래는 암담하다. 그러므로 이제부터라도 저들의 인격적 품위, 의식 구조와 행위 특성 자체가 모범적이어야 한다는 요구를 할 수밖에 없다. 디지털 시대 AI와 소통하며 살아야 하는 미래의 선출직 공직자가 과연 얼마나 도덕적으로 성숙하면서 변화의 흐름 속에서 국정을 창의적으로 수행할 태세가 갖추어져 있는지를 확인해보고 시정하는 일에 착수해야 할 필요가 있음을 재확인하고자 한 것이다.

둘째, 그러한 가치의 주된 요소가 바로 '도덕적 자질'이라는 것이다. 그러한 새 시대의 선출직다움을 구비하는지를 판단하려면 어느 때보다도 더 엄격하게 도덕적 잣대로 그 후보자들을 점검하고 가능하면 하등의 하자도 없는 인사 중에서 선택하자는 것이 목표가 되어야 할 것이다. 현실적으로는 도덕적으로 완벽한 인재를 요구하는 일 자체가 지나친 이상론일 수도 있다. 하지만 가능한 수준까지 척도의 높이를 올려서라도 찾을 수 있는 데까지는 선별하자는 다짐마저 접을 수는 없다. 그렇다면 과연 어떤 도덕적 · 윤리적 덕목이 여기에 해당하는지를 상세하게 나열하는 것이 바로 본 연구가 밝혀내려고 한 과제에 해당한다. 아울러 이 도덕적 자질에 미래지향적 요소를 함께 고려하는 것은 당연한 일이다. 따라서 도덕적 자질에는 윤리적 차원뿐 아니라 심미적 내지 정의적(情誼的) 차원까지를 포함해서 검토할 필요가 있다. 이 심미적 차원의 대표적 요소로서 공감 능력, 소통 능력과 협력 능력을 가장 중요한 척도로 삼을 수 있다.

2) 연구 방법

본 연구의 기본적인 접근 방법은 문헌 연구이다. 선출직이 갖추어야 할 도덕적 자질의 내용을 갖가지 자료에서 검색하여 본 연구의 틀에 맞게 체계적으로 재구성하는 작업을 하고자 하였다. 특히 단순히 당위적인 기준들을 마련하는 것을 넘어서기 위해 각국의 정치인 자질 형성에서 긍정적 영향을 미치는 제도적 요소들도 검토하였다. 이에 곁들여 전문가의 자문과 연구 참여자의 공동 토론을 활용하였다. 그리고 해외 관련 자료를 습득하는 방편 중에 한 가지는 국내에 주재하는 외국 대사관의 간부와 개별 면접을 실시하고 그들이 소지하는 관련 자료를 수집하는 것도 함께 진행하려 하였다. 그러나 유감스럽게도 이 과제를 위하여 주요 대사관과 접촉을 한 결과, 당시 국내에서 벌어지고 있는 특정 공직자의 도덕성 이슈가 온 나라를 뒤흔들고 있는 현실을 감안할 때, 외국의 현지 주재 공관에서 그런 문제와 직접 관련이 있는 주제에 관한 자료 제공이나 토론 행사는 삼가는 것이 바람직하리라는 판단에 의해서 정중히 사양했기 때문에 실현하지 못하였다. 또한 국민 대중이나 정치인의 의견을 직접 물어서 자료를 수집하는 현지 조사 방법(survey research)은 다수 인구의 참여를 필요로 하기 때문에 한정된 기간에 많은 시간과 비용을 들여야 하는 한계로 말미암아 사용할 수가 없었다.

　여기에 활용한 문헌은 다음과 같은 것이다.

① 국회와 행정부의 운영과 관련이 있는 각종 법령 중에서 주로 공직자의 윤리 규정과 선출직 공무원을 선발하는 수단인 선거법에서 지목하는 윤리적 행위의 항목
② 국회의원 총선과 전국 지방선거 등이 치러진 후의 재선거, 보궐선거의 횟수, 당사자의 불법행위 성격, 전과 등을 다루는 자료
③ 주요 외국의 선거, 인사검증 및 청문회 등의 제도적 차원에서도 공직자의 자질과 품격 등 도덕성 평가 기준을 다루는 내용
④ 외국의 리더십 함양 교육 프로그램과 대학의 신입생 선발 기준 중에서 인성 및 리더십 교육과 체험 등을 평가하는 내용
⑤ 일본의 마쓰시타 정경숙(松下政經塾) 등 일본의 예와 중국의 공산당 요원 선발 및 교육 과정에서 다루는 인성 및 도덕성의 내용

이러한 자료의 구체적인 보기는 추후 별표에 망라하여 제시하였다([표 15] 참조). 물론 자료의 분석을 위한 기본틀은 선출직 공직자가 정치 분야의 지도자적 위치에 있는 인물(리더, leader)이므로 리더십에 관한 일반 이론을 위시하여 이들의 도덕성 판단 기준에 해당하는 가치 항목이나 행동지침 등의 체계를 다루는 이론적 담론과 연구 성과에서 선별적으로 추출 및 재구성하여 본 연구진의 독자적인 가치 체계를 구축하고, 그에 기초한 지표구성과 이를 실행할 방안 등도 작성하였다.

제2장

집요하게 흐르는 한국의 정치문화

제2장
집요하게 흐르는 한국의 정치문화

　위에서 개관한 문제의식은 비단 현실 정치의 난맥상에서만 추적할 것이 아니고 우리 사회가 지녀온 정치의 토양으로서 그 문화의 바탕을 거시적인 맥락에서 살펴볼 필요가 있다. 미래지향적 정치문화의 재정립을 위해 역사적 성찰을 선행시키자는 것이다. 장황하다고 할 수도 있지만, 우리나라 정치문화를 되돌아봐야 오늘의 문제를 한국의 정치적 특수성의 맥락에서 한층 더 분명하게 드러낼 수 있는 것이다. 이런 취지에서 전통사회를 비롯하여 주요 역사적 시기의 정치적 바탕, 즉 정치문화를 일별하는 작업을 우선하기로 하였다.

　여기서 말한 정치의 바탕으로 인식하는 정치문화는 정치현상의 분석에서 가장 중요한 두 가지 요소 중 하나다. 첫째는 정치제도이고 통상 정치인으로 지칭하는 사회적 세력이 두 번째 요소다. 사람이 정치를 하니까 정치인이 그 중심에 서 있으나 이들의 정치활동은 정치의 제도적 틀 속에서 이루어지면서 동시에 그들이 정치에 관하여 지니는 가치관, 태도 및 실제 행동으로 어울려서 특이한 유형을 띠는 하나의 정치문화를 형성하게 된다. 결국 이들의 의식과 행위가 정치를 좌우하는 직접적인 변수로 작용하는 셈이다. 우리의 주된 관심사는 정치인의 정치문화이고 그중에서도 저들의 도덕적 자질이다. 이 장에서는 주로 우리나라의 정치문화를 개괄적으로 검토함으로써 우리가 지향하는 미래의 민주주의에서 선출직 공직자라는 정치인의 의식과 행위가 지금까지 어떻게 형성해왔는지를 점검할 것이다. 여기서 드러나는 문제점을 시정하기 위해서는 어떤 가치관, 즉 도덕성을 함양하는 것이 필요한지 문제 제기의 기초를 삼으려고 한다.[1]

1. 전통사회의 정치문화

1) 전통의 의미

오늘 우리가 살고 있는 시대도 과거로부터 이어져온 것이 덩어리처럼 어울려진 집적체(集積體)라 할 수 있다. 공직자의 윤리도 도덕성도 지난날 역사적인 집적체 위에 그 시대적인 요소가 부가된 것으로 이해할 수 있다. 이 점에서 공직자의 도덕성이나 윤리 의식도 오늘만의 것일 수는 없다. 이를 과거로부터 단절된 오늘만의 것으로 인식할 수 없음은, 그렇게 했을 경우 이는 한낱 표면적이고 표피적인 인식이 되기 때문에 그것은 곧 겉모습만 밝히는 것이기에 본질은 놓치고 만다.

더더욱 공직자의 윤리나 도덕성을 오늘의 개념으로만 논리화해도 이미 그

---

1   한국의 정치문화에 관한 연구는 1960년대 이래 비교적 다수 보이지만 이들을 모두 열거할 필요는 없고 주요 저작을 요약·소개한 문서는 김경동(1993: 제9장 각주) 및 Kim Kyong-Dong (2017b) 참조할 것.

속에는 오랜 역사의 물결이 스며들어 있다. 사실, 공직자에 대한 "존재성"과 그 "의미"가 오늘처럼 특정적인 개념으로 자리 잡은 것도 불과 100년 전후의 일이었다. 그 이전의 시대에서는 공직자는 곧 관인(官人)이었고 이는 넓은 의미에서 벼슬아치였거나 벼슬아치를 지향했던 사대부를 의미했다. 그 시대에서는 다스리는 사람으로서의 관인과 이들의 지배를 받는 백성으로 양분된 전형적인 이분적 사회구조였다. 이런 사회구조에서 상층을 점유했던 다스리는 사람은 주로 직접 관직을 점유했던 관인과 관인이 될 수 있었던 사람, 즉 사대부로 이루어졌기에 관직자의 윤리나 도덕성은 바로 지배층인 사대부의 행동 규범으로 귀착될 수 있다. 이 점에 대해서는 뒤에서 다시 구체적으로 논의하기로 하고 여기서는 그 시대 관인의 행위 규범과 실천 양식이 그 시대를 주도했던 규범으로 이어졌음을 지적하려는 것이다.

이제 여기서는 그 시대 관인들의 행위 규범이 역사의 흐름을 이루어 오늘의 공인 윤리 또는 공직자의 가치 관념으로 흘러내려 왔음을 전제로 할 때 이것이야말로 한국의 정치문화에서의 하나의 전통으로 설정할 수 있을 것이다. 이 경우 전통은 이전의 사회 구성원이 보여주었던 상징이나 행위 양식으로, 비록 지난날의 상징이나 행위 규범이 오늘까지 그대로 지속되지는 않았지만 기반적인 토대가 되고 있음을 의미하게 된다. 물론 정확하게 과거의 언제부터 있었던 행위 양식이나 관념을 전통으로 규정할 것인가를 단정할 수는 없지만 "과거로부터 오래 지속된, 그리고 오늘에도 의미 있는 관념이나 습관으로 지속되고 있는 것"을 전통의 범주로 이해할 수 있을 것이다.

그런가 하면 때로는 특정 시대가 갖는 정치적 성격 때문에 "새 시대의 창조"를 주창하면서 이를 과거로부터의 단절이라고 강조하는 경우도 있다. 여기서 주장하는 새 시대의 창조에는 과거의 전통이나 문화의 한계점을 단절하면서 그것을 대치할 완전히 다른 새로운 문화를 주창하는 것일 수도 있다.

그러나 아무리 새로운 것을 주장해도 이미 그 속에는 오래전부터 흘러내려온 지난날의 것, 즉 전통과 전통문화가 상당 부분 침윤하게 된다.

이 점에서 역사와 문화에서 어제와 오늘의 관계는 마치 흐르는 강물과도 같다. 현대의 문화를 과거로부터 흘러들어 온 옛날의 강물로 비유할 수 있다. 어떤 문화의 강물도 제 혼자 솟구쳐서 이룩된 경우는 없다. 저편에서 흘러온 조그만 물줄기와 같은 성격의 문화도 들어 있고, 저편 산골짜기의 폭포와 같은 전통문화도 이 강물에 합쳐져 있다. 그렇게 이룩된 강물이 이 골짜기를 계속해서 흘러가서는 저 들판으로 관류하고 있다. 이처럼 시대 상황, 특히 역사와 문화는 과거와의 연계로 기반을 이루고 있기 때문에 그것의 본질적 의미나 성격, 그리고 내용에서도 전통으로 흘러들어온 과거의 문화와 성격을 다루어야 한다.

물론 최근에 들어서 "전통은 만들어진 것"이라는 주장도 없지 않다. 다시 말하면 뒷날 사람들은 과거에 그랬을 것으로 짐작해서는 자기식으로 "전통으로 규정"하기도 한다는 의미에서 이를 "만들어진 논리"라고 비판한다. 하기야 지난날 이야기일수록 의도적으로나 무의식적으로 만들어진 것도 적지 않을 것이다. 그러나 문제는 만들어진 것은 전혀 근거도 없는 것을 의도적으로 창작했거나 조작했던 것과는 달리, 존재했던 것을 근거로 이를 새롭게 해석하고 평가할 수는 있는 일이다. 다시 말하면 과거에 있었던 것을 근거로 삼아서 이를 새롭게 해석할 수 있으며 또 그렇게 해야만 역사의 의미도 올바르게 밝혀낼 수 있을 것이다. 물론 여기에도 그 나름의 원칙이 전제되어야 한다. 그것은 반드시 존재했던 과거라야 한다. 뒷날 사람들의 편의와 자의적인 욕구 때문에 없었던 것을 있었던 것처럼 설정해서 논의하는 것은 말 그대로 위서(僞書)를 넘어 한낱 조작의 논리로 떨어지고 만다. 근거 없이 조작하는 것과 존재했던 것을 새롭게 해석하는 것은 그 바탕이나 내용에서 실로 불상용(不相容)의 차이를 드러낸다. 거듭 말하거니와 조작은 배격의 대상이지만 해석은 그 근거와 깊이를 요구할 뿐이다.

이 책에서 다루게 될 역사와 전통에 대한 논의도 흔히 쓰이는 것처럼 "역사의 이름"으로 주장되는 것에 따른 한계를 넘어서 보려는 것이다. 물론 잘못된 역사의 인식이 때로는 조작된 논의로 나아가는 단초가 될 수도 있다. 이런 경우도 객관적인 실증성을 통하여 극복되어야 마땅하다. 그렇지 않다면 이는 필연적인 오류를 불러오기 때문에 타기해야 할, 당장이라도 극복되어야 할 대상일 뿐이다. 아무리 그럴듯한 논리라고 주장해도 그것이 잘못된 추론이나 조작된 것이라면 철저하게 배격되어야 마땅하다. 이러한 사실을 전제로 이 글에서 거듭 강조하고 싶은 것은 실증적인 것에 근거한 해석의 범주로 그 자리를 잡아야 한다는 사실이다.

이처럼 장황하게 전통에 대한 접근의 문제, 즉 그 인식과 해석에 대한 논의는 전통사회의 공직자들, 다시 말하면 우리나라의 역사에서 200여 년 전의 관인의 지위를 점했던 인사들, 여기서 다루게 될 이들은 개인일 수도 있고 집단, 또는 당인일 수도 있는데 이들의 공인 의식에서 찾아볼 수 있는 일상적인 관계가 정치문화를 이룩하는 기본이었기 때문이다. 관인들이 보여주었던 관인 의식, 즉 지배 세력이 보여준 정치문화는 그들 사이에 행해졌던 전근대적인 사회의 "상하층 관계망(上下層 關係網)"을 형성했다. 이는 바로 성리학적 가치 관념에서 손위 장자에 대한 예의로서 행해졌던 위계 구조에서 선임자나 상사, 또는 유력자에 대한 공손함이나 감사의 표현이었던 예물 증정도 조선왕조 후기로 들어서면 그만 부정과 부패의 상징인 뇌물로 둔갑해버리는 것과 같은 의미로 이해될 수 있다.

이 점에서 조선왕조 후기부터는 성리학의 기치 관념은 이념적으로나 정상적으로 그 영향력을 행사할 수 없었으며, 심지어 겉으로만 주장하는 일종의 허위의식의 일면도 보여주기도 했다. 다시 말하면 성리학적 가치 체계와 도덕률이 기존 사회의 가치 체계로서 그 기능과 역할 수행에 어려움을 맞게 되는 시대 상황, 즉 사회윤리나 정치문화의 핵심적인 가치 관념에서 비켜나는 형편에 놓이고 말았다. 이로써 조선왕조의 후기, 즉 1800년대 이후의 관인들의 정치문화는 겉으로는 전통적 가치 체계인 성리학적 윤리 체계나 실천 양식을 주장했지만, 내면적으로는 그것에서 벗어난 한계는 물론이고, 심한 경우 파당성에 따른 세도정치가 군림하는 모습도 보여주었다. 즉 그 당시 관인의 정치문화는 겉과 속, 공과 사, 주장과 실천, 공론과 사적 논리 사이에는 서로 부합하지 않는 이중적인 구조를 보여주었다.

이러한 관인적 지배문화 또는 정치문화가 자리 잡게 됨으로써 겉으로는 엄격한 성리학적 윤리 규범에 따른다고 주장하면서도 그 이면에는 사적 관계의 실제적인 이해의 생활 문화에 따른 억압과 지배, 약탈, 배격을 예사로 자행함으로써 피지배층도 이것에 대응하는 태도나 관념을 주장하게 되었으며 그 때문에 관인에 대해서는 겉으로는 공경하면서도 내면적으로는 저항의식과 분노감을 충일시키고 있었다. 이러한 성격이야말로 정치문화의 이중적인 성격의 일반화로, 이는 곧 조선왕조 사회의 관인의 정치문화나 서민들의 생활 태도 사이의 복합적인 이중성이 내재 강화되고 있었음을 의미했다.

2) 전통문화의 전개

앞에서도 적었지만 우리나라의 전통사회를 시기적으로는 대략 200여 년 이전을 전후로 설정해볼 수 있다. 1800년대~1900년대 초기를 전근대적인 전통사회로 설정할 때 이는 곧 조선왕조 체제의 통치기에 해당한다. 이 시기의 정치문화는 정치체제의 성격에 따라 성리학적 가치관념, 사대주의, 반−

상 간의 사회 신분제로 구조화되었다. 먼저 통치 이데올로기로서의 성리학의 정치사회적인 영향은 실로 심대했다. 고려 말에 유입된 성리학은 그 시대 사람과 사회를 위해서는 인지의 개발과 윤리적 사회관계의 정립에는 크게 기여했다. 삼강오륜이며 인의예지를 바탕으로 한 습속의 계몽은 물론이고, 가족사회의 윤리적 체계화에 근간으로 작용했다.

한편 사대주의는 주체적인 자주 국가로의 지향에는 적지 않은 한계점으로 작용했다. 사대주의는 국내 통치에도 영향을 미쳤으며 그 연장선상에서 지배–복종의 위계 체제를 강고하게 정립시켰다. 성리학의 우주관이며 인륜 관계의 논리에 고착됨으로써 달라진 시대 변화에 벗어났으며, 결과적으로는 성리학이 조선왕조를 고착시키는 정치이념이 되고 말았다. 세상은 급속하게 달라지고 있는데도 공맹의 유학과 정주의 성리학만을 불변의 진리로 숭앙하는 닫힌 사회로 주저앉는 일면을 보여주었다.

실제로 조선왕조의 후기로 들어서면 왕실이며 지배층 사이의 권력다툼과 부정부패로 백성들은 어렵게 살아야 했고 결국 외세의 침탈로 식민지로 전락하는 "민족적인 치욕"도 겪게 되었다. 조선왕조가 이런 과정을 겪었던 요인의 하나는 앞에서도 말했던 사대 종속적인 군왕 체제였기 때문이다. 조선왕조는 망하기 직전까지도 사대 종속적인 왕조로, 명과 청에 조공을 바쳤다. 조선왕조와 명과의 조공 · 책봉관계는 건국 직후부터 양국 사이의 현안 문제였던 1401년부터 표전(表箋)문제, 고명(誥命)과 인신(印信)의 문제, 일년삼사(一年三使) 등이 행해졌다.

중국에 조공도 의례로 동지(冬至), 정조(正朝), 성절(聖節), 천추(千秋)의 정기 사행과, 사은(謝恩), 주청(奏請), 진하(進賀), 진위(陳慰), 진향(進香)과 압마(押馬), 주문(奏聞) 등 임시 사행도 행해지고 있었다. 중국에 대한 사대는 명이 망하고 청이 들어서자 조선왕조는 스스로 소중화로 자처하는 이념적인 사대로 심화되는 일면도 보여주었다. 그 때문에 자주자강의 독립 국가의 길에서는 점점 밀려났으며 자주적이기보다는 억압적인 통치로만 일관되었다. 즉 밖으로는 사대로 일관했으며 안으로는 억압 체제로 일관했다.

또한 조선왕조는 중앙집권적인 통치체제의 한계성도 표출되었다. 조선왕조는 권력구조의 핵심 상층부를 몇몇 가문이 점유했던 통치체제라 해도 틀리지 않는다. 사회의 다원적인 이해나 지역의 특수성은 인정되지 않았으며, 지역 주민의 자발성도 극도로 배제되었다. 중앙에서 파견된 목민관은 일정 기간 해당 지역을 다스리면서 왕명을 따르는 데 힘을 다했다. 백성에 대한 징세에도 그들의 사익을 떠 얹어 부가했으며 왕실과 권문세가에 진상품을 봉납하는 데 힘을 다했고, 이것이 뒷날에는 상납과 뇌물의 한 관행으로 이어지는 일면으로 기능했다.

이 밖에 조선사회는 사농공상의 엄격한 신분제 사회였다. 지역의 주민들은 그 지역의 대소 양반-지주 가문과 연계를 맺었다. 따라서 관인-양반-중인-상민-노비의 사회계급 구조도 실제로는 양반-노비의 이분적 사회구조였다. 양반 지주의 소유물로 여겨진 노비도 때로는 양반 지주 가에서 벗어나 별도의 생활 영역을 마련했지만 그래도 대부분은 양반가 전장의 관리자로 살아야 했다. 특히 조선왕조의 "양반=지주, 노비=작인"을 제외하면 자작농인 중인층과 상민의 점유 비율은 점점 줄어들고 있었다. 그 때문에 지방의 양반층이나 중인층을 중심으로 한 향촌사회의 자치도 한낱 이름뿐이었다.

이처럼 조선왕조의 통치는 "고착된 사회"를 정초시켰으며 "닫힌 나라"로 만들고 말았다. 여기에다 정치문화는 겉으로 내건 주장과 실제와는 간격을 보여주는 전형적인 관인적 정치문화였다. 즉 문서나 주장으로는 절제, 겸양, 휼민을 내걸었지만 실제로는 약탈과 축재가 자행되었고 높은 벼슬로 오를수록 이런 성격은 심화되고 있었다. 그 결과 겉과 속이 다른 이중적인 관인 행태가 이 시기 정치문화로 고착됨으로써. 백성만이 억압과 고통에 놓이게 되는 분절적인 정치문화의 일면도 보여주었다.

특히 조선왕조에서는 성리학적 이념에서 민본(民本)을 내걸고는 백성이 나라의 근본이라는 전제에서 민본정치로의 지향을 강조했다. 그렇다고 통치 세력이 백성을 위한 정치를 실제로 펼쳤는가를 묻는 것이야말로 무의미한 질문일 수도 있다. 이처럼 조선왕조 시대의 백성들은 곤고한 일상에서 허덕여야 했다. 물론 여기에 맞서서 백성들도 몇 차례나 격렬하게 저항했지만 지배 세력의 탄압은 좀체 달라지지 않았다. 이처럼 억압적인 통치체제였기에 조선왕조 500여 년은 무너질 것 같으면서도 그런대로 이어지고 있었다.

이제 조선왕조의 관인적 정치문화가 시대 변화에서 기인된 내외 충격에 따라서 어떻게 변모되었는가를 시기별로 구분해서 아래와 같이 살펴보기로 한다.

2. 정치문화의 단계적 구분

1) 제1단계(1800년~1910년) : 관인적 정치문화의 혼돈

(1) 전환기의 충격과 정치 체계의 정치문화

제1단계인 관인적 정치문화의 혼돈을 개관하면 이는 조선왕조 23대 국왕인 순조(純祖)가 즉위했던 1800년 전후의 시기로 설정할 수 있다. 전통과 전통문화, 그리고 전근대적인 전통적 사회구조가 체제화된 그 이전의 시기에는 이념적으로는 성리학이 그 바탕을 이루었고 여기에다 군왕과, 관인, 그리고 사대부 사이의 엄격한 서열의 제도화를 이루고 있었다. 관직의 구도에서 상층에 속하는 관리들은 그것에 상응한 성리학적 윤리관과 공정성을 실천하는 인사로 여겨졌으며 실제로 그런 면도 일부 보여주고 있었다. 그러나 시대의 변화, 즉 거듭되는 외세의 침입과 치열한 당쟁으로 이러한 성격도 점점 와해하고 말았다. 그러면서도 여전히 이념으로나 주장으로는 관인적 정치문화를 강력하게 주장하는 충군의식과 예를 숭상하는 일면을 보여주기도 했다. 그러나 아무리 전근대적 사회라도 시대 변화에는 벗어날 수 없었다. 변모하는 시대의 흐름에 따라 성리학적 실천 윤리도 어떤 것은 마멸될 수밖에 없었고 어떤 것은 변형되었으며 때로는 종식되기도 했다. 그러나 대부분의 경우는 앞에서 말한 문화나 사회 속으로 그 나름의 전통문화로서의 기저적(基底的)인 성격을 지속하면서 그 위에다 새로운 문화적 요소가 덧붙여짐으로써 문화구조의 다층적인 혼돈 현상을 보여주게 되었다.

이러한 성격의 관인적 정치문화의 혼돈은 시기적으로는 1800년대를 넘어서면서 조선사회가 직면했던 국내외적인 변혁적 도전에 의해서 점점 심화되고 있었다. 물론 이러한 변화의 이면에는 근대로의 전환기적 성격도 내포하고 있었다. 특히 이 시기에는 시대 변화에 적절하게 대응하지 못했던 통치체제의 한계도 드러나고 있었는데, 구체적으로는 삼정의 문란과 세도정치가 그러했다. 세도정치는 그 지배 집단에 의해서 공공연하게 매관매직과 부정부패의 자행으로 민심의 이반도 급속도로 빚어졌으며 그것이 전국 도처에서는 민란으로 표출되었다. 그 때문에 민란은 단순히 백성의 일시적인 충동이나 분노감 그 이상이었다. 여기에다 국외적으로는 거듭되는 이양선의 출몰과 여기에 따른 민심의 이반도 나타남으로써 조선왕조의 명운도 종언을 고할 때가 되었다는 풍문이 전국적으로 퍼짐으로써 결국 왕조 체제도 종말로 치달릴 수밖에 없었다.

이 시대의 몇 가지 혼돈 사례로 다음 몇 가지를 쉽사리 떠올릴 수 있다.

1801년에는 공노비(公奴婢)의 혁파와 서얼유통(庶孼流通)이 단행되었는데 이는 더 이상 전통적으로 고착된 사회체제와 사회문화를 온전하게 유지할 수 없음을 의미했다. 그러면서도 왕조 체제는 기존의 전통적 가치 관념을 수호하기 위해서 새롭게 중국으로부터 유입된 천주교와 천주교도에 대한 극심한 박해를 자행했다. 즉 1801년에는 신유박해(辛酉迫害)로 200여 명의 천주교도를 처형했으며, 척사윤음(斥邪綸音)이 발표되기도 했다. 이어 1815년의 을해박해(乙亥迫害)도 실로 처참한 악형의 자행이었다. 조선왕조의 이러한 대응은 전형적인 "닫힌 사회"로의 고착을 추구했다 해도 틀리지 않는다.

여기에다 시대 상황을 더 한층 어렵게 만들었던 것은 합법적이고 정통성을 지니고 있었던 관인의 출사 제도인 과거제도의 부패와 문란이었다. 과거제도야말로 조선왕조에서 상층 양반과 사류의 관직 출사를 위한 공고한 제도였다. 이 제도가 과장의 문란에다 부정으로 지방 사류로부터 지탄의 대상이 되었으며 이 때문에 조선왕조 권력구조의 정당성은 사실상 치명적인 위기에 처하게 되었다. 여기에서 연유된 것이 바로 1811년 평안도 일대의 홍경래(洪景來) 난, 1813년의 제주도의 양제해(梁濟海)와 1815년 용인의 이응길(李應吉)의 민란이었다. 여기에 더하여 1817년의 유칠재(柳七在)와 홍찬모(洪燦謨) 등의 흉서사건(凶書事件), 1819년의 액예(掖隷)와 원예(院隷)의 작당 모반운동(謀叛運動), 1826년 청주 괘서사건(掛書事件) 등도 지속적으로 일어났다. 그 이전인 1821년에 서부 지방에 괴질이 크게 유행해서 10만여 명의 사망자가 발생했으며 심한 가뭄에다 연이어 밀어닥친 수재 등으로 왕조 체제에 대한 민심의 이반은 극으로 치달리고 있었다.

이러한 사실을 도식적으로 정리한 것이 다음의 도표다.

[표 2] 조선왕조의 관인적 정치문화와 변화

	I. 관인체제 정치문화의 기반		
1	성리학의 가치 체계	↔	천주교의 전래
2	대청 사대주의	↔	일본, 외세의 내습
3	고착된 관인 체계	↔	세도정치의 기승과 무능 · 부패
4	양반–상민의 사회구조	↔	상민의 반란
	II. 관인체제 정치문화 와해		
5	과거제도 문란	↔	지방유림의 반발
6	지방 호족의 부유화	↔	지방 하층민의 억압 강화
7	서민의 도전	↔	괘서, 벽서 사건의 빈발
8	민란의 발생	↔	전통적 왕조 체제의 약화

이 도표에서 보여주는 것처럼 1800년 이후의 전통사회에서 관인의 정치문화는 그 시대 사회 구성원의 정치적 인식과 행위양식의 총체적인 결집체로 [표 2]와 같이 그릴 수 있다. 즉 이 시기의 정치문화는 바로 관인의 사유 체계임과 동시에 행위 양식이기 때문에 그를 둘러싼 지배 세력의 총체적인 구조로 이해할 수 있다. 그 때문에 이들 관인의 기본 인식 관념은 그 시대의 지배체제의 기반 이념을 위의 구도에 따라 다음과 같이 정리해볼 수 있다.

① 성리학의 가치 체계가 점차 시대 변화에 따른 지배력으로서의 한계성을 보여주었는데 그 결정적 표출이 바로 천주교의 전래였다.

② 이 시기에는 전통적 통치 이데올로기인 대청 사대주의도 위기에 봉착하게 되었다. 서구 제국주의의 내습으로 청의 위세가 한계에 직면했음을

보여주고 있었다. 그 결과 사실상 대청 사대주의도 점점 와해되고 있었다.

③ 고착된 관인 체계로 새 시대에 적절하지 못했던 세도정치 집권 세력의 부패와 무능이 표출되었다.[2] 그 결과 관인적인 왕조 체제의 지배구조도 심한 혼란을 빚게 되었다.

④ 전국적으로 양반의 위세에 억압당했던 상민의 반란이 빈발해졌으며 지방의 관아는 사실상 그 기능이 극도로 위축되었다.

⑤ 과거제의 문란으로 벼슬길을 찾던 지방 유림의 조선왕조에 대한 불만이 쌓이게 되었으며 끝내 이들의 반발은 과거 지향적인 의식으로 분출되었다.

⑥ 이러한 시대적 혼돈을 틈타서 삼남 지방에서 지방 호족의 대두는 하층민에 대한 억압과 약취를 한층 더 가중시켰으며 그 때문에 이들 호족 중 일부는 지방 관리와 결부되었거나 아니면 그들에 맞서는 저항 세력으로 활동하기도 했다.

⑦ 일반 서민들의 분노감은 대부분 소극적이지만 때로는 사생결단의 의지로 중앙의 왕실과 권신에 비판과 배격을 내용으로 하는 괘서와 벽서를

---

2 그 대표적인 사례로 임오군란을 들 수 있다. 1882년 6월 9일 훈국병(訓局兵)의 군료 분쟁(軍料紛爭)에서 터졌지만 군제개혁도 한 요인이었다. 이전 5영에 소속했던 군병들의 불만은 고조되었으며 이들 군병은 13개월이나 군료를 못 받았으며 그 때문에 군료의 책임기관인 선혜청 당상 민겸호(閔謙鎬)와 전 당상을 지낸 경기관찰사 김보현(金輔鉉)에게 원한을 품었다. 그러다 1882년 6월 5일 구 훈련도감 소속 병사에게 한 달분의 군료를 지급했지만 여기에는 겨와 모래를 뒤섞었고 그 양도 반에 불과했다. 이에 김춘영(金春永), 유복만(柳卜萬) 등은 선혜청 고직(庫直) 등 무위영 군인과 시비로 도봉소를 부쉈다. 선혜청 당상 민겸호는 김춘영, 유복만 등 주동자를 붙잡아 고문한 뒤 처형하려 했다. 이 소식을 들은 병사들이 6월 9일에 대규모 폭동을 일으켰으며 이날 저녁 일본 공사관에 불을 질렀으며 일본인 교관 호리모토 레이조(堀本禮造) 등 일본인을 살해했으며, 6월 10일에는 영돈녕부사 이최응(李最應)을 죽였다. 궐내로 난입한 군병은 민겸호와 김보현도 살해했다. 그 사이에 민비는 장호원(長湖院)의 민응식(閔應植)의 집으로 피신할 수 있었다.

관아나 가로에 게시함으로써 민심의 이반을 적극적으로 고조시켰다.

⑧ 마침내 전국적으로 민란이 빈발함으로써 사실상 왕조 체제는 존립의 정당성과 그 체제 유지의 능력을 점점 상실하게 되었다.

그런데도 그 왕조 체제가 1910년까지 지속되었지만 끝내는 일본의 침탈로 끝내 국망의 비운을 맞게 된 것은 전통사회적 성격을 지속했던 조선사회 공직자의 전통적 행위 규범에서 연유된 정치문화의 유습에서 비롯된 일면도 전제할 수 있게 된다.

(2) 혼돈기 생활 세계의 정치문화

가) 다산의 애통한 관찰

아무리 제국주의 시대의 초기 근대화 물결에 직면하여 극적인 변화를 경험했다 해도 과거의 역사적 유산에서 완벽하게 자유롭다고 할 수는 없는 것이 사회변동의 특징이다. 그러므로 오늘의 문제를 제대로 파악하기 위해서는 근대화의 물결에 본격적으로 접하기 시작한 시대인 조선조 말기의 역사를 무시할 수 없다. 더구나 바로 그 시기의 조선은 스스로의 주권을 지킬 역량을 상실한 채 최후를 맞이하는 환자의 모습으로 겨우 명맥을 잇고 있었고 그 원인 중에는 본서가 탐구하는 공직자의 도덕성이 가장 심각한 요소였다는 사실에 주목해야 하기 때문이다.

이 점은 조선이라는 왕국이 원래는 성리학이라는 신유교사상을 국가의 기본 이념으로 삼아 유지했다는 역사적 배경과도 관련이 깊다. 바로 치자(治者)의 도덕성을 유난히도 중시한 유가 사상을 국가 통치의 근간으로 삼았던 나라에서 다름 아닌 그 도덕성 문제로 멸망의 길로 들었다는 희화적인 역설을 우리는 되새기지 않을 수가 없다. 이와 같은 자기성찰의 실례를 가장 적나라하게 보여주는 선인을 이 대목에서 잠시 조명하려고 하는데 그 대표적인 인물이 바로 다산 정약용 선생이다.

특별히 이 자리에서는 그가 몸소 체험한 조선말 사회상을 잠시 음미하려고 한다. 위에서 정리한 당시의 정치문화의 난맥상을 살펴본 것은 주로 정치체계의 차원에서 시도한 것이라면 이제는 인민의 일상적인 삶의 현장으로 더 가까이 다가가 그들이 겪었던 생활 세계의 정치문화를 감각적으로 직시할 수 있는 자료를 간추려 소개하려는 것이다. 다만 특이하게도 그 기본 자료는 일반적인 논설이거나 저서가 아니고 한시(漢詩)라는 점이 약간 특이할 따름이다. 일반적인 문집의 논설이 아니고 순전히 한자로 쓴 시를 소개하려는 것이다. 왜냐하면 그가 남긴 2,500여 수의 한시 가운데 상당수가 당시의 사회상을 풍자하는 내용을 담았다는 특이성 때문이다(송재소, 2005: 500). 여기서는 극히 축약하여 몇 수만 참조하려 하는데 이 시는 주로 그가 젊은 시절 경기 지방 암행어사로 백성의 삶을 두루 살피며 다닐 때와 후일 유배지에서 주거지 인근의 농민의 생활을 관찰하면서 적어놓은 글이다.[3]

> 시냇가 헌집 한 채 뚝배기 같은데
> 북풍에 이엉 걷혀 서까래만 앙상하네
> 묵은 재에 눈이 덮여 부엌은 차디차고
> 체 눈처럼 뚫린 벽에 별빛이 비쳐드네
> 집 안에 있는 물건 쓸쓸하기 짝이 없어
> 모조리 팔아도 칠팔 푼이 안 되겠네
> 개꼬리 같은 조 이삭 세 줄기와
> 닭창자 같이 비틀어진 고추 한 꿰미
> 깨진 항아리 새는 곳은 헝겊으로 때웠으며

---

3 여기 옮겨놓은 시는 송재소(1985: 223~246)에서 인용하였다.

무너앉은 선반대는 새끼줄로 얽었도다
구리 수저 이정(里正)에게 빼앗긴 지 오래인데
엊그제 옆집 부자 무쇠솥 앗아갔네
닳아 해진 무명이불 오직 한 채뿐이라서
부부유별 이 집엔 가당치 않네
어린것 해진 옷은 어깨 팔뚝 다 나왔고
날 때부터 바지 버선 걸쳐보지 못햇네
……
오호라 이런 집이 천지에 가득한데
구중궁궐 깊고 멀어 어찌 다 살펴보랴
　　　　— 1794년 33세 때 경기 암행어사로 둘러본 연천 지방 광경을 읊은 시

집 안에 남은 거란 송아지 한 마리요
쓸쓸한 귀뚜라미만 조문(弔文)을 하네
텅 빈 집 안엔 여우, 토끼 뛰노는데
대감님 댁 문간에는 용 같은 말이 뛰네
백성들 뒤주에는 해 넘길 것 없는데
관가 창고에는 겨울 양식 풍성하다
궁한 백성 부엌에는 바람, 서리만 쌓이는데
대감님 밥상에는 고기, 생선 갖춰 있네
　　　　— 가렴주구로 피폐해진 백성의 삶과 대조적인 지배층의 호사를 꼬집은 시

갈밭마을 젊은 여인 울음도 서러워라
현문(縣門) 향해 울부짖다 하늘 보고 호소하네
군인 남편 안 돌아옴은 있을 법도 한 일이나
예부터 남절양(男絶陽)은 들어보지 못했노라
시아버지 죽어서 이미 상복 입었고
갓난 아인 배냇물도 안 말랐는데
삼대(三代)의 이름이 군적에 실리더니
달려가서 억울함을 호소하려도
범 같은 문지기 버티어 있고

이정이 호통하여 단벌 소만 끌려가네
남편 문득 칼을 갈아 방 안으로 뛰어들자
붉은 피 자리에 낭자하구나
스스로 한탄하네 '아이 낳은 죄로구나'
잠실궁형(蠶室宮刑) 이 또한 지나친 형벌이고
민(閩) 땅 아이 거세함도 가엾은 일이거든
자식 낳고 사는 건 하늘이 내린 이치
하늘 땅 어울려서 아들 되고 딸 되는 것
말·돼지 거세함도 가엾다 이르는데
하물며 뒤를 잇는 사람에 있어서랴
부자들은 한평생 풍악이나 즐기면서
한 알 쌀, 한 치 베도 바치는 일 없으니
다 같은 백성인데 이다지 불공한고
객창에서 거듭거듭 시구편(鳲鳩篇)을 읊노라
　　　　— 유배지에서 아이 태어난 지 사흘 만에 군적에 올리고 이정이 소를
　　　　토색해가니 남편이 칼로 자신의 양경을 자르면서 "내가 이것 때문에
　　　　이러한 곤액을 받는다" 했다는 말을 듣고 지은 시

아전놈들 파지촌 덮쳐 휩쓰니
시끄럽고 소란하기 군대 점호 같구나
주려 죽은 시체에 병든 시체 뒤섞여
농가엔 남자 하나 보이지 않고
호령 소리 고아, 과부 옭아매는데
채찍질 앞길을 더욱 재촉해
개처럼 욕먹고 닭처럼 내몰리어
사람들 행렬이 성(城)까지 이었구나
그중에 가난한 선비 한 사람
뼈만 남은 몸뚱이에 홀로 외로이
하늘을 우러러 죄 없음을 호소하는
구슬픈 그 소리 끊이지 않네
하고 싶은 말일랑 감히 못 하고

눈물만 비 오듯 쏟아지는데
아전 놈들 화내며 완악하다고
욕하고 매질하여 다른 사람 겁을 주네
높은 나무 가지 끝에 거꾸로 매달아
머리를 나무 뿌리에 닿게 하고는
쥐새끼 같은 놈이 두려움을 모르고서
네가 감히 상영(上營)을 거역할 건가
글을 읽어 시비는 가릴 만한데
왕세(王稅)는 서울로 실어 가는 것
늦여름 지금까지 연기했으면
은혜가 무거운 걸 알아야 하지
세곡선(稅穀船)이 포구에서 기다리는데
이다지도 네 눈이 어둡단 말인가
아전 위신 세우는 건 바로 이때라
뽐내며 날뛰는 아전 꼴 보소

        — 아전의 수탈을 소재로 한 시의 한 보기

이리여 승냥이여!
삽살개 이미 빼앗아 갔으니
내 닭일랑 묶지 마라
자식 이미 팔려갔고
내 아낸들 누가 사랴
내 가죽 다 벗기고
뼈마저 부수려나
우리의 논밭을 바라보아라
얼마나 크나큰 슬픔이더냐
강아지풀도 못 자라니
쑥인들 자랄손가
......
승냥이여, 호랑이여!
말한들 무엇하리

금수 같은 놈들이여
나무란들 무엇 하리
사또 부모 있다지만
그를 어찌 믿을 건가
달려가 호소하나
들은 체도 하지 않네
……
백성들 이리저리 유랑하다가
시궁창 구덩이를 가득 메우네
부모여, 사또여!
고기 먹고 쌀밥 먹고
사랑방에 기생 두어
연꽃같이 곱구나
— 농민의 원망을 산 지방관들을 이리와 승냥이 등 짐승으로 비유한 시

위세도 당당한 수십가에서
대대로 국록을 먹어치더니
그들끼리 붕당이 나누어져서
엎치락뒤치락 죽이고 물고 뜯어
약한 놈 몸뚱이 강한 놈 밥이라
대여섯 호문(豪門)이 살아남아서
이들만이 경상(卿相) 되고
이들만이 악목(岳牧) 되고
이들만이 후설(喉舌) 되고
이들만이 이목(耳目) 되고
이들만이 백관(百官) 되고
이들만이 옥사(獄事)를 감독하네
— 당시 세습적·독점적 특수 집권층으로 굳어진 노론이 형성한
소위 벌열(閥閱) 층을 비판한 시

가난한 촌민이 아들 하나 두었는데
빼어난 기품이 난곡(鸞鵠) 새 같아
그 아이 자라서 팔, 구 세 된
의지와 기상이 가을 대 같네
그 아이 무릎 꿇고 아버지께 하는 말이
'제가 이제 구경(九經) 읽어
천명(千名)에 으뜸가는 경술(經術)을 지었으니
혹시라도 홍문록(弘文錄)에 오를 수 있나요?'
그 애비 하는 말 '원래 낮은 족속이라
너에게 계옥(啓沃)은 당치 않은 일'
'제가 이제 오석궁(五石弓) 당길 만하고
무예 익히기를 극곡(郤縠)같이 하였으니
바라건대 오영(五營)의 대장이 되어
말 앞에 대장 기(旗) 꽂으렵니다'
그 애비 하는 말 '원래 낮은 족속이라
대장 수레 타는 건 꿈도 못 꿀 일'
'제가 이제 관리 일을 공부했으니
위로는 공수(功遂) 황패(黃霸) 이어받아서
마땅히 군부(群符)를 허리에 차고
종신토록 호의호식 해보렵니다'
그 애비 하는 말 '원래 낮은 족속이라
순리(循吏), 혹리(酷吏) 너에겐 상관없는 일'
이 말 듣고 그 아이 발끈 노하여
책이랑 활이랑 던져버리고
저포(樗蒲)놀이, 강패(江牌)놀이
마조(馬弔)놀이, 축국(蹴毱)놀이
허랑하고 방탕해 재목 되지 못하고
늙어선 촌구석에 묻혀버리네
　　— 신분제도의 모순을 바로 앞 시에서 지적한 귀족의 특권 독점에 대비하여
　　　　　　가난한 촌민의 아들이 타락으로 내몰리는 양상을 그린 시

이와 같은 상황에 접한 다산은 "(수세기에 걸쳐 누적해온) 문제를 조용히 살펴 보면, 사소한 일까지 무엇 하나 병들지 않은 것이 없다. 지금 이들을 시정하 지 않으면 결국 나라 전체를 파괴할 지경에 이르도록 형편이 나아질 까닭이 없다. 어찌 충신과 애국지사가 그저 팔짱을 끼고 바라만 보고 있겠는가?"라 는 탄식을 하였다(김영호, 1983: 339). 그런데 실상은 신하라는 사람들이 임금 으로 하여금 "일을 꾀하고 실행하는 바가 없는 상태로 유도"함으로써 온갖 법도가 퇴락되어 정리되지 못한 상태로 방치되어 있으며, 만기(萬機)의 정사 (政事)가 난잡해져 다스리지 못하게 되었고, 이에 "10년이 채 못 되어 천하는 부패하고 말았다"고 역설하기도 했다(정일균, 2000: 14). 이런 난국에 처한 조 선조 말기의 현실은 비단 다산과 같은 지사의 눈에만 딱하게 보인 것이 아니 었다. 당시 조선을 방문한 외국인들의 기록에도 비슷한 내용이 엿보인다.

나) 외국인이 본 조선

예를 들면, 근자에 일본의 학자들이 19세기 일본인에 관한 책을 쓰면서 동 양 3국을 비교하려는 취지로 외국인의 눈을 빌려 당시 조선에 관해 언급한 관찰을 인용한 것이 있다. 여기 그 내용을 간추려 소개한다(磯田道史. 2009: 279~284; Kim Kyong-Dong, 2017b: 99).

첫째, 조선은 일본처럼 2세기에 걸친 평화를 누렸지만 그 기간에 군대가 무용지물이 되다시피 하여 조직은 거의 붕괴 상태고 무관의 지위도 본시부 터 문관에 비해 하급의 차별을 두었는데 거의 평민과 같은 처우를 받았으며 겨우 공직이라곤 일종의 사법관 정도의 기능을 수행하는 것으로 변해버렸 다. 따라서 중대한 사변이 나면 무기를 버리고 도망칠 생각밖에 할 여지가 없었다. 다만 이는 훈련 부족 탓이라 유능한 장교가 있었으면 조선인은 멋진 군대가 될 수 있었을 터인데도 말이다.

둘째, 군대 관련해서만은 아니고 일반적으로 19세기 구미인들은 조선에 동정적이었고 조선인의 잠재 능력을 인정했지만, "정부가 너무도 약체"였다는 점을 문제로 지적하였다. 정부의 결함이 조선인의 우수한 능력 발휘에 장애가 되었음을 동정했다는 것이 당대 구미인들의 견해였다. 조선 인민 자체는 좋은 사람들인데도 무기력한 궁정(宮廷)과 도둑(泥棒) 같은 관리들의 지배하에 거의 절반은 괴망 상태라 하였다. 저들에게 필요한 것은 건전한 정부라고 하였다. 공정한 정부를 갖지 못하여 근면성을 발휘하지 못하였고 관청의 잡졸이 강제로 착취하는 등 관리의 악폐가 강력하게 저들의 근면을 저지한 탓이다. 게다가 토지세를 공정하게 징수하고 법이 부정의 수단이 아니라 민중을 보호하는 역할을 했더라면 조선의 농민은 (일본의 농민 못지않게) 열심히 일했을 것이다. 어떤 서양인은 여행자들이 조선인의 나태함을 지적하지만, 자기가 러시아령 만주에서 본 조선인은 에너지가 넘치게 근면하고 견실하여 쾌적한 가구며 설비를 갖추고 잘 사는 모습을 보았으므로 그들의 게으름이 마치 기질적인 것인 양 생각하는 견해는 의심스럽다고 기록한 것도 있다.

여기서 중요한 대목이 나온다. 조선의 지배구조가 국왕과 민중 사이의 중간에 위치한 양반 귀족이 강력한 권력을 행사하여 국왕의 중앙정부 통치를 무력화했고 국왕은 인민에게는 보지도 알지도 능하지도 못한 존재로 여겨졌다고 한다. 이런 상황을 비유하여 표현하기를, 사람의 몸에서 머리(중앙정부)는 여지없이 쪼그라들고, 다리(백성)는 가늘어져 쇠약해지는 판국에 고급관료와 귀족의 배만 풍만해짐으로써 망국을 초래하게 되었다고 한다. 그러니까 상층귀족은 국왕을 무력화시키고 하층귀족은 백성의 피를 빨았음이다. 따라서 이런 상황에서 조선의 인민이 생존하기 위해 의지하게 된 것은 혈연과 지연에 근거한 동업자, 친족 일가 등 연고 사회의 특징을 드러내고 있었던 것이다.

요약하면, 조선은 중앙의 지배층과 지방의 공직사회가 뇌물수수, 독직, 이권과 감투 나눠 먹기, 가렴주구, 수탈, 인민 착취 등으로 농민과 상인의 생산성 향상 의지를 여지없이 짓밟았기 때문에 결국은 국고의 심각한 감소를 초래하였고 마침내 제국주의 침략자의 손에 국권을 팔아넘기는 참사가 일어났다는 것이다. 요컨대, 이런 평가는 우리의 전통사회가 근대화의 거대한 파도 속에서 적극적으로 자생적 적응을 시도하기는커녕 국권 상실의 비운을 맞게 된 원인 중에서 핵심은 지배층의 도덕성 상실이었음을 대변하는 관찰임에 주목하자는 취지에서 여기 옮긴 것이다.

2) 제2단계(1910년대∼1940년대 중반기) : 식민지의 정치문화

(1) 일반적 특징

1910년 일본의 대한제국 침탈로 한국은 일본의 식민지로 전락되는 민족적 비운을 맞게 되었다. 이는 실로 한국의 근대 정치사에서는 씻을 수 없는 치욕이었다. 일본의 침탈에 맞서서 백성들의 반일투쟁이 치열했지만 일본군의 잔혹한 탄압으로 이를 저지했다. 이러한 시대적 흐름에 맞섰던 그 시대의 정치문화, 특히 관인적 정치문화는 삼분 현상을 보여주었는데 이를 다음과 같이 정리해볼 수 있다.

① 대한제국의 고위직 관료 ─ 부일적 성격 ─ 일본 모방의 정치문화
② 대한제국의 민족 지향의 관인 ─ 반일적 성격 ─ 개화주의 정치문화
③ 대한제국의 체제 수호적 관인 ─ 투쟁적 성격 ─ 근왕주의 정치문화

즉 이전의 관인적 정치문화는 안으로는 군림과 약탈을, 겉으로는 근엄하

고 청렴한 것처럼 행동했던 이중성도 보여주었다. 이러한 성격의 관인적 정치문화의 삼분 현상은 일본 식민지 통치기로 들어서면 일본 관료를 모방했으며 또한 이전부터 잠재했던 권위적이고도 군림적인 성격이 근대적인 관료제와 융합해서는 군국주의의 통치 세력으로 군림하게 되었다.

구체적으로 1910년 8월 29일 한일합병조약의 공포 후 일본은 대한제국을 조선으로 개칭했으며 조선총독부를 설치했다. 총독은 대한제국의 소속 관청을 그 소속 관서로 삼았으며 대한제국의 관리들을 그대로 수용했다. 조선총독부는 대한제국의 고위 핵심층과 조선왕실의 인사를 포섭 예우함으로써 그들의 한국 지배를 공고화할 수 있었다.

구체적으로, 조선왕조의 유력인사들을 귀족원 의원으로 선임했으며 그 과정에는 칙선의원 7명을 1945년 4월 3일 자로 선임했는데 김명준(金明濬), 박상준(朴相駿), 박중양, 송종헌(宋鍾憲), 윤치호(尹致昊), 이진용(李珍鎔), 한상룡(韓相龍) 등 대표적인 친일 인사들이었다.

지방행정제도도 대한제국의 체제를 기본으로 일부의 명칭만 바꿨다. 즉 관찰사를 도장관으로 고쳤으며 그 뒤 1912년에는 도지사로 다시 이름을 고쳤다. 조선왕조의 지방 관속인 이방, 호방, 예방 등을 국(局)과 과(課)로 체계화했다. 지방 관리는 이전의 향리제를 대신해서 이들을 공개 채용했다. 그 밖에 헌병 경찰제를 운영하여 강압적으로 무단통치를 자행했으며 이들을 보좌하는 한국인 출신의 순사 보조원과 헌병보조원 등의 사무보조원을 다수 채용했는데 이들 중 다수가 그 후 조선총독부의 중요 관리로 활동했다.

이처럼 식민지 통치 시대의 관직자의 성격은 이전 대한제국의 제도와 성격에다 일본 제국의 체제를 혼용함으로써 그 지배체제를 한층 강화한 일면도 보여주었다. 따라서 이러한 변화는 이전의 관인적 정치문화에 약간의 변화를 가져오기도 했다. 그것은 대한제국에서의 제도가 조선총독부에 의해

변용됨으로써 일거에 근대적 권위주의 체제로 급변했다.

(2) 정치문화의 개요

일제강점기의 정치문화를 정치체제, 정치의식 및 정치적 행위의 차원으로 다시 정리하면 다음과 같이 요약할 수 있다.

가) 정치체제

① 군국주의, 전제적, 관료주의, 권위주의(Militaristic, Autocratic, Bureaucratic, Authoritarianism)의 성격 : 무사 지배의 군사문화에 프러시아적 관료주의가 채택됨으로써 훨씬 더 강력한 전제적 정치체제로 통치했다.
② 식민지 종주국으로서 조선을 일본이 일방적으로 지배하는 주종관계의 식민지 통치체제를 구축하였다.

나) 정치의식

① 전설로 논리화된 신의 자손인 군주(천황)를 중핵으로 삼는 민간종교(civil religion)로 포장했던 천황숭배적인 국가주의를 표방했다.
② 천황을 국가의 구심점으로 삼아서 국민 통합적 체제를 이룩했던 전통문화를 조선인에게도 그대로 주입하기 위해 정기적인 신사의 참배를 강요함으로써 조선인에게도 천황의 신민으로 세뇌하는 일본 전통문화를 전파했다.

다) 정치적 행위

① 소위 "내선일체(內鮮一体)"를 내걸고는 일본의 역사와 국가관을 조선인들이 익히게 했으며 이를 통해 조선을 일본제국에 완전통합하려 했다.

특히 내선일체는 내지(內地)로서의 일본과 조선(朝鮮)이 한 몸이라는 뜻을 강조했으며, 이렇게 함으로써 조선인의 민족적 정체 의식을 소멸시키고 일본인으로 변질시키려는 민족말살정책에서 비롯되었다.

② 이러한 목표를 실현하기 위한 구체적 조처로는 구한말의 단발령을 위시로 하여 개인의 이름을 일본식으로 바꾸고(창씨개명) 일상생활에서 일본어를 "국어"로 사용하게 했으며 각급 학교에서는 일본 역사를 철저하게 배우게 하는 등 식민지 교육에 역점을 두고 있었다.

③ 조선인을 각개격파식의 분할통치(divide and rule)로 민족통합을 방해하기 위해서 일본 통치에 협력하는 인사들을 우대했으며 그 반면에 반일투쟁이나 저항자에게는 가혹하게 처벌하는 강압 통치를 자행했다.

④ 특히 이 시기에 서방세계로부터 유입된 이념으로 자주적 근대성을 추구했던 민주주의, 자유주의, 사회주의와 공산주의, 심지어 무정부주의 등의 정치문화를 비록 소수의 지식층을 중심으로 수용되었지만 이를 철저하게 탄압했다.

3) 제3단계(1945년~1970년대) : 해방-한국전쟁 전후의 성격

(1) 해방과 독립국가로의 긴 여정

가) "대한국인(大韓國人)"의 열망

1945년 8월 15일 해방의 날을 맞아 그 감격을 위당(爲堂) 정인보(鄭寅普) 선생은 〈광복절 노래〉에서 아래와 같이 작사했다.[4]

---

4   정인보 선생의 본관은 동래(東萊), 호는 담원(薝園), 아호는 위당(爲堂)으로 서울에서

흙 다시 만져보자. 바닷물도 춤을 춘다.
기어이 보시려던 어른님 벗님 어찌하리.
이날이 사십 년 뜨거운 피 엉긴 자췌니.
길이길이 지키세. 길이길이 지키세.

8 · 15 광복은 실로 민족적인 감격이요 환희였다. 이 땅은 일본의 침탈로
40여 년 동안 일본 식민지의 오랜 고통을 겪게 되었다. 광복에 감격했던 백
성들은 그들이 밟았던 흙도 다시 만져보고 싶었다. 잃어버린 나라를 되찾기
위해 이 강산 곳곳에서, 먼 이역만리에서 풍찬노숙으로 독립운동에 목숨 바
친 선열들의 애국 혼을 생각하면 가슴 저미는 아픔을 느낄 수밖에 없었다.
그 어른들의 헌신에 머리 숙여 감사하면서 앞날에는 새 역사를 이룩하리라
는 일대 결단, 다시는 망국노가 될 수 없고 부패하고 무능한 조선왕조도 극
복의 대상임을 다짐하게 되었다.

온 백성의 염원은 이 강산에 "새 나라"를 세우는 일이며, 더는 잘못된 지난
날을 되풀이할 수 없다는 각오로 "새 나라, 새 사람"이 되는 것, 이는 곧 "대한
국인(大韓國人)"으로서의 오랜 염원을 이룩하는 것이었다.[5] 새롭게 이룩해야

출생했다. 대제학 정유길(鄭惟吉)의 후손이며 철종대의 영상 정원용(鄭元容)의 증손,
호조참판을 역임한 정은조(鄭誾朝)의 아들이다. 13세 때부터 이건방(李建芳)을 사사했
으며, 1910년에 중국 상해(上海)로 망명했으며 그곳에서 신채호(申采浩), 박은식(朴殷
植), 신규식(申圭植), 김규식(金奎植) 등과 동제사(同濟社)를 조직해서는 교민의 계몽 활
동을 전개했다. 중국에서 귀국 후 일본 경찰에서 옥고를 치렀으며 그 뒤 연희전문학
교, 협성학교(協成學校), 불교전문, 이화여전에 출강했다. 1936년 연희전문학교 교수
로 재임했으며, 해방 후 국학대학(國學大學) 학장으로 당대의 대학자였으며 1948년
대한민국 초대 대통령 이승만(李承晚)의 간청으로 신생 조국의 관기(官紀)와 사정(司正)
을 맡은 초대 감찰위원장으로 일했다. 1950년 6 · 25 한국전쟁이 일어난 그해 7월
31일에 서울에서 공산군에 납북 사망했다.
5   "대한국인"은 1890~1910년대 일본의 침탈에 분개했던 중국으로의 망명 지식인들

할 "새 나라"는 부정과 부패가 없는 독립 자강의 위대한 국가였다. 이것은 선각자들의 주장, 즉 도산(島山) 안창호(安昌浩)의 "새 나라, 새 사람"에다 백암 박은식(白巖 朴殷植)의 "신민(新民)"일 수도 있었다. "새 나라, 새 사람"은 실로 부정과 부패가 없는 나라와 사람을 의미했다. 그 때문에 선각자들은 올바른 국가 정신인 국혼(國魂)을 바로 일으켜 독립 자강의 국가를 세우는 것을 최대의 과제로 여겼다. 그러기에 이들 선각자들은 국혼과 함께 경세(警世)를 강조할 수밖에 없었다.[6]

이를 위해서는 세상 사람들에게 올바른 도리와 일상사를 가르치는 훈민(訓民)도 더없이 절실했다. 일찍이 박은식, 안창호, 신채호, 정인보 선생이 강조했던 이런 주장은 신생 대한민국의 이념적 바탕, 즉 국기(國基)였다. 이 국기야말로 "새 나라의 길", 즉 신생국가다움이요, 민족 발전의 실현이었다. 이들 민족지도자들이 신생 대한민국의 공직자들에게 기대했던 공직자로서의 가치는 크게 여섯 가지로 요약해볼 수 있다. 임명직이든 선출직이든, 말단 공무원이든 고위직이든 공직을 수행함에 있어서 그 기본 자세는 다음 신생 대한민국 공직자의 "6대 지향 가치"의 실천이다.

이 사용했던 잃은 나라를 되찾아 이룩해야 할 새 나라를 "위대한 대한의 국민"이라는 뜻의 민족적 다짐으로 사용했다. 특히 백암(白巖) 박은식(朴殷植) 선생의 신민(新民)이 이를 강조했다.

6   국혼과 경세는 1890년대 말 백암 박은식 선생의 국혼과 국백(國魄)의 주장과도 같았다. 국혼은 나라 사람의 올바른 정신이며, 국백은 그 정신에 입각해서 성실하게 사는 나라 사람들의 일상이었다. 국혼이 바로 서야 국백이 번창하며, 나라의 독립과 발전도 이룩할 수 있다. 이를 위해 경세는 말 그대로 부정과 부패의 경박한 세상살이를 멀리 하며 항상 스스로를 경계의 대상으로 삼아 자신과 사회를 바로 설 수 있게 하자는 것이다.

(1) 공직자의 행위 규범	① 청렴(清廉)
	② 절제(節制)
(2) 공직 처리의 기본 자세	③ 공정(公正)
	④ 효율(效率)
(3) 공직자의 평가 기준	⑤ 성실(誠實)
	⑥ 헌신(獻身)

여기서 청렴은 공직 수행에서 부정이나 부패를 배제하는 정결한 마음가짐이었다. 절제도 공직자가 사욕이나 사감에 휘둘리지 않고 매사를 신중하게 법과 절차를 기준으로 공정하게 집행하는 것으로 이는 곧 공직자의 중요한 행위 규범이었다.

공직자의 직위와 직책은 국가와 국민에 도움을 주기 위한 책임의 수행이기에 업무 처리는 법과 규정에 따라 공정하게 행해야 하며 주관적인 감정이나 편견에 따른 집행에서는 벗어나야 한다. 이와 동시에 한층 효과적이고도 신속하게 업무를 처리함으로써 국민의 기대감도 실현시킬 수 있어야 한다. 또한 공정은 공직자의 업무 처결에서 어느 일방의 이해만 중시할 것이 아니라 합리적이고도 객관적으로 공정하게 처리해야 함을 의미한다. 이는 곧 공직자는 나라와 사람들을 위한 공적 행위의 일꾼임을 말한다. 이 점에서 공직자야말로 나라와 세상과 사람들을 위래 헌신적으로 활동함으로써 국가의 발전과 통합도 이룩할 수 있어야 한다.

나) 혼돈과 갈등의 집요한 저류

앞에서 말한 신생 대한민국 공직자의 6대 지향 가치는 1945년 8월 15일의 해방 이후에도 관직자, 임명직이든 선출직이든 반드시 지켜야 할 당위적인 과제였다. 그런데도 현실 상황은 정반대로 흘러갔다. 청렴과 절제를 대신해서 부정과 부패가 만연했으며, 공정과 효율 대신에 편파적인 업무 처리가 행해졌고, 성실과 헌신은 뒤로 밀려났으며 그 대신에 부정과 부패가 관직사회에 적지 않게 미만했다. 왜 "새 나라의 길"에 맞는 관직사회로 나가지 못했을까?

그 이유는 한국의 관직사회 – 임명직이든 선출직이든 – 에서는 조선왕조 시대의 관직자들이 보여주었던 부정과 부패의 "유풍(遺風)"이 전통처럼 그 뒤에도 집요하게 흘렀기 때문이다. 이 유풍은 앞에서 말한 6대 지향 가치나 "새 나라의 길"과는 정면으로 배치되는 관직사회의 나쁜 속성이자 폐단으로 이었다. 이 유풍은 그 뒤 정치사에서 다음의 단계로 이어지고 있었다.

[표 3] 한국에서 관직자의 "전통적 유풍"

시기 구분	고위 관직자의 구성과 관직 수행 행태
일제강점기(1910~1945)	"조선 귀족"의 후예와 친일 세력: 세습적인 약탈
미군정기 (1945~1948)	총독부 관리와 친미 세력: 점령군의 통치에 편승
이승만 초기 집권기(1948~1950)	일부 전통적 지배 세력과 일부 친미 세력의 혼합
한국전쟁기 (1950~1953)	친 이승만계와 전쟁 승리를 위한 전시 통치
전후 복구기(1953~1957)	전후 부흥기 경제 관료에 의한 복구 정책의 주도
이승만 체제의 붕괴(1957~1960)	친 이기붕계 정치세력 주도의 반민주적인 체제화

여기서는 위의 도표에 따라 일부 관직자가 보여주었던 부정과 부패의 집요한 저류를 살펴보기로 한다. 조선왕조 말기에 관직은 대부분의 경우 개인적인 부귀영화의 수단이었고 이들이 자행한 가렴주구(苛斂誅求)와 부정부패가 일상화될 정도였다. 이들에게는 관직자로서의 멸사봉공(滅私奉公)은 찾을

수 없었고, 마치 부정과 부패가 관직사회의 관행처럼 극심하게 자행되었을 뿐이다.

이처럼 잘못된 "유풍"은 마치 흙탕물처럼 뒤엉켜서 그 뒤에도 집요한 저류로 온 세상을 더럽히는 요인이 되었다. 여기에다 조선을 침탈했던 조선총독부는 조선을 "효과적으로 통치하기 위해서" 조선의 국왕을 비롯한 왕실과 친일적인 고위 관직자를 특별히 우대했다. 백성은 일본의 억압과 강제에 신음했지만 이들 "망국적인 지배 세력"은 그 위세를 그대로 유지할 수 있었다. 그들은 관직자로서 수행해야 할 관직자의 6대 지향 가치와는 너무나 동떨어진 모습을 보여주었다. 거듭 말하거니와 일제 식민지 통치기의 조선총독부는 이들 상층 지배층을 보호−이용했으며 그 때문에 이들도 조선총독부에 충성하면서 온갖 부정과 부패를 자행했으며 뒷날에도 그 뿌리가 뻗어가고 있었다.

ⓒ 일제강점기 "조선귀족"의 후예

일본 식민지 통치기에 조선왕조의 왕실과 왕족, 권신 등을 일본의 준(準)황족으로 대우했으며, 국왕 일가만 해도 그들이 살았던 그 궁궐에서 군왕으로 대우받으면서 살고 있었다. 여기에다 일본에서는 '조선귀족령(朝鮮貴族令)'을 제정해서 조선왕조의 인척과 친일적인 고위 관직자의 자제에게 후작, 백작의 작위를 세습하게 하는 등 특별하게 예우했다.[7]

7　1910년에 조선총독부는 이른바 '한일병합조약'에 따라 일본제국 정부가 일본의 화족제도에 의거 대한제국의 친일적 인사들에게 1910년 8월 29일에 '한일병합조약' 제5조를 근거로 일본 황실령 제14호 '조선귀족령(朝鮮貴族令)'을 신설했다. 이것에 따라 대한제국의 황족이 아닌 종친, 문지(門地), 훈공을 기준으로 후작, 백작, 자작, 남작으로 봉작했다. 한일병합 당시는 76명의 수작자 중에 후작 6명, 백작 3명, 자작 22

[표 4] '조선귀족령'에 의한 1930년대의 대표적인 귀족의 명단

작위명	이름	출생연도	족보
후작(侯爵)	이달용(李達鎔)	1883년	전주 이씨
후작(侯爵)	이재관(李載寬)	1874년	전주 이씨
후작(侯爵)	이해창(李海昌)	1865년	전주 이씨
후작(侯爵)	이해승(李海昇)	1890년	전주 이씨
후작(侯爵)	윤택영(尹澤榮)	1876년	해평 윤씨
후작(侯爵)	박영효(朴泳孝)	1861년	반남 박씨
후작(侯爵)	이병길(李丙吉)	1905년	우봉 이씨

명, 남작 45명이었다. 1924년에 작위를 계승한 81명의 습작자 등 총 158명이었다. 1910년의 수작자 76명 가운데 작위를 거절한 인사는 김석진, 윤용구, 홍순형, 한규설, 민영달, 조경호, 조정구, 유길준 등 8명이었다. 이들 외 68명의 수작자는 1911년 9월 9일에 '조선귀족회'를 조직, 초대 회장에 박영효를 선임했다. 당시 조선귀족의 자제는 무시험으로 경성유치원과 가쿠슈인(学習院)에 입학할 수 있었고, 결원이 생기면 무시험으로 도쿄제국대학이나 교토제국대학에 입학할 수 있었다. 조선 귀족에게는 경제적으로도 크게 지원했으며 조선총독부로부터 임야와 삼림도 무상으로 불하받았다. 이들의 명단은 후작으로는 윤택영, 이재완, 박영효, 이재극, 이해승, 이해창을, 백작으로는 이완용, 민영린, 이지용으로, 자작으로는 고영희, 민병석, 박제순, 송병준, 이용직(3·1운동으로 작위 박탈됨), 조중응, 권중현, 김성근, 김윤식(3·1운동 이후 독립 청원서 제출로 실형을 받은 뒤 작위 박탈됨), 민영규, 민영소, 민영휘, 윤덕영, 임선준, 이근명, 이근택, 이병무, 이재곤, 이하영, 조민희, 이완용(李完鎔), 이기용이고, 남작으로는 조희연, 장석주, 유길준, 김가진(대동단 사건으로 자손에 습작되지 않음), 김병익, 김사준(독립운동으로 작위 상실됨), 김사철, 김석진, 김영철, 김종한, 김춘희, 김학진, 남정철, 민상호, 민영기, 민영달, 민종묵, 민형식, 박기양, 박용대, 박제빈, 성기운, 윤용구, 윤웅렬, 이건하, 이근상, 이근호, 이봉의, 이용원, 이용태, 이윤용, 이재극, 이정로, 이종건, 이주영, 정낙용, 정한조, 조경호, 조동윤, 조동희, 조정구, 최석민, 한규설, 한창수, 홍순형 등이었다. 윤치호는 윤웅열의 작위를 습작했으나 105인 사건으로 박탈되었다. 친일반민족행위진상규명위원회(2009). 「친일반민족행위진상규명 보고서 Ⅱ」참고.

백작(伯爵)	이영주(李永住)	1928년	전주 이씨
백작(伯爵)	송종헌(宋鍾憲)	1876년	은진 송씨
백작(伯爵)	고희경(高羲敬)	1873년	제주 고씨

다시 말하면 위의 명단에서 알 수 있듯이 조선왕조는 망했는데도 그 왕손과 일부의 고위 관직자는 작위를 받으면서 부귀를 누리는, 부정과 부패의 표징으로 살고 있었다. 이 점에서 여기서는 1930년대 세습 귀족으로 작위를 받았던 이들 대표적인 친일 귀족을 아래와 같이 정리해보기로 하자.[8]

이들 중 맨 처음에 거명했던 이달용(1883~1948)은 조선의 왕족이자 대한제국의 황족으로 고종의 5촌 조카였는데 한성학교(경기고등학교 전신) 교장으로 그의 아버지 이재관(1855~1922)의 후작을 세습했다.

이해창(1865~1945)은 조선왕실의 친척인 이경용(李慶鎔)의 아들로 이하전(李夏銓)에게 입적되었으며 한성부 판윤을 역임했고 일본 식민지 시대인 1923~1928년에는 한성은행 취체역으로 활동했다. 그 외에 후작 이해승 (1890~?)은 1908년 청풍도정(淸豊都正), 1910년 6월에는 종2품의 청풍군(淸豊君)으로 후작의 작위와 16만 8천 원의 은사공채를 받았다. 1923~1926년 해동은행 대주주로 감사, 1937~1942년 일선산금(日鮮産金) 주식회사의 이사였다.

윤택영(1876~1935)은 순종의 장인으로 일본 정부로부터 1912년 8월 한국합병기념장, 1915년 다이쇼천황 즉위기념 대례기념장, 1917년 욱일대수장을 받았다.

박영효(1861~1939)는 철종의 딸 영혜옹주와 결혼하여 부마가 되었으며 한

---

8   여기서는 다음 책을 인용했다. 新城道彦(2015) [朝鮮王公族], 中公新書, P.111.

성판윤, 내부대신, 궁내부 특진관 등을 역임했다. 일제강점기에는 후작으로 '조선귀족회' 회장을 역임했다.

이병길(1905~1950)은 이완용의 차남인 이항구(李恒九)의 장남으로, 이완용의 장남 이승구(李升九)가 사망하자 1914년에 후작을 세습했다. 교토제국대학(京都帝國大學)에 수학했으며, 조선총독부의 학무국 촉탁으로 근무했다. 1943~1944년에는 국민총력조선연맹 평의원으로 활동했다.

이영주(1918년~1955년)는 할아버지 이지용의 작위를 승계했다. 1942년 8월, 일본으로부터 정5위에 서위되었다.

송종헌(1876~1949)은 을사오적인 송병준의 아들로 아버지의 작위를 세습했으며 조선농업주식회사를 설립 운영했다.

고희경(1873~1934)은 정미칠적 고영희의 아들로 육영공원을 졸업했으며 조선왕실의 외교 관계 일을 했으며, 조선총독부에서는 이왕직 사무관으로 일했다.

이처럼 이들은 일제 식민지 통치기에 친일파로 최고의 예우와 거액의 은사금에다 거대 규모의 산지도 불하받았다. 이들의 재산은 해방 후에도 이어졌으며 이를 바탕으로 그 자제들은 미국 등 해외에서 신식 고등교육을 이수할 수 있었다. 그 때문에 이들 중에는 의사, 법관, 금융인, 교수로 학계와, 관계, 실업계에서 활동하는 이들이 많았다.

ⓛ 미군정기 "통역관 시대"의 영향

이처럼 일제 식민지 통치기의 친일 세력은 미군정기에도 그대로 존속될 수 있었다. 어느 면에서는 미군정기의 혼돈이 부패했던 세습적인 친일 지배 세력을 온존 강화시켜주는 풍토를 조성하게 되었다. 특히 미군정기에는 "통역관 시대"로 이들 인사들이 또 다른 이권 세력으로 활동했다. 이들 미군 통역관들은 미군속으로 한국의 국내 사정을 잘 몰랐던 주한 미군을 앞장 세워서는 그들의 사적인 이권을 점유했다. 그중에는 일본인들이 소유했던 이른바 "적산가옥"이나 중요 기업체 등을 차지하는 등 불법적이고 부당하게 이권을 쟁취하는 이들도 있었다. 이는 곧 또 다른 부패 세력의 발호로 식민지 시대의 친일 부패 세력과 함께 그 저류를 한층 혼탁하게 만들었다.

구체적으로, 미군의 한반도 진주를 중심으로 활동한 시기를 살펴보기로 하자. 먼저 1945년 9월 8일에 하지(John R. Hodge) 중장 휘하의 미군 제24군단은 인천에 상륙했으며 이어 9월 9일에 서울로 왔다. 하지 사령관은 포고령 제1호로 "38도선 이남의 조선과 조선인에 대하여 미군이 군정을 펼 것"임을 포고했다. 그리고는 9월 12일에 아치볼드 V. 아널드 미 육군 소장을 미군정청 장관으로 임명했다. 9월 14일부로 조선총독부의 일본인 관리들을 해임시켰지만 조선인 출신의 조선총독부 관리와 일본인 몇몇은 행정고문의 자격으로 그대로 일하게 했다. 이 시기에 임명된 미군정청의 각급 국장은 다음과 같다.

[표 5] 미군정청의 중요 관직자

직책	이름	계급	비고
정무총감	해리스	대령	
광공국장	선 C. 언더우드	대령	언더우드 선교사 가문 출신
경무국장	로렌섬	대령	
법무국장	E. J. 우달	중령	
재무국장	찰스 J. 고든	중령	

농상국장	제임스 마틴	중령	이훈구(李勳求)로 1946년 1월 교체
체신국장	윌리엄 J. 할리	중령	
교통국장	워드 L. 해밀턴	중령	
학무국장	얼 N. 락카드	소령	유억겸(俞億兼)으로 1945년 12월 교체

이어 한국인을 미군정청의 부처장으로 임명했는데 1947년 안재홍을 미군정 장관과 동격인 민정장관으로 선임했으며, 경무국장으로는 조병옥(趙炳玉), 수도경찰국장에는 장택상(張澤相), 법무부장에 이인(李仁), 운수부장에 민희식(閔熙植), 재무부장에 김도연(金度演), 재산처분국장에 윤치영(尹致暎), 농림부장에 윤보선(尹潽善), 학무국장에 유억겸(俞億兼), 인사행정처장에 정일형(鄭一亨), 사법부장 겸 검찰국장에 이인(李仁), 대법원장에는 김용무(金用茂) 등을 임명했다. 사법권은 일제 식민지 통치기에 한국인으로 판검사였거나 법원에 근무했던 인사들을 그대로 활동하게 했으며 그 때문에 일제강점기의 관직자 중에 그 연속성이 가장 강하게 지속될 수 있었다.

미군정의 요직을 차지했던 한국인의 성격을 다음과 같이 정리해볼 수 있다. ① 이들 대부분은 미국에서 장기간 유학 또는 생활했기 때문에 미군정청 미군 당국자와 의사소통에는 별다른 지장을 받지 않았다. ② 이들 대부분은 우파로 이미 좌파와는 오랜 기간에 걸쳐서 대립 관계에 놓여 있었다. ③ 이들 중 다수는 상층이나 중상층 이상의 출신으로 조선왕조의 부패의 속성을 내재하는 일면도 보여주었다. 물론 이들 중 조병옥의 경우처럼 일제 치하에서 오랜 독립투쟁으로 궁핍한 생활을 영위했던 이들도 있었다. ④ 이들 중 대부분은 이승만을 중심으로 빠른 시일 내 한국 정부를 수립하는 것이 독립국가의 과제라고 믿고 있었다. ⑤ 이들은 우파이기 때문에 북한이나 남한의 박헌영과는 대립적인 위치에 놓여 있었다. 이러한 성격 때문에 이들은 적극적으로 미군정의 남한 통치에 협력할 수 있었으며, 오랫동안 내려온 관직사회의 친일적 속성의 제거나 부정, 또는 부패의 척결보다는 공산주의자의 격파를 우선적인 당면 과제로 여기게 되었다.

ⓒ '남조선과도입법위원'의 성격

미군정청은 1946년 5월 6일 제1차 미소공동위원회가 성과 없이 장기 휴회로 들어가자 1946년 8월 24일에 '남조선과도입법의원'의 창설을 발표했다.[9] 이어 1946년 10월 21일부터 31일에 걸쳐서 민선의원 45명을 간접선거로 선출했으며, 관선의원 45명은 미군정청에서 임명했다. 이렇게 구성된 입법의원의 의장으로는 김규식, 부의장은 최동오(崔東旿)와 윤기섭(尹琦燮)이 선출되었다.

이렇게 시작된 입법의원에서는 '남조선과도입법의원법', '국립서울대학교설립에 관한 제102호 법령'의 제7조 개정, '하곡 수집법', '미성년자노동보호법', '입법의원선거법', '민족반역자, 부일협력자, 간상배에 대한 특별법', '조선 임시약헌(朝鮮臨時約憲)', '사찰령 폐지에 관한 법령', '공창제도 등 폐지령', '미곡 수집령' 등의 법령을 제정했다. 한국의 현대 정치사에서 불완전하나마 의회로 그 나름의 시대적인 역할도 일부 수행하게 되었다.

특히 입법의원회의 관선의원 대다수는 그 시대 한국 사회의 지도급 인사

---

9   김영미(1994), 「미군정기 남조선과도립법의원의 성립과 활동」, 『한국사론』 32집, 276쪽. 미군정법령 제118호에 따르면 20세 이상의 세대주가 각 리·정에서 대표 2명을 선출하고 여기서 뽑힌 사람이 다시 읍면 구의 대표 2명을 선출하며 여기에서 선출된 대표가 군 또는 부의 대표를 선출하고 이들이 도 대표를 선출하는 4단계의 간접선거로 선출하기로 했다. 이렇게 선출된 의원을 분석하면 우익 7명, 중도우익 2명, 중도 19명, 중도좌파 6명이었다.

로, 식민지 통치기에는 민족 독립을 위해서 투쟁했던 독립투사들이었다. 그 뿐 아니라 이념적으로도 친북 공산주의와는 구분되는 온건 좌파 인사들도 참여했다. 이러한 사실을 [표 6]에서 읽을 수 있다.

이들 관선의원을 살펴보면 다음 사실을 찾아볼 수 있다. 첫째는 대부분이 미국을 비롯한 해외 유학을 다녀왔던 고학력의 소유자로 미군정 당국자와도 언어 소통이 충분히 가능했던 인사들이다. 둘째로 이들 중 대다수는 사회 계급구조에서 중·상층 계급 출신으로 조선왕조 말기나 식민지 통치기의 최상층과는 차이를 보여주었다. 셋째로는 식민지 시대 독립운동에서 적극적으로 투쟁했으며, 사실상 주도적인 위치에서 활동했던 인사들이 다수 포함되었다. 넷째로 이들 중 다수는 북한의 공산주의자, 특히 김일성의 주장에 동조하지 않았던 우파나 중도우파 인사들이었다.

[표 6] 입법의원회 중요 관선의원 명단[10]

이름	생몰연대	출생지	학력	정파	비고
김규식(金奎植)	1881~1950	동래	프린스턴대학	민족자주연맹	납북
여운형(呂運亨)	1886~1947	경기 양근	금릉대학	신한청년당	암살됨
원세훈(元世勳)	1887~1959	함남 정평	대동전문학교	민족자주연맹	납북
최동오(崔東旿)	1892~1963	평북 의주	천도교종학원	민족혁명당	천도교
안재홍(安在鴻)	1891~1965	경기 평택	와세다대학	한국독립당	동제사 활동
깁붕준(金朋濬)	1888~1950	평남 용강	보성중학	한국국민당	납북

---

10 여기에 적은 사람들은 자료를 쉽게 찾을 수 있었기 때문이며, 독립운동이나 정치사회 활동의 중요도와는 무관하다는 사실을 밝혀두기로 한다.

홍명희(洪命熹)	1888~1968	충북 괴산	다이세이중학	조선문학가동맹	자진 월북
박건웅(朴建雄)	1906~미상	평북 의주	황푸군관학교	의열단	납북
황진남(黃鎭南)	1897~1970	함남 함흥		임정 외무부 참사	
문무술(文武術)	1887~1950	함남 원산		독립군 자금 모집	8년 징역형
황신덕(黃信德)	1898~1983	평남 대동	니혼여자대학		근우회 활동
여운홍(呂運弘)	1891~1973	경기 양근	우스터대학		여운형의 동생
하경덕(河敬德)	1897~1951	전북 익산	하버드대학		연희전문교수
김법린(金法麟)	1899~1964	경북 영천	파리대학		어학회사건 투옥 동국대 총장
장 면(張 勉)	1899~1966	경기 인천	맨해튼가톨릭대학		동성상업 교장 부통령
장건상(張建相)	1883~1974	경북 칠곡	인디애나주립대학	임정 학무국장	2대 국회의원
윤기섭(尹琦燮)	1887~1959)	경기 장단	보성전문학교	신흥무관학교장	납북
오하영(吳夏英)	1879~1960	황해 평산	협성신학교	신간회 간사	납북
엄항섭(嚴恒燮)	1898~1962	경기 여주	지강대학	임정 선전부장	납북
김약수(金若水)	1890~1964	부산 동래	니혼대 수학	조선공산당, 국회부의장	월북
이순탁(李順鐸)	1897~미상	경기도	교토제국대학		연희전문교수 납북

　이처럼 이들은 그 시대 한국 사회의 지도자로, 사회윤리적인 측면에서도 부정과 부패에는 반감을 보여주었던 "청렴한" 지도자들이 다수였다. 앞에서도 말했던 "새 나라의 길"을 이룩하려는 데 앞장섰던 지도자로, 이들 중에 다

수는 중국 등지에서 독립운동에 적극적으로 참여 활동했으며 조선왕조의 부정부패 구조와 식민지 통치기의 약탈 체제의 극복에 온 힘을 쏟았던 인사들이었다.

이 점에서 이들이야말로 안창호, 박은식, 신채호, 안재홍의 민족주의적인 계보를 잇는 인사들이었으며, "대한국인"의 뜻을 이룩하려 했다.

그러므로 미군정에 통역관으로 참여했던 인사들 중 다수가 이전의 전통적인 조선왕조나 일제 통치기에 지배 세력이 보여준 부정과 부패의 "집요한 저류"에 해당되는 인사들도 들어 있었다면, 후자는 여기에 맞서서 "새 나라의 길"을 이룩하려 했던 민족주의적 지도자들이었다.

한편 민선 출신의 과도입법의원 중 중요 인사로는, 서울시 당선자로는 김성수(金性洙, 한민당) 장덕수(張德秀, 한민당), 김도연(金度演, 한민당)이 있고, 경기도 당선자는 하상훈(河相勳, 한민당), 문진교(文珍校, 독촉), 이종근(李鍾瑾, 독립촉성중앙회), 유내완(柳來琬, 무소속) 양제박(染濟博, 한민당), 최명환(崔鳴煥, 독촉)이며, 충남도 출신으로는 홍순철(洪淳徹, 독촉) 김창근(金昌根, 독촉) 유영근(柳英根, 독촉) 이원생(李源生, 독촉) 유정호(柳鼎浩, 독촉)이 있고, 충북 출신으로는 김영규(金永奎, 독촉), 송종옥(宋鍾玉, 독촉), 황철성(黃喆性, 독촉)이 있으며, 전남 출신으로는 홍성하(洪性夏, 한민당), 천진철(千珍哲, 한민당), 최종섭(崔鍾涉, 한민당), 고광표(高光表, 한민당), 이남규(李南圭, 한독당), 황보익(黃保翼, 한독당) 전북 출신으로는 백남용(白南鏞, 무소속), 정진희(鄭鎭熙, 한민당) 윤석원(尹錫原, 한독당) 백관수(白寬洙, 한민당)가 있고, 경남에서는 김철수(金喆壽, 한민당), 김국태(金國泰, 무소속), 이주형(李周衡, 무소속), 송문기(宋汶岐, 독촉), 하만한(河萬漢, 무소속), 신중목(愼重穆, 무소속)이 있으며, 경북에서는 서상일(徐相日, 한민당), 윤홍열(尹洪烈, 무소속), 이일우(李一雨, 독촉), 김광현(金光顯, 독촉), 김영옥(金榮玉, 무소속), 강이형(姜二亨, 무소속), 이활(李活, 한민당)이 있고, 강원도에서는 서상준(徐商俊, 독촉), 조진구(趙軫九, 독촉), 전영직(田永稷, 독촉)이 있으며, 제주에서는 문도배(文道培, 인민위원회), 김시탁(金時鐸, 인민위원회)이 있었다.

지방에서 당선된 입법의원의 소속 정당은 한국민주당과 이승만의 독립촉성국민회가 다수로 이들은 단정 노선의 지지자들이었다. 그 당시 김규식·여운형 주도의 좌우 합작운동도 있었지만 더는 성사될 수 없었다. 또한 민선의원들도 시대적인 여건, 즉 해방의 감격 때문에 개인적으로 축재나 치부와는 거리를 보여주었으며 "새 나라의 길"로 매진하는 데 앞장서고 있었다.

1948년 2월 UN총회에서 "한반도에서에서 가능한 지역(남한)만이라도 선거를 실시"하기로 가결했다. 이에 따라 1948년 3월 17일 미군정청 법령으로 '국회의원선거법'을 공포했으며, 3월 20일부터 4월 9일까지 20일간의 유권자 등록 기간을 설정하여 총유권자 813만 2,517인 중 96.4%인 784만 871인을 선거인 명부로 확정시켰다. 미군정장관 딘(W.F. Dean) 소장은 중앙선거위원회를 과도정부 입법의원에서 선출한 김동성(金東成), 김법린(金法麟), 김지환(金智煥), 노진설(盧鎭卨), 이갑성(李甲成), 이승복(李昇馥), 박승호(朴承浩), 백인제(白麟濟), 오상현(吳相鉉), 윤기섭(尹崎燮), 장면(張勉), 김규홍(金奎弘), 최동(崔東), 최두선(崔斗善), 현상윤(玄相允)으로 구성했으며 이들의 주도로 1948년 5월 10일 제헌의회 선거를 실시하게 되었다.[11]

---

11 일본 정부로부터 작위를 받은 자나 '일본 제국의회'의 의원이었던 자에게는 선거권을 박탈했고, 피선거권은 일제 때에 판관 이상인 자, 경찰관, 헌병, 헌병보, 고등관 3등급 이상인 자, 고등경찰의 직에 있던 자, 훈(勳) 7등 이상을 받은 자, 중추원의 부의장 등에게는 주지 않았다. 또한 선거구제는 1선거구에서 1인을 선출하는 소선거구제였으며 본래는 남북한을 통하여 인구비례에 의한 선거로 300석의 국회의원을 선출하기로 했지만 북한 지역 할당 의석 수 100석을 유보하고 남한의 의석 수를 200석으로 할당하여 남한만의 총선거를 실시했다. 남한의 선거구는 부(府)·군 및 서울시의 구(區)를 단위로 하고, 인구 15만 미만은 1개 구, 인구 15만 이상 25만 미만은 2

(2) 민주주의 국민국가의 지향

가) 대한민국의 이념적 도정

1948년 8월 15일 대한민국 정부 수립은 "민주주의적 국민국가"의 첫 출발이었다. 여기서 말하는 민주주의 국민국가는 그 나름의 특정적인 개념을 갖고 있다. 즉 국민국가는 국가의 주권은 국민에 있으며 국민의 의사에 따라서 선출된 국민의 대표가 국정을 일정 기간 책임을 맡아 운영하는 정치체제를 의미한다. 이러한 성격의 국민국가는 서양에서는 1648년 베스트팔렌 조약을 계기로 등장했으며 이것은 그 뒤 시민혁명을 거쳐서 보편적인 국가 형태로 자리 잡을 수 있었다. 물론 그 당시 대다수의 국민국가에서 그 기반 이념은 민족주의였다. 여기에다 실천적인 정치제도로는 때로는 민주주의인 경우도 있었고 때로는 권위주의적인 전체주의를 채택한 경우도 있었다. 그 뒤 제2차 대전 이후부터 국민국가는 민족주의를 바탕으로 한 민주주의 정치제도로의 지향이 주도적인 흐름으로 자리 잡게 되었다.

이 점에서 1948년의 대한민국도 민족주의를 기반으로 한 민주주의 정치제도를 추구했다. 이를 위해서는 민주적인 정치사회 지도자도 필요했고 그런 지도자를 선택할 국민적인 능력도 있어야 했다. 여기에다 국가의 체제나 운영도 민주주의적으로 행해져야 했다. 그러나 불행하게도 현실은 이러한 요건의 충족에는 적지 않은 한계를 보여주었다. 정치세력이나 일반 국민들도 민주주의를 정치적인 구호나 자기 이익의 옹호, 혹은 확대를 위한 선전구호로 주장했으며 국민국가로서의 공동체적 시민사회의 실현에서는 점점 벗어

개 구, 인구 25만 이상 35만 미만은 3개 구, 인구 35만 이상 45만 미만의 부는 4개 구로 하여 200개 선거구를 확정하였다. 선거운동은 선거 관계 공무원과 일반 공무원을 제외하고는 누구든지 자유롭게 참여하게 했다.

나고 있었다.

㉠ 대한민국의 발전 논리

이러한 시대 상황에서도 대한민국의 민주주의적 지향은 일대 과제였다. 그러나 이러한 당위적인 과제와 현실 상황이나 여건은 불일치의 문제점을 안겨주었다. 이러한 문제점에 봉착하게 된 가장 큰 이유는 그 시대 다수의 지배 세력과 관직자들이 보여준 반시대적인 성격 때문이었다. 지배 세력, 특히 전통적인 지배 세력으로서의 한계적인 성격을 보여주고 있었던 이들 고위 관직자들은 오래전부터 누리고 있었던 "소수 특권층"의 사고와 행동에서 크게 벗어나지 못하고 있었다.

물론 1948년 대한민국이 출범한 이후부터 관리들도 과도입법의원이나 제헌의원의 감시와 견제 등의 비판적 영향력의 강화로 이전과 같은 노골적인 부정과 부패는 줄어들었지만, 어느 면에서는 음성적으로 자행되는 일면도 보여주었다. 그뿐 아니라 대한민국 정부 수립 이후 공직의 개념도 국민 위에 군림하는 존재라는 지난날의 관념에서 벗어나서 국민을 위해 봉사하는 기관으로 여기는 풍조로 겉으로나마 바뀌고 있었다. 그 때문에 정치사회의 분위기도 1948년에서 1950년의 한국전쟁 발발 이전까지만 해도 전반적으로는 신생 대한민국을 민주주의적 시민국가로 발전시켜야 한다는 열망이 고조되고 있었다.

이러한 변화는 앞에서 지적했던 한국의 관직사회에서 오랜 관행으로 지속되었던 부정과 부패의 집요한 저류를 걷어낼 수 있는 사회 분위기로 조성되고 있었다. 이는 곧 신생 대한민국의 지향인 "새 나라의 길"의 실천이었다. 대한민국이 이룩해야 할 "새 세상"은 "해방된 세상"에서 한 걸음 더 나아가 "나라다운 나라"를 이룩하는 일이었다. 따라서 앞의 것이 관념적이라면 뒤의 것은 구체적인 정책적 실천이었다. 이러한 사실을 아래와 같이 설정해볼 수 있다.

[표 7] 대한민국의 발전 논리

변혁 사회를 위한 해방		새 세상으로의 지향
분단의 이념에서의 해방	→	하나로 통일된 민족 세상
빈곤과 고통에서의 해방	→	번영과 발전의 풍요로운 세상
억압과 약탈에서의 해방	→	개인과 공동체가 일체되는 세상
무지와 편견에서의 해방	→	이성적 판단과 성찰이 주도하는 세상
전통과 편견에서의 해방	→	미래 이상의 실천으로 통합된 세상

ⓒ 제헌의회와 정부 수립

마침내 1948년 5월 10일에 제헌의원 총선거가 실시되었다. 이 선거로 임기 2년의 제헌의원을 선출해서는 대한민국의 헌법을 제정하고 정부 수립의 초석을 놓는, 실로 중차대한 역할을 수행을 맞게 되었다. 이처럼 막중한 과제를 이룩해야 할 제헌의원의 선거에서 당선된 의원의 정당-사회단체별 현황을 살펴보면 다음과 같다([표 8] 참조). 특히 여기서 이 의원들이야말로 신생 대한민국의 초석을 놓는 인사들이기 때문에 먼저 전 민족적 대표로서의 정당성을 가져야 하고, 지난날의 잘못들, 특히 부정과 부패를 제거해야 하며, 나아가 전 민족·민중의 발전적 통합의 구심체가 되어야 했다. 바로 이러한 의미에서 여기서는 이들의 특징을 살펴보기로 한다.

[표 8] 제헌의원의 소속 정당 및 단체

단체명	소속 수	비고
무소속	85명	
대한독립촉성국민회	55명	이승만의 단정노선 지지세력
한국민주당	28명	내각책임제 주장
대동청년단	12명	우파 독립운동 지향
조선민족청년당	6명	이범석 중심의 민족운동
대한독립촉성농민총연맹	2명	이승만 단정노선 지지
기타	11명	

먼저 제헌국회의 개원식을 살펴보면, 1948년 5월 31일(월요일) 아침 열 시가 조금 지난 뒤, 국회의사당인 중앙청 홀에서 198명의 제헌의원 참석으로 제1차 회의로 시작되었다. 제헌의원 선거위원회의 사무총장인 전규홍의 성원 보고와 노진설 선거위원장이 당선의원 중 최고 연장자인 이승만을 임시의장으로 추대할 것을 제의하자 의원들은 박수로 찬성했다. 이날 개원식의 사회를 맡았던 이승만은 다음과 같이 개회사를 시작했다. "나는 먼저 우리가 성심으로 일어서서 하나님에게 우리가 감사를 드릴 터인데 이윤영 의원이 나오셔서 간단한 말씀으로 하나님에게 기도를 올려주시기를 바랍니다."라고 말했다.[12]

제헌국회는 이날 이승만을 초대 국회의장으로, 신익희를 부의장으로 선출

---

12 이날의 국회 개원식을 북한에서 월남한 목사인 이윤영 의원으로 하여금 하나님께 이 나라의 무궁한 발전을 기원하면서 북한 동포의 구원을 위한 기도로 시작했음은 극적인 장면이었으며, 정파와 종교를 가리지 않고 국회의원 전원이 기도했음도 기록적이었다.

했다. 그리고 6월 초에 국회헌법기초위원회에서 기초한 헌법 초안을 심의해서 7월 17일에 헌법을 제정·공포했다. 그리고 이 헌법에 따라서 7월 20일 제헌국회에서는 제1대 대통령으로 이승만을, 부통령으로는 이시영을 선출했다. 이승만은 8월 15일 정부를 구성하고는 대한민국 정부 수립을 국내외에 선포했다. 이렇게 시작된 대한민국 초대 내각의 각료는 [표 9]와 같다.

[표 9] 대한민국 초대 각료 명단

직위	이름	생존기간	독립 활동	직책	비고
대통령	이승만(李承晩)	1875~1965	상해임시정부	초대 대통령	재미 투쟁
부통령	이시영(李始榮)	1869~1953	상해임시정부	재무총장	
국무총리	이범석(李範奭)	1900~1972	광복군	참모장	청산리전투
외무장관	장택상(張澤相)	1893~1969	청구구락부 사건으로 투옥		선대 최부유층
내무장관	윤치영(尹致暎)	1898~1996	흥업구락부 사건으로 투옥		선대 최부유층
재무장관	김도연(金度演)	1894~1967	독립선언으로 투옥		
법무장관	이인(李仁)	1896~1979	항일(抗日)		변호사
국방장관	이범석(李範奭)	1900~1972		국무총리 겸임	
문교장관	안호상(安浩相)	1902~1999			보성전문 철학교수 일민주의 주장
농림장관	조봉암(曺奉岩)	1898~1959	남로당	인천시당 간부	
상공장관	임영신(任永信)	1899~1977	교육가		재미 독립운동 참여
사회장관	전진한(錢鎭漢)	1901~1972	항일(抗日)		노동운동가

교통장관	민희식(閔熙植)	1895~1980			철도교통 전문가
체신장관	윤석구(尹錫龜)	1881~1950	교육 사회운동가		
무임소 장관	이청천(李靑天)	1888~1957	광복군	총사령관	
무임소 장관	이윤영(李允榮)	1890~1975	항일(抗日)		기독교 목사
총무처장	김병연(金炳淵)	1895~?			
기획처장	이순탁(李順鐸)	1897~?			연희대 교수
법제처장	유진오(俞鎭午)	1906~1987			고려대 교수
공보처장	김동성(金東成)	1890~1969			언론인

이 명단에서 알 수 있듯이 이들 대부분은 우파의 지도자였다. 이들 중에는 독립투쟁에 앞장섰던 이범석, 이청천 등도 있었다. 조선왕조 시대 지배층의 자제로는 윤치영, 윤보선, 장택상 등도 있었고, 이승만 대통령과 함께 미주에서 독립운동에 참가했던 임영신, 김도연 등도 있었다. 다만 조봉암의 경우는 남로당 출신으로 박헌영과 대립하여 여기에서 이탈했다. 결과적으로 초대 내각의 구성은 독립투쟁에서 상해 임정계를 중심으로 구성되었으며 여기에다 이승만 대통령의 개인적인 친소관계도 얽혀 있었다. 이 내각의 구성원 대부분은 미군정 시대와의 연관성은 물론이고 독립운동의 주도 노선에서 반공주의를 일차적으로 중시했으며, 전 민족적인 통합적 일체성은 물론이고 최고 최대의 인재라는 면보다는 친이승만계라는 점이 우선시되었음을 일 수 있다.

그러나 이 시기의 행정부의 차관급이나 국·과장급에는 조선총독부 시절에 행정 경험을 가졌던 이들이 독립 이후에도 상당수가 그 자리를 차지하고 있었다. 그 때문에 식민지적 통치기구의 관행과 잘못된 관료적인 정치문화가 지속될 수 있는 여지도 있었다. 이들 관료들이 행정사무를 처결했기 때문에 신생국가 "대한민국의 길"에서는 한계적 일면도 보여주기도 했다. 그것은 기본적으로 민주적인 공직자로서의 섬김의 자세가 아니라 군림적인 관료로 임했던 일면을 보여주었다. 이런 성격은 결과적으로 공정성보다는 편파적인 면도 나타나게 되었으며, 객관적이기보다는 주관적이고 편의적인 면도 보여주었다. 그 때문에 그 당시 고위 관직자 중 일부는 "대한민국이 가야 할 길"에서는 벗어나는 한계적인 성격을 보여준 경우도 있었다.

또한 사법부의 경우는 일본 식민지 시대의 판·검사나 법원 서기들이 대부분 그대로 남아서 그 일을 수행함으로써 일종의 "특권층"의 성격을 이룩했다. 이들은 법률가라는 업무상의 특이성 때문에 그렇게 잔류할 수 있었다. 그 때문에 식민지 시대의 관료적 유풍은 다른 어떤 분야보다도 더 많이 잔류함으로써 민주주의 시민사회로의 지향과는 거리를 보여주기도 했다. 특히 이런 성격은 뒷날 이승만 정부의 말기에 법관이나 검찰 출신들이 법무부 장관으로 진신해시는 빈민주적인 국민 억압적인 활동으로 나아갔던 일면의 흐름에서도 이를 찾아볼 수 있다.

ⓒ 이승만 대통령의 집권 초기

1948년 대한민국의 초대 대통령 이승만의 집권 초기는 다음 몇 가지를 시급하게 구축해야 했다. 그것은 신생국가로서의 대한민국 지향 이념의 제시와 이를 중심으로 국민적인 일체감의 확보였다. 이를 위해 이승만 대통령은 대한민국의 지향이념으로 일민주의(一民主義)를 주장했다. 일민주의는 말 그대로 "민족도 하나요, 국가도 하나다!"라고 강조하면서 국민적인 단합으로 북한 공산주의와의 성공적인 대결을 주창했다.

일민주의는 다음 4가지의 강령을 추구했다. ① 경제적으로 빈곤한 국민의 생활수준을 높여서 누구나 모두 평등하게 복리를 누리게 할 것이다. ② 정치적으로는 민중의 지위를 한층 더 높여서 모두가 상층계급으로 대우받게 할 것이다. ③ 지역적인 차별을 철저하게 타파할 것이며 대한민국 국민은 모두가 하나의 민족임을 자각하게 할 것이다. ④ 남녀는 평등한 동등주의를 실현해서 함께할 것이다.

일민주의의 이론적인 주창자인 안호상 교수는 독일 예나대학 출신으로 일제강점기에는 보성전문 교수를 지냈으며 해방 이후에는 반공 통일국가 수립에 적극 참여했고 초대 문교부 장관을 재임했다. 이승만 대통령은 정부 수립 초기부터 일민주의를 대한민국의 통치 이데올로기로 수용했으며 이를 실천하려 했다. 이처럼 일민주의는 민족 구성원 모두가 일민, 즉 "하나의 겨레"로 공고하게 결속해서는 북한의 공산주의를 물리치자고 주장했다. 이런 의도에서 1949년 9월에는 '일민주의 보급회'를 전국적으로 조직했으며, 안호상도 일민주의를 설명하는『일민주의의 본바탕』이라는 소책자를 간행했다.

이승만 대통령은 집권 초기부터 반공을 특별히 강조했다. 한국에서 공산주의는 일제 식민지 시대부터 소비에트 러시아와 중국 공산당의 지원하에 한반도의 공산화에 진력했기 때문에 이는 곧 신생 대한민국에서는 가장 큰 적대 세력이자 위협일 수밖에 없었다. 특히 북한의 남침 위협과 남한 내의 남조선노동당(南朝鮮勞動黨, 약칭 남로당)의 암약과 폭동을 철저하게 제압해야 했다. 그러나 이미 그 당시 공산주의자들은 1946년부터 남한 전역에서 남로당의 '신전술(新戰術)'에 따른 무장폭동으로 다수의 우파 요인을 암살했고 지방 도시의 경찰서 등을 습격하는 등 남한의 전역에 남로당의 무장투쟁이 빈발하고 있었다. 그중에는 1946년의 '신전술'의 일환으로 남로당과 조선노동조합전국평의회(朝鮮勞動組合全國評議會, 약칭 전평)가 주도했던 그해 9월의

'부산 철도노동자 파업'을 시작으로, 노동자 파업이 전국적으로 행해졌다. 연이어 그해 10월 1일에는 '대구 10 · 1 사건'도 일어났다.

또한 1947년 3월 1일에는 '제주 4 · 3 사건'도 발생했다. 이 사건은 1948년 4월 3일~1954년 9월 21일까지 제주 전역에 걸쳐서 일어났던 "민족적인 일대 참극이자 비극" 그 자체였다. 그 뒤 남로당의 공산주의자들은 1948년 10월 19일 전라남도 여수, 순천 지역에서 국방경비대 제14연대 소속 군인과 좌익 군중의 폭동으로 전라남도 동부의 6개 군을 점거하는 등 '여순(麗順) 사건'이 발생했다.

이처럼 이승만 대통령의 취임 초기부터 38도선 이남에서 공산주의 파르티잔의 소탕 작전에 국가적인 역량을 쏟아야 했다. 다시 말하면 국가 체제의 안전을 위해 반공통일을 기치로 내걸었고, 이는 곧 준전시와 별 차이가 없는 상황을 빚고 있었다. 그 때문에 이승만 대통령은 군인과 경찰에 의한 치안 확보가 급선무였기에 "새로운 나라로서의 대한민국의 길"을 추구하기보다는 공산당의 준동을 제압하는 것이 더 시급한 과제였다. 이 점에서 경찰과 군인에 의한 공산군의 색출에 치중했으며 여기에서 일제 통치기의 경찰과 군인들이 이 일을 맡게 되었다.

나) 부정과 부패의 물결

1950~1953년의 한국전쟁을 겪으면서 대한민국은 변할 수밖에 없는 상황에 놓이게 되었다. 전쟁은 사람들에게는 생존을 위한 투쟁으로 달리게 했다. 그 때문에 더는 "조용한 아침의 나라"로 지속될 수도 없었다. 사람들은 전쟁에서 승리해야 한다는 본능적인 투쟁 의지를 불태웠으며, 그 때문에 승전을 위해서는 어떤 수단이든 동원될 수밖에 없었다. 북한과의 전쟁에서 반드시 이겨야 한다는 그 한 가지 사실만이 초미의 관심 사항이었다.

이러한 시대적인 상황에 놓여 있었기 때문에 정치적으로는 이승만 대통령을 최고 정점으로 그 아래는 세 갈래의 세력이 긴밀하게 연관을 맺고 있었다. 그 하나는 친이승만 지지의 정치세력이었고, 둘째로는 행정부의 일부 고위 관료였으며 셋째로는 군부의 일부 지휘관들이었다. 이들 3자는 서로 간에 연대해서 한편으로는 북한 공산세력과의 전쟁에서 승리를 추구했으며 다른 한편으로는 이승만 대통령을 중심으로 하는 통치 세력의 장기집권으로 달려갔다. 이제 이를 살펴보기로 한다.

㉠ 한국전쟁과 전시 체제

1950년 6월 25일 김일성의 북한 인민군의 불법 남침으로 시작된 한국전쟁은 1953년 7월에야 휴전을 맺게 되었다. 이 전쟁은 한국 근현대사의 최대의 민족적 비극으로, 국군의 사망자만도 13만 7,899명이며, 미군 사망자는 3만 3,686명이었다. 북한군은 52만 명의 전사와 12만 명의 실종 또는 포로를 기록했다. 이 전쟁을 일으킨 북한 공산주의 세력에 대한 민족사적인 준엄한 심판은 이루어지지 않았으며, 오히려 이를 이데올로기로 묻어버리려는 반역사적인 주장도 제기되고 있다. 이 점에서 한국전쟁은 비록 겉으로는 온갖 그럴듯한 말을 내걸어도 "아직도 끝나지 않는 전쟁"으로 이어지고 있음도 분명한 사실이다.

북한군의 남침을 맞아서 이승만 대통령은 즉각 전시 체제로 돌입하게 되었으며 국내 정치도 의회주의도 그 전쟁에서 부과된 시련을 맞아야 했다. 사실상 정상적인 정치 상황, 즉 평화 시기라야 의회주의도 민주주의도 제 기능을 올바르게 행사할 수 있다. 물론 그 시기가 전시였지만 그래도 겉으로나마 의회도 정상적으로 기능했다. 그 과정에서 빚어졌던 정치적 혼돈은 임시 수도 부산에서 노령의 이승만의 대통령직 계속과 그의 후계 구도를 두고 '부산 정치파동'으로 터져 나왔다. 전선에서는 격렬하게 전쟁을 치르고 있었으며 후방의 일부 지역에서도 북한군 일부와 잔존 파르티잔의 교란 활동이 자행되고 있었다. 바로 이 시기에 '부산 정치파동'과, '거창 양민학살사건' 등이 일어났으며 결과적으로는 국무총리 장택상에 의한 '발췌개헌안'의 통과로 이승만 대통령의 재선이 가능해졌다. 이처럼 전시에다 정치파동 등으로 정치사회의 기강은 물론이고 관직자의 부패도 한층 더 심해질 수밖에 없었다.

특히 제2대 국회의원 선출에서도 부정은 계속되어 심각한 부패 선거 모습을 보여주었다. 이러한 선거 과정을 거쳐서 제2대 국회의원을 선출했는데 이를 구체적으로 살펴보기로 하자. 제2대 국회의원 선거는 1950년 5월 30일에 행해졌으며, 입후보자는 의원 정수 210명의 10배가 넘는 2,200여 명에 이르렀으며 치열한 경쟁으로 시종했다. 제2대 선거 결과 당선자의 소속 정당은 아래 [표 10]과 같다.

[표 10] 제2대 국회의원의 주요 정당별 당선자

소속정파	당선자 수	특이 사항	기타
무소속	126명	이승만 대통령 지지	
대한국민당	24명		
민주국민당	24명		
대한독립촉성국민회	14명		
대한청년단	10명		
대한노동총동맹	3명		
일민구락부	3명		
사회당	2명	서울 성북구	조소앙의 납북
민족자주연맹	1명	서울 중구 갑	혁신계 원세훈

이처럼 5 · 30 제2대 국회의원 총선거의 결과는 무소속 당선자가 모두 126명으로 총 정원의 60%를 차지했다. 이는 곧 정당 체제의 미비에서 기인된 현상이었으며 그 당시 정당으로는 이승만을 지지하는 대한국민당과 야당인 민주국민당에서 각각 24명을 당선시켰다. 결국 제2대 국회의원의 선거 결과는 국회에서 당선자들 사이에 이합집산을 불가피하게 했다. 여기에다 제헌의원의 재선율은 15.5%로 31명이었다. 이러한 의석 분포는 정국의 혼란을 사전에 예고하는 것과 같았다.

제2대 국회의원 총선거 때부터 일부 입후보자들이 해당 선거구의 유권자들에게 금품을 제공하는 등 불법 선거운동을 자행하는 심각한 부정부패를 곳곳에서 보여주었다. 여기에다 관권선거의 자행은 혼탁한 선거의 한 모습으로 기록되었다. 이런 선거에서도 이승만 대통령에 대립했던 야당의 저명한 인사들이 당선될 수 있었다. 구체적으로 서울에서는 조소앙, 원세훈이 당선되었고, 경기도에서는 신익희. 부산에서는 장건상이 당선되었다.

거듭 말하거니와 제2대 선거야말로 초유의 부정부패로 기록될 수밖에 없으며 이렇게 당선된 국회의원을 비롯하여 관직사회에서도 예사로 부정과 부패가 자행되는 심각한 현상을 보여주게 되었다. 그 때문에 제2대 국회에서는 제헌의회가 보여주었던 행정부와 사법부의 부정과 폐단을 바로잡는 견제기관으로의 중차대한 역할은 사실상 사라지고 말았으며 각 정파에 따른 이해의 충돌은 물론이고 금권정치의 자행이라는 심각한 문제를 야기하게 되었다.

최소한 국회라면 민의의 전당으로 부정부패의 "집요한 저류"를 걷어내기 위해서는 실로 추상 같은 엄정한 숙정 작업을 이룩해야 했는데도 여기에서 완전히 벗어나고 말았다. 그리하여 한국 민족의 오랜 열망인 깨끗한 공직사회가 주도하는 "새로운 세상"에서는 점점 더 멀어지고 있었다. 그래도 대다수의 국민은 반드시 "새로운 세상"을 이룩하기를 염원하고 있었다. 이러한 국민적 열망은 "새로운 세상", 즉 "대한민국의 올바른 이념적 도정"으로의 행진을 요구했다. 그러나 이승만 대통령을 비롯한 그 당시의 집권 세력은 그들의 장기 지속적인 권력 점유를 추구하면서도 관직자의 부정과 부패를 엄격하게 숙정하지 못했기에 심한 경우 "부패 공화국"이라는 비판도 받게 되었다.

ⓒ 이승만-이기붕 세력의 결집

1954년을 넘어서면서부터 한국의 정계는 확연하게 이승만 세력과 반이승만 세력으로 양분되었다. 1954년 5월, 제3대 국회의원 203명을 선출하는 총선거에서는 이승만을 당수로 한 자유당과 민주국민당 사이에 치열한 선거전이 행해졌다. 이 총선에서 자유당은 이승만 대통령을 중심으로 북진통일을 이룩하자고 주장했다. 특히 새롭게 이승만의 후계자를 꿈꿨던 이기붕계 인사들은 자유당의 완전 대승을 획책하고 있었다.

[표 11] 제3대 국회의원 중 중요 의원의 특징(가나다 순)

이름	출생 연도	당선 지역	학력	소속 정당	기타
곽상훈(郭尙勳)	1896	인천을	경성고등공업전문학교	무소속	
김도연(金度演)	1894	서대문갑	아메리칸대학원	민주국민당	초대 재무장관
김준연(金俊淵)	1895	영암군	도쿄제대	민주국민당	4대 법무장관
김진만(金振晩)	1918	삼척군	도시샤고등상업학교	자유당	
민관식(閔寬植)	1918	동대문	교토대학	무소속	문교부장관

손도심(孫道心)	1920	화성군	서울대 정치과	자유당	
신도성(愼道晟)	1918	거창군	도쿄제대	민국당	
신익희(申翼熙)	1894	광주군	와세다대학	민국당	2대 국회의장
윤보선(尹潽善)	1897	종로갑	에든버러대학	민국당	2대 상공장관
윤치영(尹致暎)	1898	서울중구	아메리칸 대학원	대한국민당	국회부의장
이기붕(李起鵬)	1896	서대문을	데이버대학	자유당	국방부장관
이 인(李 仁)	1896	영등포을	메이지대학	대한국민당	초대 법무장관
이재학(李在鶴)	1904	홍천군	경성제대학	자유당	
이철승(李哲承)	1922	전주	고려대학	무소속	
이충환(李忠煥)	1917	진천	만주대동학원	자유당	
임흥순(任興淳)	1895	성동갑	보성고등학교	무소속	
인태식(印泰植)	1902	당진군	도호쿠제대	자유당	
장경근(張璟根)	1911	부천군	도쿄제대	자유당	한일회담 대표
장택상(張澤相)	1893	칠곡	에든버러대	무소속	외무부장관
전진한(錢鎭漢)	1901	부산을	와세다대	무소속	초대 사회부장관
정일형(鄭一亨)	1904	중구을	드루대	무소속	미군정인사행정처장
조경규(趙瓊奎)	1904	함안	세브란스의전	자유당	
조병옥(趙炳玉)	1894	대구을	컬럼비아대	민주국민당	미군정청 경무부장
조재천(曺在千)	1912	달성	주오대학법학부	민주국민당	
최순주(崔淳周)	1902	영동	뉴욕대	자유당	
한희석(韓熙錫)	1909	천안	충남사범학교	자유당	내무부차관
황성수(黃聖秀)	1917	용산을	동북제대	자유당	

여기에 맞섰던 민주국민당은 현행 대통령 중심제에서 의원내각제로 개헌할 것을 선거 공약으로 내걸었으며 77명의 입후보자를 출마시켰다.

실로 제3대 국회의원의 총선거는 유례없는 관권선거에다 부정부패 선거였다. 경찰을 비롯한 공무원에 의한 "동원된 선거"였기에 투표율은 91.1%를 기록할 수 있었으며, 이렇게 실시된 총선거의 결과는 여당인 자유당이 공천자의 99명과 비공천자 15명 등 총 114명(56.1%)을 당선시켜서 원내의 다수당으로 올라설 수 있었으며 그 뒤를 무소속이 68석(33.5%), 민주국민당은 15석(7.4%), 국민회와 대한국민당은 각각 3석을 차지했다.

제3대 국회에서는 국회의장으로 자유당의 이기붕(李起鵬)을, 부의장으로는 자유당의 최순주(崔淳周)와 무소속의 곽상훈(郭尙勳), 그리고 그 뒤 자유당의 조경규(趙瓊奎)가 당선되었다.

ⓒ '사사오입' 개헌과 파국의 정치

[표 11]에서 읽을 수 있듯이 이 시기부터 이승만의 장기집권과 그 후계자로 이기붕의 정치적인 기반을 다졌년 이른바 '만송족(晩松族)' ─ 이기붕의 아호인 만송을 내세워 그의 추종자들을 만송족이라고 불렀다 ─ 이 정국을 주도하려 했다. 이는 결국 거액의 정치자금을 필요로 했고 이를 충당하기 위해 기업체로부터 정치자금을 조달함으로써 부정과 부패가 이전보다 한층 심해졌으며 이는 결국 정치계─관계─기업인으로 이어지는 부정부패의 그물망을 형성하게 되었다. 이 그물망은 이전의 그 "집요한 저류"를 한층 더 혼탁하게 만들었으며 공직자가 그 그물망의 핵심적인 위치로 올라서게 되었다. 즉 선거를 비롯한 정치 행위가 바로 부정부패의 연결망으로 구축되고 있었다.

또한 한국전쟁 이후의 전후 복구 시기에 미국 등 우방 국가로부터 제공받았던 경제 원조도 정관계의 상층부 인사들에 의해서 특정 기업인에게 더 많이 배분해주기도 했다. 그 때문에 1948~1950년의 제헌의회를 이끌었던 "지사형" 국회의원에 의한 정국 주도의 흐름도 점점 사라지고 있었으며 그 대신에 이승만–이기붕의 장기집권을 획책하는 만송족의 권력정치가 부정과 부패를 발판으로 전국적으로 자행되고 있었다.

이에 앞서 1952년의 발췌개헌(拔萃改憲)으로 대통령 선거를 직선제로 고쳐서는 그해 8월 5일에 실시된 대통령 선거에서 이승만 대통령의 중임으로 귀착시켰다. 이어 이승만–이기붕의 집권 세력은 그들의 장기집권을 위해서 개헌으로 달려갔다. 이 당시 자유당 지도부는 1954년 5월 20일의 제3대 국회의원 선거에서 개헌을 찬성한다는 서명을 받고는 입후보자를 공천했으며 무소속 국회의원도 포섭하는 등 개헌을 적극적으로 추진하고 있었다.

이 시기에 자유당은 개헌기초위원으로 이기붕(李起鵬), 임철호(任哲鎬), 윤만석(尹萬石), 박일경(朴一慶), 백한성(白漢成), 한희석(韓熙錫), 장경근(張璟根), 한동석(韓東錫) 등을 선임했는데 이들 대부분은 판 · 검사 또는 변호사로 법조계 출신이었다. 이들에 의해서 마련된 개헌안은 ① 국민투표제의 신설, ② 초대 대통령의 3선 금지 조항 삭제, ③ 국무총리제 폐지, ④ 국무위원에 대한 연대책임제 폐지, ⑤ 개별 국무위원에 대한 불신임 인정, ⑥ 부통령에게 대통령 지위 승계권의 부여 등으로 되어 있었다.

이 개정안은 자유당에서는 김두한(金斗漢) 의원을 제외한 전체 의원과 무소속의원 등 도합 136명의 서명으로 그해 11월 18일 국회에 상정, 27일에 표결로 들어갔다. 표결 결과는 재적인원 203명, 재석인원 202명, 찬성 135표, 반대 60표, 기권 7표로 헌법 개정에 필요한 의결 정족수인 재적인원 203명의 3분의 2에 해당하는 136표에서 1표가 부족한 135표로 국회 부의장 최순주(崔淳周)는 부결을 선포했다. 그러나 자유당 간부회의에서 재적인원 203명의 3분의 2는 135.333……으로, 0점 이하의 숫자는 1인이 되지 못하므로 사사오입하면 135이기에 의결 정족수는 135로, 헌법 개정안은 가결되었다는 주장을 내세워 이를 11월 28일 자유당 의원총회에서 채택했으며 다음 날 야당 의원이 퇴장한 가운데 번복 가결 동의안을 상정해서는 재석인원 125명 중 김두한, 민관식(閔寬植) 등 2명을 제외한 123명 동의로 통과시켰다. 이처럼 '사사오입' 개헌으로 이승만은 1956년의 대통령 선거에 출마, 당선해서는 12년간의 장기집권으로 달려갔다.

이승만은 대한민국의 초대 대통령으로 국가의 발전과 민족사회의 통합을 위해서는 일대 쇄신책을 전개해서는 조선왕조 시대부터 내려온 부정과 부패의 오랜 누습부터 끊어야 했다. 그런데도 당시의 시대 상황, 즉 공산주의자의 암약을 차단하기 위해 일본 식민지 통치기의 군경을 그대로 활용했는데, 이는 일제 통치기의 악명 높은 형사 노덕술(盧德述)의 경우가 구체적인 사례일 수 있다. 그는 1945년 8월부터 평안남도 평양경찰서 서장으로 근무하다가 1945년 말에 월남했으며 1946년에는 수도경찰청 수사과장에 기용되었다. 1950년에는 육군본부에서 범죄수사단장, 1955년에는 서울 15 범죄수사대 대상을 지냈다. 1955년, 부산 제2육군범죄수사단 대장으로 재임 시의 뇌물 수뢰 혐의로 그해 11월 육군중앙고등군법회의에 회부되어 징역 6개월을 언도받으면서 파면되었다. 그 밖에도 일제 통치기에 활동했던 이익흥(李益興), 원용덕(元容德), 김종원(金宗元) 등도 공산주의 세력의 발호를 막기 위해 경찰, 군부에서 그대로 활동했다.

이들의 활동이야말로 일제 통치기부터 해방, 건국 이후에도 권력을 장악했던 상징적인 모습이었다. 실로 이승만의 집권기는 북한 김일성의 남침으로 국민은 전쟁의 참화를 겪어야 했고, 전시 상황으로 경제 성장도 부진했으며, 사람들은 빈곤에 허덕이는 시대였기에 세간에서는 이승만의 통치체제를 "외교에는 귀신, 인사에는 병신, 경제에는 등신"이라고 평했을 정도였다.

4) 제4단계(1970년대~) : 민주화기의 좌초된 정치문화

(1) 산업화 통치체제의 전개

1960년대로 접어들면서 민주주의를 요구하는 학생들의 격렬한 시위로 이승만의 장기집권 체제도 무너졌다. 이어 1960년 6월 15일부터 1961년 5월 16일까지 11개월간 민주당의 제2공화국, 즉 윤보선을 대통령으로 장면을 총리로 하는 민주당 정권이 등장했다. 그러나 집권한 민주당은 당내 신-구파의 대립에 폭발적인 사회적인 욕구를 해결할 수 없었으며, 그 때문에 정치적인 불안으로 떨어지고 말았다. 이 시기에, 즉 1961년 5월 16일에 박정희가 군사 쿠데타로 정권을 장악했다. 박정희의 군부 세력은 비상통치기구로 '국가재건최고회의'를 발족시켰으며 강압적인 군부통치로 나아갔다. 이로써 한국 사회는 전형적인 군부통치 체제의 시대로 민주주의에서는 점점 멀어지고 말았다.

박정희의 권위주의 통치체제는 경제성장을 국정의 한 목표로 내걸고는 1979년까지 18년을 집권했으며, 그 뒤를 이은 전두환의 권위주의 통치가 7년간 행해짐으로써 25년간 군부통치 체제로 이어지는 시대를 맞게 되었다. 이 기간에 정치는 반민주적인 권위주의로 일관했지만 경제 성장을 이룩해서는 최빈국의 대열에서 벗어나 중진국의 수준을 넘어 선진국 대열을 넘보게 되었다. 그러나 이 글의 초점은 눈부신 경제성장이 아니라 부정과 부패의 정치문화에 있기 때문에, 그 시대의 군부통치야말로 "부패가 수반된 경제성장"으로 나아갔던 "부패의 권위주의 통치체제"였다.

가) 산업화 통치체제

박정희, 전두환의 산업화 통치체제는 말 그대로 정치의 기본 목표를 산업화에 의한 경제성장에 두었으며, 그 때문에 정치는 경제성장을 위한 부가적인 것으로 여겼다. 마치 정치와 경제가 대립적인 것처럼 인식되고 있었다. 특히 1960년대 이후 박정희-전두환의 통치체제는 산업화의 경제성장을 적극 추진했다. 물론 당시의 나라 형편은 자본도 자원도 부족했으며, 오직 하나의 가능성은 가공무역 위주의 수출 주도형 경제성장 정책의 추진이었다. 그때부터 수제품 공업, 근로자의 해외 파견 등의 산업화 정책이 추진되었고, 식료품과 담배, 섬유 공업의 수입 대체 산업도 행해졌다. 그 결과 한국 경제는 수출과 수입 등 무역에 의존했으며, 이 시기에 삼성, 대우, 현대, LG 등 거대 재벌 기업체도 세계적인 순위로 등장했으며, 이들 기업체 위주의 경제 구조를 전국적으로 자리 잡게 했다.

특히 1970년대의 박정희의 산업화 통치체제는 철강, 조선, 전자 등 수출 주도형 중공업을 적극 육성했다. 그러나 1973년의 제1차 오일 쇼크, 1978년의 제2차 오일 쇼크로 국제 수지 악화의 어려움을 겪기도 했다. 그러면서도 유례없는 고도 성장과 수출 증대를 이룩했고, 그 결과 국민의 생활수준도 향상의 기미를 보여주었다. 물론 이 과정에서 해외 자본에 대한 의존도는 높아졌고 농촌의 피폐화와 산업화의 불균형도 심해졌으며 과도한 재벌 주도의 급속한 경제성장에서 연유된 부정부패, 노동탄압, 저임금 등의 "어두운 그림자"들이 정치사회로 드리워지고 있었다.

이러한 시대에도 박정희 체제는 경제개발계획을 연이어 추진했으며, 그 결과 제1차 기간(1962~1966) 중 수출은 연평균 42.6%로 신장했고, 1964년 11월 30일 1억 달러를 돌파할 수 있었다. 경제개발계획의 제2차 기간(1967~1971)의 최종 연도인 1971년에는 수출 10억 달러를 기록했으며 제3차 기간(1972~1976) 중에 연평균 수출은 47.6%, 수입은 36.6%의 증가율을 보였다.

나) 불평등의 사회구조

경제 성장을 위한 산업화 체제는 정치적으로는 의회주의적 민주주의를 크게 제약했으며 박정희, 전두환의 권위주의 통치체제를 확립시켰다. 경제 발전을 명분으로 이를 위한 정치·사회적인 동원을 일상화했다. 경제성장을 위해서 자유와 평화, 평등의 사회적 열망은 철저하게 차단했다. 마치 경제성장과 정치나 문화의 발전은 서로 대립적인 것처럼 여기고 있었다. 그 때문에 박정희와 전두환의 산업화 통치체제는 경제성장만이 국력의 핵심이며 그 밖의 영역들, 즉 정치, 문화, 사회는 그것과는 대립적이거나 부수적인 것으로 여기고 있었다.

이러한 상황에서 빚어졌던 중요한 문제로는 다음의 사실을 꼽을 수 있다.

첫째는 부의 불균형 배분으로 빈부 격차가 유례없을 정도로 크게 심화되었다. 새롭게 부를 소유하는 세계적인 최상층이 등장했으며 이들 소수는 자신들의 부를 중심으로 과시적인 생활을 향유했기 때문에 빈부 간의 갈등에서 오는 사회계급 대립 의식이 한층 심화되었다.

둘째로 도시와 농촌의 지역적인 발전 격차도 심하게 나타났다. 도농 간의 지역 격차는 한국 사회에서는 오래된 현상이지만 1970~90년대의 산업화의 전개로 이를 한층 심화시켰다. 1970~90년대의 초기 산업화 과정에서 대부분의 공장은 서울 등 대도시 주변에 형성되었기 때문에 농촌의 노동력을 도시로 흡수하는 현상도 빚어지고 있었다. 그 결과 부유한 서울, 가난한 농촌이라는 이분적인 사회적 대립 구조가 형성되었다.

셋째로는 노사 갈등이 극심하게 표출되었다. 기업체와 자본가의 이익 창출을 위하여 노동자에게 저임금 등 열악한 노동환경의 고통이 부과되었으며, 그 때문에 소외된 노동자의 집단화로 노동조합 운동이 적극적으로 전개

되었다. 이는 결과적으로 심각한 노사 대립을 불러오는 한계 상황으로 떨어지게 되었다.

위에서 제시한 3가지는 정치·사회적으로는 기존 지배 세력을 지지하는 사회세력과 여기에 반대하는 저항세력으로 양분되었으며, 여기에 더하여 정치 이데올로기가 부과됨으로써 자본주의적 자유 민주주의와 노동세력 위주의 진보주의로 양분되었으며 이는 넓은 의미에서는 자유 우파와 급진 좌파로 분열되는 이념적 대결 구도를 형성시켰다. 여기에 더하여 새롭게 영남-호남의 지역감정도 더해져서는 심각한 한계적인 현상도 보여주게 되었다.

다시 말하면 1970~1990년대의 급속한 산업화는 고도 경제성장을 가져왔지만 이것에 따라 한국 사회가 양분됨으로써 "사회 갈등을 넘어 통합의 필요성"이 절실한 과제로 제기되었다. 이는 통치권력에 의해 제공된 온갖 편의를 발판으로 급속하게 형성된 최상층의 "거대한 부의 탑, 마몬(mammon)"이 우뚝 세워진 것 같았다. 이보다 더 심각한 사실은 이미 앞에서 제기했던 "정치계-관계-기업가 사이의 부패와 부정의 연결 고리"의 작동도 구조화됨으로써 "양분된 사회 갈등"의 기본 요인이 되었으며, 이 모든 현상은 상당 부분 한국 사회의 발전과 통합에 짙은 그림자를 던져주었다.

(2) 민주화 : 타오르는 열망, "공정한 사회"

한국 사회에서 오랫동안 시민의 뜨거운 열망의 하나는 "부정과 부패 없는 공정한 사회"였다. 억압과 강제에서 벗어난 자유로운 세상도 소중했다. 사악한 것을 물리치는 정의로움도 존귀했다. 가난에서 벗어난 풍요로운 사회도 소중했고, 계급적 이해와 대립을 넘어선 평등 사회도 희망이었다. 나아가 이념의 대립이나 전쟁의 공포에서 벗어난 평화도 더없이 귀중했다. 이처럼 자유, 정의, 풍요, 평등, 평화야말로 반드시 이룩해야 할 가치였다. 이들 가치를 성취하기 위한 바탕이자 수단은 바로 공직자, 즉 관료와 선출직 인사들의 청렴과 절제, 헌신이어야 했다. 이는 곧 공정함을 의미했다. 공정함으로 나아가는 길은 거듭 강조하거니와 관직자의 부정과 부패를 막는 데서 찾아야 한다.

그 때문에 한국 사회에서 오랜 관행처럼 지속된 공직자의 부정과 부패를 막아야만 비로소 공정사회도 기대할 수 있다. 이를 위한 국민들의 오랜 바람은 피지배층인 국민으로부터 그 열정이 크게 터져 나왔다. 구체적으로, 국민의 열망을 앞장서서 주장했던 젊은 대학인들이 이를 이끌고 나갔다. 이들 대학인들의 투쟁은 곧장 정치적인 열망, 그것은 반독재 민주주의를 위한 투쟁이었다. 그때나 지금이나 민주주의만 이룩된다면 모든 문제가 다 해결될 것으로 여기고 있었다. 그런 열망을 담고서 시작된 민주주의에 대한 열망이 최초로 터져 나온 것이 바로 4 · 19혁명이었다.

돌이켜보면, 4 · 19혁명이 이승만–이기붕의 장기 독재체제를 무너뜨렸고 장면의 민주당 정권을 불러왔다. 그러나 그렇게 등장한 민주당 정권도 부패무능을 이유로 5 · 16 군부 쿠데타 세력에 의해서 무너지고 말았다. "모든 부패와 구악을 일소하고 퇴폐한 국민 도의와 민족정기를 바로잡기 위해 청신한 기풍을 진작시킨다."를 혁명공약으로 내걸었던 군부세력의 정치 참여는 박정희와 전두환의 권위주의 통치의 장기집권으로 이어졌다.

그러나 부정과 부패는 사회의 여러 세력 중에 군부도 예외일 수는 없었다. 앞에서도 적었지만 "정치계–관료–기업인"의 "부패의 연결 고리"에서 군부도 여기에 연계되었기 때문이다. 특히 군부의 일부 장성들 중에는 일제 통치기에 만주군 장교 등 일본군 출신들이 포함됨으로써 군수물자의 횡령 등은 물론이고 각종 비리가 그대로 지속되고 있었다.

그런 성격을 보여주었던 군부 출신의 정치인들이 부정과 부패의 근절을 정치 공약으로 내걸면서 박정희-전두환-노태우의 집권으로 이어지는 모습을 보여주었다. 여기에 그 시대의 어두운 그림자는 김영삼-김대중 정권에서도 지속되고 있었다. 이들 정치세력은 모두 부패·부정의 수렁에서 벗어날 수 없는 모습을 보여주었다. 그러므로 이들 문제를 제거·획정할 수 없다면 이제라도 건곤일척의 대회전을 감행해야한다. 이것이야말로 더는 유예될 수 없는 민족사회의 당위적인 과제로, 그렇게 해야만 비로소 "새로운 나라"나 "대한민국의 길"로 당당하게 걸어갈 수 있을 것이다.

3. "새 나라, 새 세상"을 위한 길

지금까지 한국 사회에서 부정과 부패가 어떻게 "사악한 유풍"으로 이어져 왔는지를 살펴보았다. 그리고 그것이 사회의 각 영역에서 연결 고리를 이루면서 뿌리 내리고 있음도 찾아보았다. 더 이상 이를 그대로 두고 볼 수 없는 절박한 시점에 놓여 있기에 이를 어떻게 해야 소멸시킬 수 있을까? 이는 곧 "새 나라, 새 세상"을 이룩하기 위한 가장 효과적인 방법은 오직 부정과 부패를 없애는 것임을 의미하게 된다. 부정과 부패가 있는 곳에서는 정의도 진실도 공명정대도 올바르게 설 수 없다. 다시 말하면 아무리 경제가 발전해서 풍요로운 세상을 이룩해도 그것은 사상누각일 뿐이며, 사회적인 불만과 갈등이 세상을 휘몰아치게 될 것이다.

지난날 공정한 사회를 이룩하기 위해서 부정과 부패를 없애려는 노력도 여러 차례 시도되었다. 그런 노력으로 어느 정도로는 효과를 거둘 수도 있었다. 이러한 시도 중에 다음 몇 가지는 대표적인 것으로 적어볼 수 있다. 그 하나는 금융실명제의 실시였다. 다른 하나는 공직선거법 개정이며, 마지막으로는 김영란법을 들 수 있다. 이제 이를 간단히 살펴보기로 한다.

금융실명제는 1993년 8월 12일에 김영삼 대통령이 선포한 긴급명령으로, 금융거래를 반드시 실명으로 하도록 규정했다. 그 이전까지만 해도 예금주의 익명, 차명, 가명 계좌로도 금융 거래를 할 수 있었다. 그 때문에 이른바 "검은 돈"이 저축, 유통되었고 차명계좌, 부동산 열풍 등 금융거래가 부정의 한 방편으로 활용되기도 했다. 이를 막기 위해서 그 당시 김영삼 대통령은 고위 공직자의 재산 공개와 함께 금융실명제를 적극 추진했다. 1993년 8월 12일 저녁 7시 45분에 김영삼 대통령은 긴급명령권을 발동. '긴급재정경제명령' 제16호 '금융실명거래 및 비밀보장에 관한 긴급재정경제명령'을 전격 실시했다. 이로써 금융거래의 부정부패를 차단함으로써 공정한 사회로 다가설 수 있는 가능성을 열게 되었다. 또한 2004년에 개정된 정치자금법은 "돈을 적게 쓰는 정치"를 표방하면서 이 법을 개정했는데, 법안의 뼈대는 법인 및 단체의 정치자금 기부 금지, 중앙당의 후원회를 비롯한 정당 후원회 금지, 정치자금 기부의 실명제와 정당의 회계 보고 절차의 강화 등으로 되어 있다. 이 법의 개정을 주장하는 논의도 있지만 정치인 특히 선출직 공직자의 공정성을 위한 조치로 취해진 것이었다.

다른 또 하나는 '부정청탁 및 금품 등 수수의 금지에 관한 법률', 흔히 법안 제안자의 이름을 따서 '김영란법'으로 부르는 것으로, 공무원이나 공공기관 임직원, 학교 교직원 등이 일정 규모 이상의 금품─식사 대접은 3만 원, 선물 5만 원, 경조사비 10만 원의 금품을 받으면 직무 관련성이 없더라도 처벌하는 것을 골자로 삼았다. 이 법안이 2012년에 제안한 뒤 2년 반이 지난 2015년 3월 3일에 국회 본회의를 통과했으며 1년 6개월의 유예 기간을 거친 후 2016년 9월 28일 자로 시행되었다.

지난날 우리 사회가 겪었던 공직사회의 부정과 부패의 연결 고리를 끊어야 하며 이를 위한 하나의 가능성으로 다음의 조건을 전제하게 된다.

첫째로, 사회의 각 영역에서도 가장 핵심적인 영역부터 공정을 이룩하기 위해서 바르게 자리 잡을 수 있게 해야 한다.

둘째로, 우리 시대의 모든 이들의 일상이나 사회생활에서 공과 사를 분명하게 구분하면서 부패와 부정 없는 공정성의 사회관계를 맺어야 한다.

셋째로는 공정성 확립을 위한 법적 제도적인 조치의 효과가 장기 지속적이면서도 확고하게 조치, 실천되어야 할 것이다.

위의 3가지 요건에 합당한 제1차적인 대상은 한국 정치사회에서는 정치세력이며, 이들 중에도 국회의원을 그 핵심 대상으로 설정할 수 있다. 국민의 의사를 반영하고 주도하는 국회의원부터 다음과 같은 행동 원칙의 수행에 앞장서게 할 것이다.

① 공개주의
② 합법주의
③ 평가주의
④ 실적주의

위의 4가지 원칙 중에서 먼저 공개주의는 국회의원의 공적인 활동, 특히 경제적인 것과 연관된 것은 정확하게 모두 공개되어야 하며, 공개된 것에 의해서 자신을 지지해준 유권자를 비롯한 국민들과 공감의 영역도 넓힐 수 있어야 한다. 또한 국회의원은 자신이 입법 제정의 책임을 지기 때문에 모든 행위는 합법적인 테두리 안에서 행해져야 한다. 세 번째로 평가주의는 국회의원에게는 항상 따라다니는 기본 속성으로, 국회의원의 발언과 행동은 공정하게 평가되는 제도화를 마련해야 한다. 그렇게 함으로써 국회의원이 행하는 어떤 것도 모두 국민으로부터 평가를 받을 수 있어야 한다. 마지막으로 국회의원은 그가 의회에서 이룩한 법 제정과 정부와의 관계, 심지어 유권자와의 관계에서 오는 일정한 업적의 창출로 그 존재를 인정받아야 한다.

이러한 4가지 원칙을 전제하게 되면 국회의원의 공정함과 헌신성이 국가사회의 공정성을 이끄는 선발대임을 의미하게 된다. 이 점에서 국회의원을 공정사회로 이끄는 선두주자로 앞장설 수 있게 해야 한다. 그들의 이런 존재성을 전제로 입후보 경쟁에서의 공천, 그리고 선거를 거쳐 의회에서의 정치활동을 공정성으로 나아가게 하는 것이 전체 사회를 부정과 부패에서 건져낼 확고하고도 효과적인 방법이 될 수 있다. 이러한 사실을 전제로 그 선출과정에서부터 건실하고도 청렴한 인물의 선발이야말로 더없이 소중한 과업일 수 있다. 이렇게 함으로써 한국 정치사회에 오랫동안 지속되었던 "부패한 관직자와 부정한 정치사회"라는 오명을 던져버릴 역사적인 계기를 마련할 수 있을 것이다. 이렇게 하는 것이 한국의 독립을 위해 투쟁했던 옛 어른들이 염원했던 "대한국인"을 이룩함이요 "새 나라의 바른 길"로 나아가는 민족사회의 실현일 것이다.

4. 한국 정치문화의 이론적 특성

1) 가산제 정치문화

지금까지 살펴본 한국 정치문화의 역사적 조망이 보여준 도덕적 한계를 전제로 이를 논리적으로 간략하게 성찰하면서 본 연구에서 다루는 미래사회의 선출직 공직자의 도덕성 정립을 위한 방향을 생각해보기로 한다. 여기

서는 먼저 한국 정치사회에서 역사적으로 부정과 부패의 유풍에 대한 논의
로는 가산관료제 정치문화(Patrimonial political culture)를 생각해볼 수 있다. 이
논의는 본래 막스 베버(Max Weber)가 유럽 근대화의 비교 문명사적 관점에서
중국의 정치체제를 가산관료제로 규정한 것에서 시작되었다. 가산제는 원
래 가족제도의 가부장제적 유산제도를 가리키는 개념인데, 이를 정치 부문
에 전치해서 조선왕조의 정치제도에도 그 특징을 발견할 수 있기에 이를 간
략하게 개관하면 다음과 같이 설명할 수 있다(Weber, 1951; 1968; 김경동, 2000:
74~79).[13]

① 국가의 통치권과 국가의 재산 소유권을 구별하지 않는다. 한마디로 왕
이 모든 국가의 자산의 소유자다.

② 통치자와 신하(막료) 사이의 관계는 마치 가족 내의 부자 관계, 즉 권위
와 효도라는 인격적이고 무조건적인 복종과 시혜의 상보 관계를 확대
한 것과 같다.

③ 기능적으로 신하는 통치자의 행정을 도맡아 수행하는 보조자이므로 통
치자의 요구·명령에 복종할 의무가 있고, 그 관직을 수행하는 기간에
한하여 녹봉(prebend)의 형식으로 보상받는다.

④ 관직에 수반하는 특권과 통치자의 은총을 쟁취하기 위한 경쟁은 신하
개개인의 몫이고, 통치자와 독립하여 집단적으로 부와 권력을 축적·
행사할 권한은 허용하지 않는다.

⑤ 가산제는 봉건제와 달리 권력이 통치자에게 집중하는 중앙집권적 구조
를 띠므로 중앙통제를 위한 막강한 관료조직체가 필요하다.

---

13 국내의 베버 연구에 관련한 자료는 김경동(2000b: 74), 각주 참조.

⑥ 이 가산제적 관료집단은 통치자를 대신하여 사회의 모든 부분과 집단을 통제·지배하는 강력한 힘을 발휘한다. 다만 이 막강한 관료집단이라도 집단 간의 경쟁이나 갈등은 통치자의 환심을 사서 더 많은 특권을 누리고자 함이지, 통치자에게 도전하는 독자적 세력으로 부상하기 위한 수단으로 통치자에 대항하거나 그와 경쟁하는 세력으로 조직화하는 것은 허용하지 않는다.

베버의 이런 가산제 이론을 조선조에 적용하여 우리나라 근대화의 성격을 규명하고자 한 사회학자로 제이콥스(Norman Jacobs)가 있다. 그는 조선시대의 가산제적 정치문화를 다음과 같이 규정하였다(Jacobs, 1985; 김경동, 2000: 79~83).

① 정치적 정당성의 근거는 통치자와 지배층이 도덕적이고 지적인 엘리트로서 권력과 권위를 누릴 자격이 있음을 주장하고 이를 독점하기 위한 이념적 교리를 제시하였다. 조선은 당시의 신유학인 주자학을 그 이념으로 내세웠다.
② 경제도 정치 엘리트가 통치자의 이름으로 통제하면서 이를 공공 봉사라는 도덕적 기준으로써 정당화하였다.
③ 직업부문에서도 지적-도덕적인(intellectual-moral) 일을 하는 사람(선비, 사대부)과 기타 기능 수행자들은 질적으로 구분하는 분업 체제를 제도화하였다.
④ 그러한 직업적 기능의 분업에 기초한 사대부 계층(신분)만이 특권을 독점하는 체제를 인정하고 보호하였다.
⑤ 전략적인 자산(토지를 중심으로)의 상속을 모든 정당한 후계자에게 분배

하는 분산을 제도화함으로써 이전 세대를 능가할 수 없도록 하여 파편
화를 초래하였다.

⑥ 정당한 사회질서와 사회변화가 무엇인지를 결정하는 구속력을 지적-
도덕적 엘리트가 독점하였다.

⑦ 이를 정당화하는 종교적 교리는 이들 지적-도덕적 엘리트가 제공하는
유교적 이념이었고 이에 기초한 현세적 질서에 적응하도록 하는 질서
의 규칙을 저들이 결정하고 집행하였다. 조선시대의 억불정책도 그 시
책의 일환이었다.

바로 이와 같은 특징을 지닌 가산제적 정치문화는 실제 역사적 변동 과정
에서 유감스럽게도 저들 자칭 지적-도덕적 엘리트 지배층이 특권을 추구하
는 탐욕을 이기지 못하여 자행한 부패와 이를 획득유지 하기 위한 내부 갈
등으로 말미암아 심각하게 왜곡·훼손 당하고 결국 국가는 쇠망의 길을 가
고 말았다. 역설적이게도 조선조는 도덕성을 가장 강조하는 매우 숭고한 이
념적 유교 체계에 바탕을 둔 신비의 국가였음에도 불구하고 그 특장을 제대
로 살리지 못하고 끝났다. 이러한 근원적 요인은 궁극에는 그토록 값진 이상
을 제대로 살리지 못한 "인간"의 약점일 수밖에 없다. 모든 선비가 전부 그랬
다고 할 수는 없지만 특권을 독점적으로 누리고자 했던 정치적 선비들이 권
력을 장악하고자 하는 경쟁에 매몰된 한에서는 도덕적 순수성을 지켜내지
못했다는 사실에 주목해야 할 것이다. 그리고 하급 관리는 그 정도의 도덕성
훈련을 받을 기회를 크게 누리지 못했을 터이므로 지배층의 고위 관료와 정
치적 선비들의 부정부패를 오히려 능가하는 행태를 드러냈을 것이다. 우리
의 관심사인 미래의 민주주의 정치에서 선출직 공직자들이야말로 바로 이러
한 과거의 쓰라린 전철을 결단코 밟지 말아야 한다는 새로운 각오를 요하는

인간적 요소임을 다시 강조하고자 한다.

지금까지 개관한 조선조의 유가적 가산제 정치문화는 19세기의 근대화 물결에 떠밀려 역사의 뒤안길로 사라진 것처럼 보이지만 실제로는 워낙 거센 근대화의 파도에 가려진 일시적 착시현상에 불과하였다고 할 수 있다. 더군다나 일제강점기를 거치는 동안 국권을 주도하지 못한 상황 탓에 전혀 표면적으로나 실질적으로 우리의 정치문화에 뚜렷한 영향을 미치지 않은 것으로 간주하기 쉽다. 그러나 가산제 정치문화는 그러한 거시적 변동의 와중에도 우리 정치문화의 저변에서 면면히 살아남았고 국권 회복과 신공화국 수립 이후부터는 서서히 그 모습을 여기저기에서 드러내기 시작하였다. 한마디로 대한민국은 명목상으로는 헌법에서 명시한 "민주공화국"임에는 틀림없지만 실제 정부의 운영 방식이나 거기에 종사하는 일부 공직자의 의식과 행태에서는 여전히 가산제 국가의 정치문화의 잔재가 살아서 작동하고 있다.

그 대표적인 몇 가지 유산만 지적하면 다음과 같다.

① 중앙집권적 권력구조: 대통령 중심제를 채택한 권력구조에서는 대통령이 마치 전제군주와 같은 전권을 행사해도 누구 하나 반기를 들 수 없는 체제로 존속하게 된다.

② 대통령은 물론 심지어 정당의 수뇌는 여전히 권위주의적 리더십을 선호하고 추종자들의 태도 역시 마치 주종관계 아니면 일본 무사들의 용어인 '주군'(主君) 또는 '오야붕꼬붕'(親分子分)이라는 용어를 사용하며 복종하는 태도를 견지한다. 이런 현상은 과거 민주주의 운동을 주도했던 대통령과 그 추종자들도 예외가 아니다.

③ 현재는 법적인 제도로써 제약을 하지만 민주적 이행 전까지는 대통령이 주요 기업가들에게 노골적으로 정치자금의 헌금을 요구하면 무조건

제공하고 그 반대급부로 특혜를 받는 관행을 쉽게 볼 수 있었다.

④ 선출직 공직자나 고위관료가 지나친 특권을 누리는 제도와 관행은 여전하다.

⑤ 중앙이나 지방의 대민 봉사 담당 공무원이 특권의식을 가지고 시민을 대하는 관존민비 의식이 잔존한다.

⑥ 선출직이나 임명직 공직자의 부정부패는 여전하다. 세계 부패인식지수는 아직도 전 세계 국가 중 중위권 아래에 머물러 있다.

⑦ 실효성이 적은 이념을 명목 삼아 정파 간 정쟁을 극복하지 못한 패거리 정치, 당파싸움이 끈질기게 잔존한다. 특히 여기에는 지방색이 가장 강력하게 작용하는 현상이 공고히 자리 잡았다.

이처럼 현재의 정치문화의 뿌리는 여전히 조선조의 가산제 정치문화에 있었을 것이라는 가설은 실증적으로도 확인하기가 그렇게 어렵지 않다.

2) 일제강점기의 식민지 정치문화의 유산

유감스럽게도 한국의 정치문화의 전통적 근저는 조선조의 가산제에만 있지 않고 하나의 과도기적 현상으로서 식민지 지배의 흔적이 여전히 완벽하게 사라지지 않고 남아 있다는 사실에도 주목할 필요가 있다. 위에서 일제강점기의 정치문화의 개요를 소개하였거니와 그중에서도 관료주의적 권위주의는 단순히 가산제적 특성만으로는 설명이 부족한 면이 분명히 있음을 간과할 수 없다. 특히 우리 사회가 전통적으로는 숭문주의 그늘에서 군부의 세력이나 군사문화를 상대적으로 저급하게 여기는 문화를 전해 받은 면이 있다. 그러나 일제의 군국주의 문화가 워낙 강력하게 작용한 데다, 1960년대에서 1980년대에 걸친 군부정권을 경험한 것이 겹쳐서 일종의 군사문화 같은 정치문화도 한 부분 요소로 간주해야 할 것이다. 이것은 근대적인 관료적 권위주의 문화의 일환으로 여겨도 좋을 것이다. 물론 1987년의 민주적 이행을 거치면서 군사문화의 영향은 상당 정도 퇴색했다고 볼 수도 있다. 다만 우리는 아직도 징병제도를 유지하는 사회이기 때문에 남성 인구의 대다수가 청년시절 군복무를 한다는 점은 그러한 군사문화의 흔적을 완전히 탈피했다고 보기 어려운 요소임은 염두에 둘 필요가 있다.

비단 권위주의의 일부분만이 아니고 일제의 영향은 강력한 국가주의의 문화 속에도 녹아 있다고 보아야 할 것이다. 일제는 식민지 지배를 위해 조선에서 군국주의적 국가주의를 철저히 실현하였다고 볼 수 있기 때문이다. 이것이 관존민비의 유산의 일부로도 잔존하는 이유라 해도 좋다고 본다. 아울러 생활 세계 속에서도 조선인민을 내부적으로 분열시켜 통치하려는(divide-and-rule) 전략을 이용했기 때문에 우리 사회의 갈등적인 특성을 강화하는 결과도 초래했다고 해석할 수도 있다. 동시에 그러한 통치 수단으로서 조선인들을 매수하기 위하여 부정부패를 은연중에 부추기는 현상도 무시할 수 없다. 그러는 한편, 조선 민족은 강렬한 민족의식을 더욱 강화하여 저항에 나서는 경험도 곁들였고, 이러한 저항 성향은 이후 민주주의 운동에서 특히 두드러졌을 뿐 아니라 오늘날까지도 사그라들지 않는다는 점에 주목해야 한다.

이처럼 현재 한국의 정치문화의 원류는 비단 조선조의 가산제적 전통에서만 찾을 것이 아니라 일제강점기의 식민지적 통치의 영향에서도 되짚어보아야 한다.

3) 우리나라 정치문화의 극복을 위한 성찰

이제 그러한 정치문화의 유산을 하루 속히 청산하고 새로운 정치문화를 정립하기 위해서 지금까지 이 문제를 다룬 여러 연구에서 지적한 주요 특징을 간추리면 다음과 같이 집약할 수 있다.[14]

우선 전통시대 정치문화 중에서 주요 구성요소를 보면,

① 정치체제 측면의 특징
- 유교의 가산제적 지배와 사회질서
- 중앙집권적 국가, 권력 집중, 강력한 국가주의
- 관료적 엘리트주의 혹은 관존민비 의식

② 정치행동의 특성
- 집합주의와 공동체성: 집단 관계 중시, 소집단 협동, 집단 응집과 친화성
- 연고주의, 연고에 기초한 특수주의
- 인정주의, 인정과 의리를 중시하는 인물 중심 성향, 의무의 상호성
- 파벌주의, 분파성, 파당성, 패거리 문화, 신뢰의 폐쇄성
- 당파정쟁, 복수의 정치
- 법치가 아닌 인치, 보스 중심 정치(패거리, 파당)
- 위계 서열적 권위주의
- 지위–권력 지향성
- 지위 분산, 합리적 질서 무시

---

14 한국의 정치문화에 관한 연구의 개괄적 소개는 앞의 각주 1 참조.

- 갈등 지향성
- 동원적 참여
- 인습적 동조
- 정치적 무관심, 냉소주의, 불신의 정치
- 부정부패, 정치인과 관료에 의한 착취

③ 한편, 현대의 정치의식에서도 그러한 전통적 요소를 다시 발견한다.

- 정서주의, 감성 위주
- 즉흥적 행동
- 소집단 응집, 집단 의식
- 인정주의, 연고주의
- 동조주의
- 지위 지향성, 권력 지향
- 정치인과 관료 불신
- 저항의식
- 정치적 무관심(냉소주의, 불신)
- 저조한 정치 참여
- 정치적 소외
- 동원적 참여

이 목록에서 본 연구의 핵심 과제인 선출직 공직자의 도덕성과 가장 깊은 연관성을 가진 요소를 중심으로 핵심적인 쟁점을 몇 가지로 집약하면, 첫째는 가산제적 지배의 중앙집권적 권위주의 체제 및 식민지적 유산이 조장하는 권위주의이고, 둘째는 한국 사회의 가장 두드러진 특질인 감성주의 내지 정서주의이며, 셋째는 불신이다. 물론 다른 여러 요소가 있지만 이런 것은 이 세 가지 범주로 묶을 수 있다. 그런 전제하에 이제부터 하나씩 그 중요성에 기초한 제도적 혁신과 정치인의 도덕성 함양의 쟁점을 살펴보기로 한다.

(1) 권위주의와 특권의식

기본적으로 중앙집권적 권위주의가 갖는 현대적 함의는 우선 대통령제 아래에서 국가의 권력이 심각하게 대통령 한 인물에게 집중한다는 사실과 그러한 체제에 적응하고자 하는 정치인의 권위주의적 성향부터 극복해야 한다는 시대적 요청에서 출발하면, 그간에 누적해온 정치인의 비민주적 행태를 벗어날 수 있을 것이다. 공정하고 규칙이 잘 지켜지는 사회가 되려면 절차를 중시하는 태도의 생활화가 절실하다. 결과만을 보고 절차를 무시할 때 사회의 질서가 무너지기 쉽다. 절차를 중시하는 사회가 민주적인 사회다. 민주적인 사회는 인간 존엄의 신념에 바탕한 인간 관계를 중시하는 시민들의 사회다. 그러므로, 나의 인간적 존엄이 귀중한 만큼 타인의 인간적 존엄도 존중해야 한다. 나의 이익이 소중한 만큼 남의 이해관심도 아껴주는 자세가 필수적이다. 자기중심으로만 행동하고 살아가나 보면 결과적으로 언젠가는 자기에게도 같은 결과가 돌아오는 '부메랑 효과'가 나타나는 것이 사회적 삶의 실존적 조건이므로, 현명한 시민은 다른 사람들의 이익을 염두에 두고 나의 이익을 추구한다. 거기에는 일정한 사회적 약속이 있고 약속을 지키는 것이 규칙 준수가 되며, 거기에는 일정한 절차가 있고 절차를 지키는 것이 곧 민주적인 삶이다.

하지만, 그동안 우리 사회는 절차를 무시해도 좋다는 편법주의와 나는 아무래도 좋다는 특권의식이 팽배하여 진정으로 민주적인 시민사회를 이룩하는 데 크게 미치지 못했던 점도 많다. 과거 식민 시대의 관료주의적 관존민비의 권위주의나 그 전의 가부장적 남존여비 사상 같은 것들이 특권층은 규칙을 어겨도 무사하고 절차를 무시해도 상관없다는 의식의 뿌리였을 것이다. 그러다 보니, 정작 사회의 질서 유지에 긴요한 제도와 지위의 정당한 권위는 손상당하고 권위주의만이 판을 치게 되었다. 우리의 의식 속에 깊이 박히고 행동 유형으로 끈질기게 남아 있는 권위주의를 극복하지 못하고는 민주시민 사회는 불가능하다는 철저한 자기반성이 반드시 있어야 한다. 더구나 앞으로의 정보사회는 의사 결정의 과정이나 조직체의 구조가 권위주의적인 것을 허용하지 않거나 거부하는 방향으로 변하고 있는 현실에서 아직도 구태의연한 권위주의적 특권의식에 사로잡혀 있는 기성세대와 사회의 지도층은 새로운 세대의 도전을 받게 될 것이다.

사회제도를 운영하려면 반드시 권위가 필요하다. 나라든 조직체든 일을 하려면 의사 결정의 메커니즘이 있고 명령의 체계가 있게 마련이다. 그러한 구도 속에서 일정한 지위를 부여하고 거기에 권위를 실어주어야 결정도 내리고 명령이 통할 수 있는 법이다. 이때 권위란 그 권위를 행사하는 사람의 결정과 명령을 해당 사회나 조직체의 구성원들이 인정하고 받아들이는 권력을 뜻한다. 바꾸어 말해서 정당성을 확보한 권력을 가리킨다. 그런데 한마디로 우리 사회에서는 그러한 제도적 권위를 존중하는 태도가 놀라울 만큼 부정적으로 변해버렸다.

솔직히 요즘 우리 사회에서 주요한 사회제도 부문을 통틀어 어느 한 영역인들 리더라는 사람들이 제대로 권위를 인정받고 존경의 대상으로 자리하는지 심히 의심스러운 게 현실이다. 나라의 대통령, 종교지도자, 교육자, 최고 경영자, 심지어 가족 안에서 부모의 권위를 귀하게 여기는지를 물어보면 곧장 알 만한 현상이다. 그런데 이처럼 진실로 존중해야 할 권위는 자꾸 땅에 떨어지고, 무시해버리면서, 다른 한편으로는 아직도 끈질기게 남아 있는 것이 '권위주의'라는 현실에 우리 사회의 이중적 문제가 도사리고 있다. 권위주의는 사회적 지위에 따르는 특권과 대우의 차등을 엄격하게 요구하는 자세를 일컫는다. 권력을 행사하는 자리에 있으면 다른 사람들보다 엄청나게 다른 대우를 받고 특권을 누릴 수 있으므로 거기서 '권위의식'이 생겨서 남을 무시하고 잘난 체, 소위 '목에 힘을 주는' 자세로 사람을 대한다. 내가 나이 많고, 내가 높은 자리에 있고, 남자니까 내 뜻대로 하라는 식의 권위주의는 아직도 깊이 뿌리 박혀서 잘 없어지지 않고 있다. 정말 성숙한 사회는 이런 권위주의를 극복해야만 가능하다. 다시 말해서 정당한 권위(authority)는 되살려 존중하되 권위주의(authoritarianism)는 하루 속히 탈피해야 한다.

특별히 우리나라에서 두드러진 현상으로서 시급한 교정을 요하는 행태는 특권 향유다. 더군다나 선출직 공직자는 국민을 대신하여 국정 운영을 맡으라고 국민이 선출한 공복이다. 위탁받은 권력과 권위는 결단코 자신을 위해 행사하라는 것이 아님에도 국민 위에 군림하여 무한정의 특권을 즐기는 형국이다. 그러므로 선출직 공직자의 우선적인 자세와 행위는 특권을 과감히 내려놓고 국민을 섬기는 윤리적 리더로 거듭나야 한다. 이처럼 특권 의식이 팽배하다 보니 우리 사회에는 또 하나의 문화적 지향이 만연해졌다. 그것이 바로 지위-권력 지향성(Status-Power Orientation)이다.

한마디로 한국에서는 명함을 지니고 다니지 못하면 소위 "별 볼 일 없는 사람"이라는 취급을 받고 각자 그러한 자아의식으로 살아간다. 명함의 상징이 지위이기 때문이다. 이 말은 우리 사회에서는 지위, 즉 감투의 가치를 상상하기 어려운 정도로 중시하고 감투를 쓰기 위해서는 무슨 일을 할지도 모를 만큼 지위 추구에 몰두하는 성향이 있음을 암시한다. 그런 문화는 역사적으로 특히 조선조의 사대부 문화에서 연유한다. 남자는 과거에 합격해서 관직에 올라야 사람 대접을 받고 남이 우러러보는 삶을 살 수 있었기 때문이다. 이 같은 의식이 오늘의 변화한 상황에서도 깊이 문화 속에 배태하고 있으므로 선출직 공직자라면 당연히 큰 감투로 인정하는 것이다. 그 지위에는 그만한 특권이 따라온다는 사실이 중요하다. 사실이 아니겠지만, 속설에는 국회의원이 되면 200가지의 특권을 향유할 수 있다고 하는 모양이다. 바로 여기에 온갖 비리와 부정이 생성하는 근원이 있다. 이 모두가 권위주의가 자아내는 특권 의식의 뿌리이므로 바로 여기에 장래의 선출직 공직자가 심각한 성찰에 기초한 특권의 추구를 포기하는 도덕적 덕성을 갖추어야 이유가 있다.

(2) 감성주의의 함정

감성주의(Emotionalism)는 특별히 한국 사람에게 현저히 특이한 문화로 알려져 있을 정도다. 한국에서 오래 생활하며 한국인과 접촉을 자주 한 외국인이 가장 놀랍게 생각하고 지적하는 것이 감성주의다(Breen, 2004; Tudor, 2012). 그런데 이 감성주의는 여러 모습으로 일상생활의 사회적 관계 속에서 표출하는 점도 매우 특이하다.

① 가장 중요한 표현은 인정주의(Personalism)로 나타난다. 인정이란 애정, 우정, 모정 등과 같이 인간 간에 느끼는 따뜻한 감정이다. 하지만 이러한 정서가 어떤 맥락에서 어떤 행동으로 드러나는가에 따라 사회적 함의가 달라질 수 있는 미묘한 색깔을 지닌다. 우리말 사전에서 '인정'이라는 단어를 검색하면 여러 말 풀이 가운데 선물, 뇌물, 행하(팁) 등이 눈에 뜨인다(한글학회, 1991: 3378). 어떤 보답을 할 때 "인정입니다"라며 내어준다는 뜻이다. 또한 인정주의는 모든 인간관계가 마치 가족관계인 양 친숙해지기를 기대하는 심리다. 그래서 친구의 어머니를 어머니라 부르는 관행 같은 것이 있다. 허물없는 사이가 될 때야 인간관계에서 마음을 놓을 수 있다는 말이다. 문제는 이런 관계를 객관적으로 보

면 분명히 허물없는 사이가 아닌 사무적이고 공식적인 맥락에서 그 관계를 왜곡하여 이용하면 위험한 결과를 가져오게 된다는 데 있다. 말하자면 공식적인 사무 처리가 아닌 비공식적인 조처를 결과하는 부정행위가 될 수 있는 것이다.

② 여기서 우리는 특수주의(Particularism) 문제를 발견한다. 특수관계의 사람(집단)에게 공식적으로 허용하지 않는 특혜를 주게 되는 행위가 일어난다. 인사 조치에서 자격과 상관없이 고용, 승진 등을 자행하는 연고자 등용(nepotism)이 그 대표적인 보기다. 이 특수주의는 사람들이 소속하는 집단을 중심으로 우리 집단(we-group) 혹은 내집단(內集團, in-group)의 담을 쌓고 인정주의적 특수관계로 맺어지지 않은 여타의 사람들을 외집단(外集團, out-group) 또는 그들 집단(they-group)으로 생각하는 배타성을 장려하게 된다. 이런 집단주의 내지 집합주의(collectivism)는 잘못하면 자기 소속 집단의 이익을 우선하고 기타 집단의 이익과 전체사회의 공동선을 소홀히 하는 소위 집단이기주의(collective-egoism, group-centeredness)를 조성하는 문제까지도 야기할 수 있다. 이것이 결과적으로 사회적 갈등을 조장하고 사회의 통합에 지장을 초래하는 것이다. 이같은 집단이기주의는 한국 사회의 매우 특이한 근대화의 경험에서 기인한다. 원래 집합주의가 강하던 사회에 서구의 개인주의 문화와 경쟁 위주의 시장경제가 침투하여 혼용하는 과정에 집합주의는 약해지고 개인주의적 경쟁이 우세해지는 가운데 우리나라의 독특한 감성주의에 기초한 연고주의만 끈질기게 살아남는 기현상이 나타난 것으로 해석할 수 있다.

③ 이런 관행은 결국 연고주의(Connectionism)라는 특수한 사회적 관계망의 형성으로 전이한 것이다. 끈끈한 인정으로 맺어지는 특수 관계의 사람

들과 맺는 연고를 일종의 사회적 자본(social capital)로 이용하여 자신의 이익을 추구하는 길이다. 연고에는 혈연이 우리나라에서는 가장 강력한 사회적 자본이고, 출생, 성장, 장기거주 등의 지역적 경험을 연고의 기초로 하는 지연, 같은 학교 출신의 학연, 직업에 의한 직연, 심지어 군복무의 연고 기타 특수한 시기에 동일한 일로 경험을 쌓은 동시 경험자(cohort) 등의 연고가 작용한다. 이와 같은 연고는 자칫하면 특수집단으로 인정하여 지나친 혹은 정의롭지 못한 특혜 공여 정실주의(favoritism)로 낙착할 수 있다.

④ 감성주의의 또 다른 표현은 순간의 감정이 즉각적인 행동으로 나타나는 충동적 성향의 형식을 띤다. 행동하기 전에 얼마간의 이성적 사유나 윤리적 성찰이 부족하고 당장의 호오(好惡)가 걸러지지 않은 채 표출해 버리는 기분파의 성급한 행태가 된다. 외국인이 한국에 와서 처음으로 배우는 단어가 '빨리 빨리'라는 말은 상당히 널리 회자하는 사실이다. 지나치게 급하게 반응하거나 일을 처리하다 보면 신중하지 못한 실수가 따르기 마련이다. 특히 대인관계에서 소통의 중요성은 더 강조할 나위가 없는데 이처럼 기분 나는 대로 즉각적인 언행이 나오면 적정하고 원활한 의사소통을 할 수가 없다는 것은 너무나 당연하다. 여기에 하버마스(Harbermas, 1985)가 제안한 이성적 의사소통의 중요성을 부각시킬 필요가 있다. 이성으로 생각하면서 동시에 자신의 마음을 열고 의사를 전달하고자 하는 이성적 의사소통 자세가 긴요한데 대인관계 자체를 배타적인 특수관계 집단, 즉 내집단에만 국한시키려는 접근은 결국 의사소통을 하지 않겠다는 취지로밖에 인식하지 않게 되므로 소통은 불가능해진다. 이로 인해서 격렬한 갈등이 빈번해지는 것도 주의할 요소다. 이 문제는 이어서 불신의 쟁점을 다룰 때 더 자세히 논의할 것이다.

물론, 감성주의가 전적으로 부정적인 것만은 아니다. 특히 문화예술 부문에서 한국 사람들이 두각을 나타내는 현상은 많은 외국인이 경탄하고 부러워하는 자랑거리가 되기도 한다. 하지만 이 문제는 본 연구의 주제와는 다른 영역이므로 더 이상 언급을 하지 않는다. 사회의 관점에서 볼 때 한국 사회는 지나친 감성주의로 인한 폐해가 극심하다. 걸핏하면 충돌하고 집단적 흥분을 분출하는 행태는 선진사회를 위해서는 시급하게 극복해 마땅한 요소다. 이 극복의 방향은 물론 합리화이고 합리화는 크게 두 가지 차원에서 생각할 수 있다. 하나는 사회 속에 공동생활을 해야 하는 구성원들 개개인이 남들과 함께 상호작용하는 맥락에서 최소한도로 이성적인 행동을 해야 한다는 것이다. 생각을 이성적으로 해서 자신의 감정을 자제하고 신중하게 행동하며 각자의 이기적인 이해가 서로 충돌하지 않도록 상대방의 이득도 고려하면서 필요할 때는 적절한 타협과 협력을 존중하는 방향으로 살아가야 한다는 것이다. 두 번째 차원은 주로 사회체계가 제도와 조직과 정책에서 목표 설정에서는 사회의 가치 합리성을 강화하고 목표 달성 과정에서는 여러 선택 가능한 수단 중에서 가장 효율성이 큰 해결책을 찾으려는 성향을 중시하는 방향으로 시스템을 구축하고 운용할 수 있어야 합리화라 할 만하다.

결국 결정적인 화두는 '시스템의 합리화'다. 그리고 시스템의 합리화를 이루려면 다음의 조건을 충족할 필요가 있다.

① 나라를 다스리고 조직체를 운영할 때도 의사 결정을 하는 리더가 자신의 이익과 감정과 정실에 따라 제멋대로 다스리는 인치(人治)가 아니라 법과 원칙에 의해서 다스리고 경영하는 법치(法治)로 전환해야 한다.
② 인사 관행도 내가 개인적으로 잘 아는 사람, 가까운 사람, 인간적으로 내게 덕을 베푼 사람이니까, 선발하거나 승진시키는 식의 정실인사가

아니고, 제대로 실력을 갖춘 사람을 적재적소에 쓰자는 것이 합리적인 인사다.

③ 가능하면 개별 작업 시스템에서 공동작업, 팀워크 시스템으로 전환하여 효율성을 높인다.

④ 모든 일에 책임 행정, 책임 경영의 정신이 투철하게 시스템을 정상화한다.

최소한 이 정도의 시스템 합리화를 위한 패러다임의 대전환이 없이는 도덕성을 갖춘 리더를 기대하기 어렵다.

(3) 불신의 벽

불신의 문제는 우리 사회의 가장 심각한 쟁점의 하나다. 본서 서론의 [표1]에서 제시한 바와 같이 우리 국민의 제도 부문 신뢰도가 전반적으로 낮을 뿐더러 그중에서도 국회를 신뢰하는 정도가 가장 저조하다. 국제 비교에서도 사회적 신뢰 수준이 OECD 국가 중에서 현저하게 낮다는 보고가 있고 이러한 사회적 신뢰도는 제도 부문 신뢰도의 반영이라는 분석을 제시한 연구도 있다. 사회적 신뢰란 우리 사회에서는 "대부분의 사람들을 신뢰할 수 있다"는 질문에 긍정적으로 응답한 비율로 따지는데, 우리나라에서는 그 비율이 대개 30%대 중후반에 속한다. 매우 저조한 신뢰 수준이 아닐 수 없다. 그러니까 사회 전반에 걸쳐 누구도 믿을 수 없다는 생각이 만연하다는 증좌라 해도 과언이 아니다(이재열, 2009; 장수찬, 2007).

이러한 현상은 우리 사회의 전통적인 문화현상 중에 내집단 대 외집단으로 갈라서 특수관계로 이루어진 내집단 구성원들 간에는 끈적한 유대감과 공동체적 친밀감으로 상호작용을 하는 대신 외집단 사람들에게는 지극히 사무적인 상호작용만을 하려 하는 성향을 일컫는다. 그 이유는 간단하다. 감성주의적 인간관계가 성립하지 못하면 배타적인 내집단 대 외집단의 칸막이가 생기고 그 둘 사이에는 상호 신뢰가 어려워진다고 했다. 내집단 구성원 사이에는 두터운 신뢰를 주고받을 수 있지만 외집단 사람들은 믿을 수가 없는 불신을 품고 만나야 하는 문제가 발생한다. 이렇게 되면 전반적인 사회의 맥락에서 "대부분의 사람들은 신뢰할 수 없다"는 풍조가 지배적이게 된다. 게다가 제도부문을 불신하는 데에는 그 제도를 책임지고 운영하는 엘리트층, 즉 리더를 믿지 못하게 하는 요인이 분명 있다. 한마디로 부정과 부패의 사슬이다. 부패한 리더가 주도하는 제도니까 그 제도가 공정하고 정의롭다고 볼 수 없다는 불신이 생긴 것이다. 그런 식으로 사람들의 마음속에 불신이 생기면 전반적인 사회의 불신풍조가 보편화해버리는 것이다.

여기에는 다시 합리화와 보편주의의 중요성이 등장한다. 감성에 치우치지 않고 이성적으로 차분하게 대인관계에 임하면 내집단·외집단 소속의 구분보다는 일반적이고 보편적인 규칙과 원리가 지배하므로 배타적 감성적 행태가 능사가 될 수 없다. 보편주의란 누구에게나 똑같은 규범을 적용하는 공정의 원리와 누구도 집단 소속이나 특수관계 때문에 차별하지 않는 정의가 지배적 원칙이 되는 상태를 가리킨다. 여기에 리더십에 있어서 신뢰가 중요해진다는 논리가 성립한다. 실제로 리더십 이론을 다룰 때 진정하고 진실한 리더십과 윤리적인 리더십에서 핵심이 되는 조건이 바로 신뢰임을 언급한 것이다.

리더에게 이러한 신뢰 혹은 믿음이 얼마나 소중한지는 우선 경영 부문의 리더십 연구에서 항상 중시하는 요소다. 신뢰(trust)란 한마디로 다른 사람이 내게 불리한 행동을 하지 않을 것이라는 긍정적 기대를 일컫는다. 이런 자세라면 리더를 믿고 위험을 무릅쓰고 집단적 목표 달성을 위해 협조할 것이고 전반적인 사회적 생산성이 높아진다. 그처럼 신뢰를 얻으려면 가장 중요한 리더십의 자질과 품성에서 정직, 신실, 구성원들에게 혜택이 가도록 베푸는 행동 및 일처리의 역량 등이 드러나야 한다(Robbins and Judge, 2017: 440~441). 우리가 다루는 선출직 공직자에게도 이와 같은 국민의 신뢰가 가장 긴요한 덕성이다.

유가 사상에서도 신뢰는 가장 강조하는 덕목의 하나이다. 무신불립(無信不立)이란 고사성어를 낳은 이야기는 이렇다. "사람이면서 신의가 없다면 그의 쓸모를 알 수가 없다. 큰 수레에 수레채가 없다든가 작은 수레에 멍에걸이가 없다면 그것들을 어떻게 가도록 하겠느냐"(『논어』 위정편) (김학주, 2009: 30). 공자의 말씀이다. 또한 군자는 "의로움으로 바탕을 삼고, 예로써 그것을 실천하며, 겸손하게 그것을 말하고, 신의로써 그것을 이룩한다. 그래야 군자다"(『논어』 위령공편) (김학주, 2009: 270).

또한 나라를 다스림에 있어서도 신의가 가장 중요한 요소다. 자공이 정치에 관해 묻자 공자가 말씀하였다. "먹을 것을 풍족하게 하고, 군비를 충분히 하고, 백성들이 믿도록 하는 것이다."자공이 거듭 여쭙기를 "부득이 꼭 한 가지를 버려야 한다면, 이 세 가지 중에서 어느 것을 먼저 버리시겠습니까?" "군비를 버려야지." 또다시 한 가지를 더 버려야 한다면 무엇을 버리시겠냐고 여쭙자, "먹을 것을 버려야지. 옛부터 누구에게나 죽음은 있었던 것이나, 백성들의 믿음이 없다면 나라는 설 수가 없는 것이다"(『논어』 안연편) (김학주, 2009: 198). 그리고 믿음은 상호적이어야 한다. 남의 임금이 되면 아래 사람들에게 신의의 덕을 갖추어야 하고 남의 신하된 자는 윗사람에게 공경하는 덕을 갖추어야 한다. "충신과 독경이야말로 아래위 한가지로 하늘의 마땅한 도리다"(『좌전』 양공 22년)(이석호, 1980, 중: 456).

요는 선출직 공직자의 제일 덕목은 사실 국민의 신뢰일 것이다. 믿지 못하는 정치인을 민의에 의해서 대표로 선택하여 국리민복을 성취하기를 기대해야 한다면 이야말로 참담한 정치라 할 수밖에 없다. 기실 지난 몇 달 동안에 온 나라를 뒤흔들어놓고 국민의 가슴에 씻지 못할 상처를 입혔던 사건은 바로 법대 교수 출신 고위 공직자의 몰염치하고 이중적인 행태가 빚어낸 한국 정치문화의 민낯이었다. 온 가족이 갖가지 의혹을 받는 와중에 장관직 지명을 받고 인사 청문회를 거치는 동안 본인과 아내, 형제, 친척 등이 보여준 말과 행동은 우리나라 지도층의 도덕성의 단면을 적나라하게 노출하였다. 거짓말과 증거 인멸, 문서 위조, 불법 증권 거래 등 온갖 의혹을 부끄러워하지도 않는 태도는 상식적인 국민의 혀를 내두르게 하였다. 게다가 과거에 자신이 이런 여러 형태의 관행과 태도 등에 관하여 글로 또는 강연에서 발표한 내용을 현재 자신과 가족이 그대로 자행함으로써 지난날의 자신의 말을 정반대로 뒤집는 행위를 서슴없이 하고도 이 또한 자기에게는 해당하지 않는다는 듯한 태도는 참으로 보는 이, 듣는 이로 하여금 자신의 눈과 귀를 의심하게끔 한다.

전통 시대의 선비가 염치를 목숨처럼 소중히 여겨서 관직에 나가 작은 흠이라도 드러나든가 혐의가 있다는 언관의 탄핵을 받으면 그것이 비록 풍문이라 해도 주저 없이 물러나는 소위 피혐(혐의를 피한다)이라는 제도가 있었다. 심지어 일본에서는 현직 장관이 자기 아내의 혐의를 언론이 폭로하자 그날로 사직을 했다. 비록 혐의를 부인하지만 1분 1초라도 자신의 공직 업무에 지장을 줄 수 없다는 이유에서다. 그 아내도 사과를 했고 총리마저 임명한 책임을 사과했다는 보도가 우리 국민의 마음을 더 씁쓸하게 하였다. 우리의 대통령은 법적으로 죄가 없는데 의혹만으로 임명을 하지 않는다면 나쁜 선례가 될 것이라며 국회와 국민이 거부하는 후보자에게 장관 임명장을 주었다. 염치를 잊어버린 정치문화의 전형이다. 우리나라에서는 고위 공직 후보자의 청문회에서 투기, 부당이익, 거짓말, 위증, 탈세, 가치 논란, 논문 표절의 순으로 의혹이 불거졌고 일부는 임명의 문턱을 넘지 못했다. 이들에게는 위장 전입, 과다 수임료, 발언 파문, 자녀 이중 국적, 위증 의혹 등이 가장 많은 언급의 대상으로 집계가 나왔다. 다수의 후보자는 이 중 한 가지 비교적 가벼운 하자로 추궁을 받다가 스스로 물러나기도 하였다. 최소한의 염치가 공직자 문화의 가장 기본적인 요소임을 재확인할 필요가 있다.

제3장

리더십의 자질에 관한 이론

제3장

리더십의 자질에 관한 이론

그러면 이제 본격적으로 우리가 다루는 도덕성과 관련하여 리더십의 이론적 담론을 살펴보기로 한다. 거기에서 제시하는 여러 가지 정보를 바탕으로 우리가 구상하는 리더로서 선출직 공직자의 도덕성을 점검하는 체계적인 지침을 도출하기 위함이다.

1. 도덕성의 의미

본 연구의 주제가 도덕성인 만큼 이 개념에 관한 고찰이 불가피하다. '도덕'이라는 단어의 의미를 우선 자전적으로 해석하면 다음과 같은 보기가 있다. "사람으로서 마땅히 갖추고 닦아야 할 행동규범"(한글학회, 1991: 1047), "사람이 행하여야 할 바른 길" 또는 "준수하여야 할 덕"이라 하고(이상은 감수, 1983: 1231), 그 '덕'이라는 글자의 뜻은 "도를 행하여 체득한 품성"이라 풀이한다(이상은 감수, 1983: 455). 결국 도와 덕은 서로 뗄 수 없는 상호성을 띠는 용어인 듯하다. 여기에 철학자의 해석을 첨언하면, "도를 닦고 덕을 쌓자"로 풀이하는 게 적합하다고 한다. 참고로 이 마지막 해석의 구체적 내용을 잠시 옮겨본다(황경식, 2012: 313).

도를 닦는다는 것은 나약한 의지의 단련을 통한 의지 강화를 뜻하기도 하는 것으로서 종국에는 도덕적 용기인 호연지기를 성취하는 것으로 생각된다. 또한 도를 닦는 것은 감정을 순화내지 정화하여 그 자체에도 불화나 갈등이 없음은 물론 더 고귀하고 격조 있는 가치를 추구하는 감정으로 격상시키고 조율하는 일을 뜻하는 것으로 보인다. 결국 지적인 각성, 의지의 강화, 감정의 조율은 상호 영향을 미치고 지원함으로써 우리의 성격이나 성품 속에 통합되고 내면화·내재화하여 굳건한 도덕적 덕성을 이룬다 할 것이다.

우리가 다루는 도덕성은 모든 사람에 해당하는 일반적인 덕목이 아니라 특정하게 공직자 즉 공인(公人)의 덕목이라는 점을 상기하면 거기에 '공공성'이라는 새로운 요소를 가미할 필요가 있다. 이를 위해서 본 연구는 '공(公)'의 유교적 의미를 음미하는 것이 유익하다는 철학자의 견해를 따라가보기로 하였다. 우선 저자가 소개하는 주자의 『중용 장구』 서문의 일부를 살펴본다(한형조, 2013: 24~25).

(인심은) 위태롭고 불안정하며, (도심은) 미묘해서 감지하기 어렵다. 그런데 사람은 누구나 형체(육신)를 갖고 있으므로, 상지(上智, 현자)라고 해도 인심이 있고, 또 누구나 본성(정신)을 갖고 있으므로 하우(下愚, 무지한 자)라고 해도 도심이 있다. 이 둘이 마음속에서 얽혀 '뒤섞여(雜)' 있는데, 제어하지 못하면 (인심은) 더욱 위태로워지고, (도심은) 더욱 깊이 숨을 것이다. 그렇게 되면 천리(天理)의 공(公)이 마침내 인욕(人欲)의 사(私)에 굴복하게 된다. 면밀히 성찰(精)하면 이 둘 사이가 섞이지 않을 것이고, 자기 중심을 잡고 있으면, 본심의 정(正)이 나와 더불어 있게 된다. 이 노력을 지속적으로 해나가면 도심이 늘 내 몸의 주인이 되고, 인심은 그 명령을 들을 것이니 위태로운 것이

안정되고, 은미한 것은 더욱 밝아진다. 그리하여 행동과 말에 과불급의 차가 없는 경지를 누리게 될 것이다.

이 글에서 공은 천리와 도심(道心), 사는 인욕과 인심(人心)을 표상하고 있음을 알 수 있다. 그러니까 공공성이란 우선 우주론적으로 하늘에 해당하고 인성론적으로는 그 하늘의 이치(도)에 순응하는 사람의 마음이다. 이런 점에서 서방의 공사 구분이 국가와 사회를 지칭하는 공적 영역(public)과 개인을 가리키는 사적 영역(private)의 확연한 차별을 지목하는 것과는 차원이 다른 관점이다. 유학의 공사 구분이란 "개인이 늘 사회와 연관되어 있다는 것, 그리고 사회적 질서는 개인의 심리적·정신적 건강에 의존하고 있다는 발상이다. 유교에서 공(公)이란 '건전한 감응(感應)의 상호작용과 그 네트워크'를 말한다! 사(私)란 그것을 방해하는 제반 독소를 총칭한다! 그래서 『중용장구』가 인욕지사(人欲之私)를 '극복'하고 천리지공(天理之公)을 '확보'하라고 권하는 것이다"(한형조, 2013: 25~27). 이 문맥에서 개인의 심리적·정신적 건강을 해치는 조건으로는 첫째는 인간의 악(惡)이 자기 망각 또는 비자각적 상태에서 연유한다는 점을 일깨우려 항상 깨어 있어 스스로를 의식하고 성찰하라는 것이고, 둘째는 인간의 자기중심성과 타자를 쉬이 받아들이지 못하는 닫힌 완고한 경직성을 극복하라는 것이며, 이 둘의 해결은 '경'(敬)의 자세로 끊임없이 스스로를 수양하고 훈련할 것을 답으로 제시하였다.

그와 같은 과정을 거쳐 사, 즉 유아지사(有我之私)라는 실존적 개인은 이기적인 고착을 깨고 자기를 넘어 작동하는 공, 즉 무아지공(無我之公)을 확대시키면 나와 남 사이에 막혀 있던 벽이 허물어지고 진정한 소통과 대화가 가능해진다는 원리다. 이때부터 비로소 타자의 목소리가 들리기 시작하고 남의 고통과 기쁨, 나아가 전체적인 삶 속으로 감정이입 혹은 공감이 가능해진다.

이로써 각 개인은 건강한 자아를 회복하는 동시에 사회가 생기를 되찾아 제대로 질서를 보장할 수 있게 된다는 것이다. 이런 경지에 이르면 삶의 문제를 해결하는 과정은 국가라는 강제적 규범으로서 공이 아니라 심리적·정신적으로 건강한 개인이 구성하는 자율적인 퍼블릭이라는 공의 공간에서 자발적인 각성과 협력으로 이루어지게 된다. 여기에 이율곡 선생의『성학집요(聖學輯要)』에는 "공공을 마음으로 삼는 자는 사람들이 반드시 그를 따르고, 사봉(私奉), 자기 이익을 마음으로 삼는 자는 사람들이 반드시 그를 등지고 배반한다."(김태창, 2017: 261)고 하였다.

그러면 유가적 공공의 개념은 어떤 것인지를 살펴보아야겠다. 놀랍게도 한국 역사를 연구하는 일본의 학자가 14세기 말에서 16세기 중반에 걸친『조선왕조실록』의 내용 분석에서 '공공'이라는 용어가 매우 자주 등장함을 밝혀내면서 그 말이 실지로 누구에게나 보이는 상식이요 일상으로 드러나는 행동에서 쉽게 찾을 수 있는 현상임을 지적한 사례가 있어 여기에 그 요체를 소개한다(片岡龍, 2012; 한형조, 2013: 39~042에서 재인용).

첫째는 시장의 사언 질서를 의미한다. 예를 들어, 정조는 관의 개입 없이 시장에서 수요와 공급에 따라 가격을 형성하는 것을 '공공한 것'(所公共)이라 보았다고 한다.

둘째, 퍼블릭(public)과 커먼(common)을 구분하지 않았다. 유가의 인식에서는 법과 권력은 '민'의 복지와 공동선을 위해 존재해야 한다는 '위민'의 원칙에 이견이 없었기 때문에 제도로 구성하는 법과 질서인 퍼블릭과 모든 사람의 합의를 뜻하는 커먼을 굳이 구분할 필요가 없었다. 따라서 군주나 사대부나 인민이나 모두가 '공중의 뜻'(공론)을 존중해야 할뿐더러 법과 제도적 규약을 자의적으로 파기하거나 예외를 요구하지 못하게 했다.

셋째, 공공(公共)이라는 말은 '공공재'의 의미도 지녔다. 공자의 대동 사상에서 큰 도를 행하는 세상에서는 천하가 모두 공기(公器)로 여겨 사사로이 세습하는 일이 없다고 하였다. 두루 나눔(公有, share)이라는 철학이요 맹자가 말한 대로 임금이 좋은 일은 백성과 더불어 즐기고 걱정스러운 일은 백성과 함께 염려하는 '여민동락'의 공동체주의적 정신이다.

넷째, 누구나 지키고 따라야 할 규약이라는 의미의 법을 가리키기도 하였다. 이처럼 법적 규범을 지키는 의무는 백성뿐 아니라 군주와 사대부 관료·정치 엘리트에게도 마찬가지로 적용해야 하는 것이 당연한 공공의 정신이다.

그런데 왕조실록에 드러나는 현실 역사에서는 공공이라는 단어가 등장하는 장면은 주로 군주의 자의와 사적 적용을 둘러싼 쟁점과 직접 관련이 있었다고 한다. 이를 막기 위한 노력도 물론 간단없이 이루어졌다. 선비 정치인 관료 엘리트는 군주의 자의를 예방하기 위해 경연 등의 교육과 때로는 목숨을 내건 간언, 제언, 비판을 위한 상소, 아니면 스스로 은둔하는 형식으로 견제를 시도하였다. 문제는 이들 엘리트층의 이중성 내지 양면성에서 싹텄다. 저들은 왕을 제어하는 역할을 하면서 동시에 자신들의 권력 남용이나 특권 향유 및 강력한 권력 행사에서도 자의와 규칙의 사적 적용을 다스리는 과제도 안고 있었다.

그러나 실제 역사의 전개 과정에서는 군주를 제약하는 특권을 가지면서도 스스로의 특권적 지위에 확실하고 진정성 있는 제어를 하지 못했을 뿐 아니라 오히려 그 특권적 공간을 의식·무의식 간에 보호·확장한 탓에 조선조는 쇠락의 길로 들어서게 되었던 것이다. 이 대목에서 우리는 본 연구의 과제인 선출직 공직자의 도덕성이 문제가 되는 계기를 찾게 된다. 국민을 대신하여 국정을 운영하는 공인으로서 이들이 과연 과거 조선조 엘리트층처럼 자기네가 누리는 사적인 특권을 확대 재생산하며 사적인 욕망을 충족시킴으로써 공공의 가치를 무너뜨리는 길로 가는지, 아니면 이를 스스로 축소하고 겸허하게 진정으로 국민을 위한 정치를 올바르게 할 것인지, 즉 저들의 도덕성을 제대로 갖추었는지를 살펴보는 일이 시급해졌기 때문이다.

첨언하거니와, 근자에 철학 및 사회과학 분야에서 공공성의 철학에 관한 담론이 새로이 활기를 띠고 있기는 하지만 이러한 담론은 본 연구의 주제와 직접적인 연관성을 갖기에는 더욱 일반적이고 광범위한 성격을 띠므로 여기에서는 논의의 대상으로 삼지 않는다(김태창, 2017). 다만 그러한 담론에서도 공공성의 윤리적 성격을 다룰 때는 개인의 존재 자체가 사회적 관계의 틀 속에서 태어나 살아가야 한다는 필연성을 전제하기 때문에 그 사회의 구성원은 각자 이익 추구와 취득 본능의 욕구를 자제하고 공공의 선과 이익을 중시하여야 하는 공공의 책임을 공유한다는 논지를 제시한다는 점은 위에서 소개한 동방의 철학과 다르지 않다.

2. 서구의 고전적 리더십 이론

이 연구가 다루는 도덕성의 문제는 매우 특정적인 사회 지도층의 일부라는 사실을 고려하여 일반론적인 인간의 도덕성 검토에 불필요한 지면을 할애하지 않았다. 초점을 지도자의 자질이라는 데 집중하기 위해서 사회과학적 연구와 담론에서 주요한 주제로 사용하는 리더십(leadership)이라는 개념을 중심으로 하는 이론적 논의를 개관하고자 한다. 굳이 이 단어의 사전적 의미를 고려한다면 지도, 지도력, 지휘, 통솔, 통솔력 등이며 좀 더 함축하는 뜻을 풀어 쓰자면 지도자다움, 지도자적 자질, 지도자의 속성 등과 같은 표현을 쓸 수는 있지만 한마디로 적확하게 뜻을 전달하는 우리말을 찾기는 용이하지 않다. 외래어를 써야 하는 부담이 있지만 이 말은 이미 비교적 일상화한 것이라는 사실을 인정하고 그대로 쓰기로 하였다.

다만 본 연구의 주목적은 일반적인 지도자상을 서술하는 게 아니고 정치 부문에서 특정한 기능을 수행하기 위해 시민이 선출한 국가 경영의 지도자라는 특수한 위치에 있는 유형의 지도자를 대상으로 그들의 도덕성이라는 매우 한정적인 주제를 탐구하는 일이다. 그러므로 사회과학에서 연구하는 일반적인 이론과 접근법 등을 망라할 필요도 없고 또 거기에서 다루는 내용이 본 연구의 주제와는 직접적인 연관성이 미약한 점을 고려하여 선별적으로만 참고할 것이다. 이 단어의 용례를 서양 언어의 역사에서 추적하면 leader라는 단어가 영어에 나타난 시기는 대략 서기 1300년이고 leadership은 1800년경에야 사례가 보인다고 한다. 인류 문명사 전반에서는 소위 지도자라는 특출한 인물을 가리키는 용어는 '추장', '군주', '왕', '치자(治者)' 등으로 적시하는 관행이 보편적이었다는 것이 상례라고 한다(Stogdill, 1974: 7).

이런 관점에서 우선 서양 문명의 지도자관을 도덕성이라는 주제에 국한해서 간략하게 살펴본다.

첫째, 아테네의 도시국가 시대의 대표적 철학자, 소크라테스(Socrates), 플라톤(Platon) 및 아리스토텔레스(Aristoteles)의 사상을 약술한다. 소크라테스의 도덕설은 일단 객관적으로 타당한 기준에 의해서 옳다고 인증할 수 없는 한, 인간의 욕망과 감정을 신뢰하지 않았고, 도덕적 인식을 얻는 수단으로써 이성을 중시하였다. 그의 주된 관심은 진리와 인간사에 관한 근본적인 지식의 탐구였고, 그래서 무엇인가를 안다고 평판이 난 장인(기술자), 시인 및 정치인들과 질의 응답의 형식을 빌려 토론하면서 저들의 지식은 기껏해야 기술적인 기량에 관한 것이지 인간 행동의 근본적인 원리에 관한 지식이 아니었음을 깨닫게 하려 했다. 같은 논리로 민주주의 정체란 특정한 지식도 갖추지 못한 무식한 아마추어 무리가 중요한 정치적 의사 결정을 하는 것이므로 경멸하였다. 요컨대 그는 아리스토텔레스가 후일 개진한 대로 윤리적인 문제에 골몰하였고 사람들로 하여금 윤리적인 성찰을 하도록 격려하는 일이 자기의 사명이라고 생각하였다. 소크라테스도 도덕성에 관련하여 경건한 행동, 정의 같은 덕목을 지적하기는 했어도 직접적으로 정치지도자의 도덕성 문제를 언급했다고는 알려진 바가 없다(Kagan et al., 1987: 90; 램프 레히트, 김태길 외 역, 1989: 53~56).

소크라테스의 제자 플라톤은 스승의 지식론을 계승하여 더욱 발전시켰지만 그의 사상이 워낙 방대하므로 여기서는 우리의 주 관심사에 집중하여 요약하겠다. 첫째, 플라톤에게 덕, 덕성 혹은 미덕(virtue)이란 인간을 포함한 모든 사물이 성숙하여 완전히 발전한 상태로서, 특히 인간에게는 그가 가진 잠재력의 완성이요 온갖 능력을 이상적으로 발휘하여 완성에 도달함을 의미한다고 보았다. 이러한 논리 전개 과정에서 플라톤은 후세의 사회사상사 전개에 중요한 흔적을 남긴 새로운 이론을 제시하였는데, 그것은 인간은 조직적인 사회생활에 참여함으로써만 자신의 인격적 발전을 실현시킬 수 있다는 관점이다. 그 사회생활의 맥락은 다름 아닌 국가(그리스의 도시국가, polis)이므로 국가가 그처럼 인간의 성숙을 실현하도록 하려면 스스로 완전무결해져야 하고 그 필요조건은 올바른 질서의 성립이었다. 이러한 국가에서 플라톤이 모색하던 네 가지 기본 덕성인 절제, 용기, 지혜 및 정의를 발견하게 된다. 또한 그는 소크라테스처럼 경건이라는 덕목도 언급하였다.

여기서 중요한 것은 이와 같은 네 가지 기본 미덕은 국가를 형성하는 생산자, 전사, 지배자의 세 계급에 따라 각기 그 지위에 걸맞은 미덕을 별도로 규정하고 이를 실행함으로써 이상국가의 질서가 제대로 잡힌다고 보았다는 점이다. 지혜는 물론 지배계급의 덕목이고, 용기는 전사의 것이며, 절제는 생산자에 해당하는 덕목이다. 지혜는 단순한 기술적이고 수단적인 지식을 초월하여 이상국가의 공동생활에 참여하는 모든 사람이 알아야 할 이상적 가치, 진정한 통일국가가 동경해 마지않는 완전한 탁월성에 관한 지식이다. 전사 계급의 용기는 상식적인 신체적 용맹함을 넘어 향락의 탐익이나 고통의 두려움 같은 것도 물리칠 수 있는 용기를 가리킨다. 그리고 절제는 국가 전체의 구성원이 지녀야 할 덕목이다. 이는 균형의 원리, 모든 계급의 이해 관심의 정당한 표현의 원리를 의미한다. 여기에 덧붙여 정의의 덕은 위의 세 가지 덕이 함께 모여 이루게 될 절정의 것이다. 정의란 각자 자신의 본성에 가장 적합한 행동만을 해야만 한다는 덕목이다. 이쯤에서 우리는 유명한 플라톤의 '철인왕(philosopher kings)'을 언급하지 않을 수 없다. 플라톤은 지식과 미덕이 하나로 융합한 이런 불변의 지혜는 현실을 직시할 줄 아는 소수자에게만 열린 지식이다. 그러므로 이상적인 도시국가의 통치는 이런 철인왕이 서로 돌아가며 맡아야 할 임무라고 생각하였다(Kagan et al., 1987: 91; 램프 레히트, 김태길 외 역, 1989: 61~71).

플라톤의 제자 아리스토텔레스는 이상주의자, 관념론자였던 스승보다 기본적으로 온건한 중용론자라고 할 수 있다. 존재론적으로는 몸과 마음을 공히 중시하는 자연주의 · 사실주의에 가까웠고, 인식론에서는 이성과 경험을 모두 주목하는 편이었으며, 윤리도덕 이론에서도 정관(靜觀)하는 삶을 중시하는 의미에서 선한 사람들이 행복한(정의로운) 삶(eudaimonia)을 추구하지만 그렇다고 적정한 수준의 부와 평안과 쾌락을 무시하지도 않는 절충주의라 할 수 있다. 그는 모든 사상(事象)은 잠재성을 계발함으로써 그 본연의 목적을 실현한다는 목적론을 제시하고 이를 정치에도 적용하였다. 구체적으로는 원시적 본능으로 정치적 존재(political animal)의 잠재성을 지닌 인간은 도시국가라는 목적을 실현하는 데서 그 의미를 찾는다고 하였다.

아리스토텔레스에게 국가의 목적은 풍족한 경제도 강력한 군사력도 아닌 행복이라는 가치였고, 그를 위한 도덕적 삶이었다. 훌륭한 삶, 선한 삶(good life), 고귀한 행위를 하는 미덕과 도덕의 삶이었다. 중용론자였던 그는 플라톤처럼 철인왕이 다스리는 이상적인 국가나 최선의 헌법을 염두에 두지 않았고, 현실의 도시국가가 감당할 정도의 정의와 안정을 보장하는 실질적인 국가와 차선의 헌법을 강조하였다. 그런 국가의 특성은 과불급의 중용(moderation)이었으므로 그 권력은 자연히 부유층도 빈곤층도 아닌 중간계급에게 돌아가야 한다고 보았다. 중간계급은 실상 수적으로도 가장 다수이며 적당한 수준의 부를 누리는 계층이므로 부유층의 오만과 빈곤층의 악의가 아니라 절제의 미덕 등 많은 덕성을 갖추었으므로 가장 안정적인 계층이고, 헌법도 민주정체와 과두정체의 법을 적절히 조화한 것이 특징이라는 것이었다(Kagan et al., 1987: 91~93; 램프레히트, 김태길 외 역, 1989: 99~107).

마지막으로 이들 그리스의 세 현자에게 공통적인 관심사는 교육·훈련의 중요성이었다. 소크라테스는 그의 특유한 대화법으로 사람들을 설득하여 스스로 깨닫게 하는 접근을 보여주었고, 플라톤은 윤리적 관심이 가장 핵심이었으므로 자연스럽게 교육의 문제에도 특별한 주목을 쏟았다. 그의 세 가지 범주, 혹은 계급의 사람들을 교육함에 있어서도 국가의 기능과 인간의 본성 그리고 덕목의 절정인 정의 등을 성취하기 위한 교육의 방법도 세 가지로 분류하여 제시하였다. 이를 도식으로 간추리면 [그림 1]과 같다. 한편, 아리스토텔레스는 윤리학이나 정치학 이론의 목적은 모든 실천에 있어서 사람이나 국가가 다루지 않으면 안 될 요건을 사람들에게 알리는 데 있다고 보았으나 교육의 구체적인 방법은 자세한 언급이 없고, 다만 소통의 방법으로 가장 중요한 공헌은 소위 삼단논법의 논리를 창안하여 사람들에게 이론적인 문제를 이해하는 데 도움을 주고자 한 것이 특징이다.

[그림 1] 플라톤의 교육방법론

세 가지 계급 → 생산자 / 전사 / 지배자 ← 국가 형성

세 가지 인성 → 욕정 / 기개 / 이성 ← 인간 형성

세 가지 덕목 → 절제 / 용기 / 지혜 ← 정의 형성

세 가지 교과 → 음악 / 체육 / 변증법 ← 교육 형성

로마 시대로 오면 이 주제와 연관하여 눈에 뜨이는 인물이 그리스 출신 철학자 및 전기작가 플루타르코스(Plutarch, Ploútarkhos, Lucius Mestrius Plutarchus)다. 그는 그리스와 로마의 역사에서 걸출한 인물의 전기를 여러 권 저술했는데 그중에도 그리스와 로마의 영웅호걸을 둘씩 짝을 지어 비교하는 형식으로 나온 책이 그 유명한 『영웅전』이다.[1] 영어로 번역한 원명이 "고귀한 그리스와 로마 사람들의 삶"이란 것으로 그가 이들에게서 모범을 찾으려고 했던 덕목을 요약하면 명예, 사랑, 충직, 경건, 열정, 충성심, 청렴, 검소, 우정, 선의와 함께 '우국지심'을 기본 가치로 삼았다고 한다. 우리의 관심사의 관점에서 보면 이 저술이 비로소 소위 리더라고 칭할 수 있는 사람들의 도덕적 특성을 자세하게 다루는 사례라고 할 만하다. 그리고 그 덕성의 목록은 주로 개인의 심성, 인성, 행위 등의 개인적 특질(traits)을 다룬다는 점도 현대의 리더십 연구와 근접한다는 점에 주목할 필요가 있다. 이 점에서 그리스의 철학자들과도 관심의 초점이 달라졌음을 알 수 있다.

이와 같은 로마의 리더십 인식의 특징은 이제 르네상스 시대의 마키아벨

---

1   이 책을 1597년 최초 영어판으로 출간했을 때 영문 제목이 *The Lives of the Noble Greeks and Romans*였고 그 후에 *Lives of the Noble Grecians and Romans, Parallel Lives of the Noble Grecians and Romans* 등으로 다양하였다.

리(Niccolo Machavelli)가 계승하면서 그가 살던 시대적 문화적 특성을 반영하는 것을 발견한다. 그는 『군주론』에서 덕성(virtue), 덕망, 미덕으로 신중함(prudence), 정의(justice), 자제 또는 극기(temperance) 및 용기 혹은 용맹(courage)을 적시하였다. 특히 여기서 용맹이라는 덕목을 추가한 것은 그가 살던 시기가 중세 봉건제 아래 무사도를 중시하던 정신적 전통을 이어받고 있었음을 말해준다 하겠다. 이런 성향은 무인이 지배하던 로마에 살던 플루타르코스와 마찬가지로 virtue라는 단어가 내포하는 남성다움을 암시한다고 볼 수 있다. 마키아벨리 역시 그가 살던 르네상스 시대의 이탈리아에서도 고대 로마를 이끌던 리더십의 주요 덕목으로 소중한 우국지심을 부각시키고자 한 것이었다. 이 점은 후에 살펴보는 동방의 유가 사상이 의미하는 덕, 덕성, 덕치에서 치자의 자기 수양을 중심 가치로 중시하는 것과는 흥미 있는 대조를 이룬다 하겠다(마키아벨리, 2019).

아리스토텔레스에서 마키아벨리로 이어지는 공화주의 전통에서 개인의 삶은 국가의 존재와 분리될 수 없다. 국가는 개인의 삶을 허용하고 보호하는 최대한의 공동체다. 따라서 국가 공동체를 안전하고 풍요롭게 가꾸는 의무는 개인의 행복을 추구할 권리와 동행할 수밖에 없다. 공적인 삶과 사적인 삶의 연계성을 인식하고 권리와 의무 사이의 불가분성에 기초한 책임을 다하려고 하는 것이 공화국 시민의 덕성인 것이다.

여기서 서구의 고전이론 개관을 마무리하기 전에 20세기 초로 건너뛰어 베버(Max Weber)의 지배 내지 권위의 유형과 전업 정치인의 윤리관을 개관한 다음 현대의 리더십 이론을 본격적으로 검토하려고 한다. 리더가 다른 사람들을 지배하기 위해서는 권력이 필요조건이지만 그냥 권력만 행사하면 그 지배가 충분조건이 되는 것은 아니다. 권력은 일단 그 권력 행사로서 지배가 정당성을 확보해야만 원만한 리더십의 실효성을 거둘 수 있다. 정당화란 권력에 추종하는 사람들이 순종해야 마땅하고 옳다는 신념을 가질 때 가능해진다. 그처럼 정당화의 바탕 위에 행사하는 권력을 권위라 하고 그러한 권위를 기초로 지배 행위가 이루어진다. 이러한 지배와 권위를 정당화하는 근거를 베버는 다음과 같은 세 가지로 규정하였다(Weber, 1947; 2015; Northhouse, 2010: 173~174; 김경동, 2004: 253~255).

첫째, 카리스마(charismatic)에서 연유하는 리더십이다. 그리스어에서 천부의 자질이라는 뜻의 카리스마(charisma)는 초인적이고 대단히 예외적으로 걸출한 인물의 인성과 자질을 가리키는데, 이는 거의 신적인 혹은 마술적인 원천에서 오기 때문에 극히 소수의 인물에게만 주어지는 힘이다. 이로 인해서 사람들이 지도자로 인정하므로 정당성을 확보한다. 대개 종교적인 예언자라든지 정치적인 영웅에게서 이런 초능력과 같은 리더십을 볼 수 있다. 다만 이런 리더십은 대체로 불안정하고 일시적이어서 무엇인가 기적 같은 상황을 지속적으로 조성해야 하는 부담이 따른다.

둘째는 전통적인(traditional) 리더십이다. 이들의 권위는 오랜 전통을 배경으로 사회가 용납해온 관습에 의지해서 정당성을 인정받는다. 주로 세습에 의해서 리더의 지위를 얻기 때문에 추종자들은 이를 의심 없이 받아들인다. 다만, 전통적인 리더십에도 얼마간의 카리스마가 유효하게 작용하는 요소를 내포하며 명령과 지시를 내리는 과정에서 자의와 전횡을 행사하는 빈도가 높아지면 불안정한 리더십으로 전환할 수도 있다.

셋째, 법적이고 합리적인(legal-rational) 리더십은 위의 두 가지 리더십 유형에 비해서 안정성이 특징이다. 정당성의 기초가 합리적인 절차에 의해서 동의를 얻어 제정한 제도를 구성하는 법률에 있고 그 법률적 규범은 대체로 합리적인 방법으로 형성하는 내용을 담기 때문에 아무나 자의적인 호의나 특권으로 사람들의 순종을 요구하기는 쉽지 않다. 카리스마나 전통에 기초한 리더십의 권위는 성격상 불안정하기 때문에 그런 것이 일상화(routinize)하는 과정에서 제도적 정당화를 위한 관료조직화가 필요해지고 결국 법적이고 합리적인 리더십이 더 유효해진다.

본 연구와 관련하여 베버가 시사하는 매우 소중한 생각을 담은 그의 유명한 강의 노트를 후에 출판한 논문이 있다(Weber, 2015[1919]). "소명으로서 정치"라는 제목의 이 글에서 베버는 정치란 국가의 권력을 다양한 집단 간에 공유하는 일을 하는 행위라고 규정하고, 정치지도자란 이런 권력을 행사하는 사람이라 하였다. 특히 그가 지목한 정치인은 정치를 전업으로 삼는 정치인인데, 그처럼 직업정치인이 그런 위치에서 누리는 권력의 느낌을 베버는 다음과 같이 묘사하였다. 사람들에게 영향을 미치고 그들 위에서 작용하는 권력에 참여한다는 인식, 특히 역사적으로 중요한 사건의 신경돌기를 자신의 손아귀에 쥐고 있다는 느낌은 그로 하여금, 자신의 지위가 공식적으로는 대단한 위치가 아니라 해도, 일상적인 업무 수행 이상의 자리로 올라서게 한다. 이런 이유로 베버는 다음과 같은 질문을 그 전업 정치인에게 해야 한다고 피력한다. 나는 그가 그러한 권력을 누릴 만한 충분한 근거로서 어떤 자질을 지니기를 희망할 수 있는가? 그는 어떻게 해야 그가 누리는 그 권력이 그에게 부과하는 책임을 충분히 다하기를 희망할 수 있는가? 그리고 여기서 베버는 바로 그 문제가 귀속할 수밖에 없는 윤리의 영역으로 들어간다는 것이다. 그러니까, 그가 직업정치인으로서 그의 손아귀에 역사의 수레바퀴를 내어 맡기려면 그가 어떤 사람이어야 하는가라고 물어야 한다는 말이다. 베버 자신이 이 질문에 주는 대답은 세 가지 발군의 자질을 갖춰야 결정적으로 그런 일을 하도록 허용할 수 있다고 한다. 그 세 가지는 ① 자신이 하는 일의 대의에 열정적으로 헌신하는 자세(passionate devotion to a cause), ② 책임 의식(a feeling of responsibility), 그리고 ③ 균형 감각 또는 안목(a sense of proportion)이다.

여기에 덧붙여 베버는 정치인의 윤리적 행위가 지향해야 할 두 가지 상호배타적 윤리가 있음을 지적한다. 하나는 '궁극적 목표지향의 윤리'(an ethic of ultimate ends) 또는 신념 윤리이고 또 하나는 '책임 윤리'(an ethic of responsibility)라고 한다. 전자는 인간 행동을 평가할 때 또는 어떤 행위를 할 때 종교적 신앙과 같은 것에 모든 탓을 돌리는 형식의 윤리로서 마치 신약성서의 '산상수훈'을 실천하는 태도를 가리킨다. 하지만 현실적으로 그렇게 행동하며 살아가는 사람은 극소수의 성자 같은 이들뿐이다. 정치인은 보통 사람들처럼 누구나 성인은 아니라는 사실을 염두에 두고 처음부터 선과 악으로 갈라서 생각하기보다 현실적인 여건 등을 객관적으로 고려하여 자신을 포함해서 남의 행동을 신의 뜻에 어긋나는 행위라는 식으로 판단하지 않고 그 두 가지 윤리를 균형 있게 고려해서 자신의 직업(정치)에 열정적으로 헌신하면서 동시에 그가 하는 정치 행위가 사람들에게 미칠 영향을 한 걸음 물러서서 객관적으로 두루 살피는 역량도 갖추어야 한다고 베버는 주장한다. 요컨대 우리가 정치지도자, 가령 선출직 공직자를 도덕성의 기준으로 평가하려고 할 때도 처음부터 악인이나 성자라고 치부해놓고 지나친 극단적 기대를 하지 않았으면 하는 견해를 보인 것이다.

3. 현대의 리더십 이론

1) 리더십의 개념

사회과학에서 대체로 합의하는 이 말의 개념 정의는 무엇인가? 여기에 '합의'라는 말을 썼지만, 실은 리더십의 정의는 이 개념을 연구하는 사람들의 수

만큼 다양하다는 것을 모두 인정한다. 따라서 대강 합의했다는 개념 정의는 매우 추상적이고 일반적일 수밖에 없다. 그런 관점에서 현재 관련 사회과학의 대체적인 의견 일치를 보는 정의의 예를 한두 가지 들자면 아래와 같다.

> 리더십이란 한 개인이 공통의 목표를 달성하기 위해 집단에 영향력을 행사하는 과정이다(Leadership is a process whereby an individual influences a group of individuals to achieve a common goal)(Northhouse, 2010: 3).

> 리더십이란 특정 비전이나 여러 목표의 달성을 위해 집단에 영향을 미치는 능력이다(the ability to influence a group toward achievement of a vision or set of goals)(Robbins and Judge, 2017: 420).

위의 두 가지 개념 정의는 일견 동일한 듯하면서도 한 가지 중요한 차이를 보인다. 첫 번째 문장에서는 '과정'이라는 역동적 현상을 지목한 반면에 두 번째 정의는 '능력'이라는 정태적 측면에 초점을 맞춘다. 유추하자면, 영향을 주는 행동이 실제 나타나는 과정은 능력이 있어야 함을 이미 함축한다고 볼 수 있지만, 능력 자체는 구체적으로 표출되지 않으면 실제 영향력 행사의 결과를 객관적으로 인지할 수는 없다. 그러므로 이 둘을 조합한 정의가 더 실효가 있는 접근을 반영한다 하겠다. 다음과 같은 수정안을 생각해볼 만하다는 말이다.

> 리더십이란 특정 비전이나 여러 목표의 달성을 위해 집단에 영향을 미칠 능력을 발휘하는 과정이다(Leadership is a process whereby the ability to influence a group toward achievement of a vision or set of goals is demonstrated).

그러면 이제 현대 사회과학의 리더십 연구에서 고전적인 대접을 받는 연구가 정리한 개념의 내용부터 살펴보고 그 후의 이론적 관점의 변천을 개관하기로 한다(Stogdill, 1974).[2] 이 책의 등장 이후에도 다양한 개념 정의가 있었지만, 이 저서에서는 그 말의 용법에서 두드러진 특징적인 뜻풀이를 아래와 같이 정리하고 있다는 장점이 있다.

① 집단 과정의 초점으로서 리더십(Leadership as a Focus of Group Processes): 주로 20세기 초의 사회학자들의 관심은 어떤 집단의 활동과 변화 과정에서 사회적 현상을 통합하고, 제어하며, 사회집단이 화합을 표출하는 과정의 중심에 사람들이 주목하는 초점 혹은 핵심 인물을 리더로 간주한다.

② 특출한 인성을 가진 인물과 그에 영향 받은 결과로서 리더십(Leadership as Personality and its Effects): 그 후 리더십을 리더의 인물에 초점을 맞추고 그가 타인이 갖지 못한 특별한 인격의 속성으로 타인에게 심리적 자극을 제공함으로써 그들의 집합적 반응을 좌우하는 힘으로 인식하기 시작하였다. 이는 영향력의 일방적 행사로 간주하는 경향이 있다.

③ 타의 추종을 유발하는 기술(예술)로서 리더십(Leadership as the Art of Inducing Compliance): 리더십은 타인으로 하여금 자신이 원하는 대로 실행하게끔 유도하는 기술(예술)로서, 따르는 자들에게 자신의 의지를 각인시킴으로써 복종, 존경, 충성, 협조 등을 유발하는 능력이다. 여기에는 최소의 마찰로 최대의 협조를 달성하며, 사기를 높이는 창의적이고 지시적인 힘이고, 집단의 목적 달성을 위해 도덕적 단결을 강요하다시피 부과하고 지탱하고 지시하는 현상이다. 한마디로 자기를 따르는 사람들로

---

2 미국의 경영학 및 심리학 교수였던 Ralph M. Stogdill은 1966년에 리더십 연구에 관한 자료를 집대성하고 요약하는 막중한 과업을 시작하여 시초에는 약 5,000종의 학술지 논문과 저서를 요약하는 일에 착수하고 거기에서 적절한 내용을 담은 자료만을 간추려 1974년 마침내 리더십 연구를 개관하는 방대한 저서를 출판하였다. 이 책에는 참고문헌만 150면을 차지하는 것만 보아도 그 작업의 규모를 짐작할 수 있다. 물론 본 연구는 이 서적을 상세히 소개하는 것이 목적이 아니다.

하여금 자신이 바람직하다고 생각하는 식으로 행동하도록 영향을 미치는 과정이다.

④ 영향력 행사로서 리더십(Leadership as the Exercise of Influence): 리더십 연구에서 영향력이라는 개념의 도입으로 한층 더 일반성과 추상성을 가미하게 되었다. 바람직한 목표를 설정하고 달성하려고 노력하는 활동에 사람들이 협조하도록 영향을 행사하는 행위로서, 리더의 영향력은 긍정적이고 다른 어느 누구보다도 중요하며, 집단적 맥락에서 언어 매체 등으로 소통하는 과정이고, 틀에 박힌 지시에 기계적으로 추종하는 과정이 아니다. 이 방면의 연구에서는 영향력의 과정을 한층 더 섬세하게 규정하려는 특징이 있다. 가령, 타인의 행동을 변화시키려는 노력은 시도하는(attempted) 리더십이고, 실제로 저들의 행동에 변화가 있으면 성공적인(successful) 리더십이며, 그 타인들의 변화한 행동을 보강하거나 보상하는 결과를 초래하면 이는 유효한(effective) 리더십이다. 그리고 이 관점에서는 자신의 행동이 다른 사람들의 활동에 영향을 미치는 정도에 차이가 있느냐를 지목하면서도 반드시 지배, 통제, 일방적 추종유발이 아니라 지도자와 추종자 사이의 호상적인 관계를 암묵적으로 함축한다는 특징이 보인다.

⑤ 행위 또는 행동으로서 리더십(Leadership as Act or Behavior): 대략 20세기 중반, 1950년대부터는 당시 성행하던 행동주의 심리학, 경험주의 사회학, 행태론적 정치학 등의 실증주의적 사회과학의 영향 아래 리더십의 객관적 관찰, 기술, 측정 및 실험을 강조하는 이론적 관점이 성행하기 시작하였다. 그리하여 리더십을 집단 구성원들의 업무를 일정 방향으로 지시하고 조정하는 등의 행동과 과정으로 파악하고자 하였다.

⑥ 설득으로서 리더십(Leadership as a Form of Persuasion): 초기의 리더십 연구의 강요 내지 강제력 행사를 중시하던 관점에서 탈피하여 강제나 권위 대신에 집단 구성원들을 인간적으로 대하는 것이 주된 관심사여야 한다는 시각에서 접근하려는 이론이 나왔다. 이런 시각에서 리더십이란 설

득, 영감, 감성적 호소, 본보기 등으로 바라는 바 결과나 목표달성을 위해 사람을 움직여 영향을 행사하는 행동으로 규정하게 된다.

⑦ 권력관계로서 리더십(Leadership as a Power Relation): 리더십은 타인에게 영향을 미치는 행동과 과정이므로 권력이 개재한다는 관점이다. 권력이란 다른 사람의 의지와는 상관없이 영향력을 행사하여 그의 행동에 변화를 가져오는 능력을 말한다. 이러한 권력 행사에는 대상자가 있고 이들과 상호작용하는 성격에 따라 리더십의 유형을 구분한다.

ⓐ 준거형 권력(Referent or liking power): 사람들이 좋아하거나 동일시함으로써 그것이 준거가 되어 리더로 인정받는 유형이다.

ⓑ 전문가형 권력(Expert power): 전문적인 실력을 인정받으면 리더로서 권력 행사가 가능하다.

ⓒ 정당한 권력(Legitimate power): 공식적인 지위나 직무상 권위를 인정받을 때 권력을 행사할 수 있다.

ⓓ 보상에 의한 권력(Reward power): 사람들에게 어떤 보상을 제공할 수 있는 권력

ⓔ 강제적 권력(Coercive power): 사람들을 처벌로 응징하는 권력 이상의 다섯 가지 권력은 달리 묶어서 재분류하면, ⓐ와 ⓑ는 개인적인 특성에서 연유하는 권력인 데 비해, 나머지 세 유형은 주어진 지위에서 비롯하는 유형의 권력이다.

⑧ 목표 달성의 수단으로서 리더십(Leadership as an Instrument of Goal Achievement): 한 집단 내에서 리더가 수행하는 기능을 중시하는 접근으로, 집단이 공유하는 목표나 목적의 달성 또는 욕구의 충족을 최소의 시간을 들여 최대의 경제성으로 이루고자 구성원에게 자극과 동기 부여를 제공하고 저들의 행동을 조정하는 리더의 수단적 가치를 강조한다.

⑨ 상호작용의 효과로서 리더십(Leadership as an Effect of Interaction): 리더십의 의미를 행동, 과정, 상호작용 등 역동적인 측면에서 접근하는 연구에서는 그것이 사실은 사회적 상호작용이 일어나는 맥락에서 발생하는 호

상적인 자극의 결과로 이해하고자 하는 학파가 있다. 이들에게 리더십은 사람들이 상호관계적 구도에서 한 사람의 지시나 명에 따르는 이유는 그렇게 해야만 하기 때문이 아니라 하기를 원하기 때문이라는 점에 중점을 둔다. 다시 말해서 리더십은 다른 구성원들이 인정하고 부여할 때 진정한 지도력을 발휘할 수 있다는 의미에서 상호작용의 소산물로 보려는 것이다.

⑩ 차별적인 역할로서 리더십(Leadership as a Differentiated Role): 역할이론의 개발이 현대 사회학의 주요한 공헌 중에 하나라고 할 수 있는데, 이 이론적 관점을 리더십 연구에 도입하면 상호작용하는 구성원들 간의 사회적 기대를 역할로 규정하는 문맥에서 리더십을 이해한다. 특정 개인에게 특별한 지위를 부여하면서 다른 구성원들보다 더 힘들고, 더 큰 의무와 책임을 감당하도록 기대하면 이것이 리더십이다. 이 역할 접근을 택한 연구가 지금까지 이 분야에서 가장 활발했다는 보고도 있다.

⑪ 구조의 창시로서 리더십(Leadership as the Initiation of Structure): 역할론의 관점을 한 걸음 더 적극적인 방향으로 적용하려는 관점이 등장하였다. 리더십은 타인이 기대하는 바에 의하여 특정 지위를 차지하고 그 지위에 기대하는 사회적인 역할을 수행하는 데서 생성한다기보다는, 오히려 여러 구성원 중에서 특정 인물이 공동의 문제 해결을 위한 집단적 상호작용을 시작하도록 자극을 제공하고 사회적 기대와 상호작용의 구조를 창시하고 지탱하며 조성해가는 과정으로 이해한다. 여기에 이르면 리더십 연구의 이론적 유용성이 더 커진다고 평가한다.

2) 특질이론

이제는 본격적으로 다양한 리더십의 이론적 접근을 살펴보기로 한다(Stogdill, 1974; Northhouse, 2010; Robbins and Judge, 2017). 다만, 이 작업을 위해서는 한 가지 선별적 언급을 해야만 하는 조건이 있다. 말하자면, 리더십 연구 분야가 정치학, 사회학, 경영학 및 행정학 등을 아우르는데, 전자의 두 기초 분과에서는 거시적인 관점에서 일반론을 다루는 데 비해 후자의 두 응용 분과는 구체적인 조직체(기업제, 정부 관료 조직체) 내에서 행사하는 리더십의 쟁점을 대개 조직행동론(organizational behavior)의 시각에서 주요 관심사의 하나로 연구하는 차이가 있다. 그런데 실제는 후자에서 더 면밀하고 실증적인 연구가 상대적으로 활발하게 전개하는 편인지라 그런 연구에서 축적한 이론적 담론에 의지해야 더 풍부한 내용을 찾을 수 있다는 한계가 있다. 따라서 본 연구에서도 주로 경영학과 행정학 분야의 이론을 검토하게 되는데, 그중에는 우리가 연구하려는 주제와는 직접적인 연관성이 적은 조직체 내부의 리더십 이론의 사례가 상당한 비중을 차지하므로, 부득이 이들을 제외하고 오직 본 연구의 주제와 관련이 깊은 이론들만 선별하여 검토하는 접근을 택할 수밖에 없음을 미리 밝혀둔다.

위에서 간략하게 살펴본 대로, 동서고금을 통틀어 역사상 특출한 인물을 묘사할 때는 그가 보통 사람들과는 다른 특별한 어떤 속성을 타고난 사람이라는 가정 아래 그의 인성, 신체적, 지적, 사회적 특질에 주목하였다. 이런 접근으로 리더십 연구를 하는 이론을 일컬어 특질이론(Trait Theories)이라 한다. 그러한 특질은 대개 선천적인 것으로 간주한다. 다만 여기서 주의할 것은 어떤 특질이든 리더십을 발휘할 수 있는 맥락에서 학습과 훈련으로 습득할 여지도 있으며, 특정한 유형의 특질을 가진 사람이면 누구나 효과적인 리더가 된다는 인과관계는 확인하기 어렵다는 사실이다. 어차피 훌륭한 리더는 특별한 종류의 행동으로 리더십을 발휘하게 되는 셈이다.

하여간 여기서 더 면밀한 이론적 쟁점을 논의할 여지는 없고, 그동안 이 분야의 연구에서 소위 리더십 특질이라고 확인한 항목을 전반적으로 소개하는 것이 중요하므로 아래 [표 12]에 요약한다. 이 목록에 열거하는 특질 혹은 특성은 크게 두 가지 범주로 구분할 수 있는데, 하나는 비교적 개인에 내재하는 인성이나 성격, 성향, 재능 등의 특성이고, 다른 하나는 구체적인 사회적 맥락에서 행동으로 표출하는 리더십 특질이다(Stogdill, 1974: chaps 5 & 6; Northhouse, 2010: 19). 다만 그 가운데서 특별히 도덕성의 요소로서 유관하다고 볼 만한 항목은 볼드체로 강조하는 표시를 하여 필요에 따라 참조할 수 있도록 구분하였음을 밝혀둔다.

특질 이론의 내용은 경영학·행정학 분야의 조직행동론이 다루는 리더십 이론에서 도출한 것이긴 하지만 다른 분야의 거시적 리더십 연구에서도 부분적으로 적용하는 것이므로 여기에 소개하였다. 그러나 정확하게 지적하면, 조직행동론의 리더십 이론은 기본적으로 본 연구의 관심사인 리더십의 도덕성 문제에 초점을 맞춘 것이 아니고 행정·경영 부문의 조직체 내부의 리더십의 특성과 그 효력을 주된 쟁점으로 분석하기 위한 이론들이다. 그리하여 이외에도 행동 중심의 이론, 지도자와 추종자 내지 부하 직원들 사이의 여러 가지 관계 특성과 아울러 그러한 관계와 상호작용의 과정에 작용하여 영향을 미치는 상황적 조건을 다루는 이론이 몇 가지 더 있다. 그럼에도 이제부터는 조직행동론적 리더십 이론의 상당 부분을 논의에서 제외하고, 본 연구의 주제와 근접하는 이론만 한두 가지를 더 검토하는 것으로 마무리하고자 한다.

하나는 진정성 리더십(Authentic Leadership) 이론이고 다른 하나는 윤리적인 리더십(Ethical Leadership) 이론이다. 이 둘을 '책임성 있는 리더십'(Responsible Leadership)이라는 별도의 범주로 한데 묶어서 다루는 저술도 있다(Robbins and Judge, 2017: 437). 바로 위에서 소개한 베버의 정치지도자관의 유형이라 할 것이다. 이 두 가지는 아주 근자에 경영학 분야에서 특별한 관심을 갖기 시작하여 연구자들이 활발하게 현장 연구와 아울러 이론적 담론을 개발하는 중인 사례다.

[표 12] 리더십 특질/특성 일람

(1) 신체적 특성(Physical Characteristics)	(3) 지능과 능력(Intelligence, ability)
활동성, 에너지(Activity, energy) 연령(Age) 외모, 몸단장(Appearance, grooming) **판단력, 결단력(Judgment, decisiveness)** 신장(Height) 체중(Weight)	인지적 능력(Cognitive abilities) 지능(Intelligence) 언어구사력(Fluency of speech) 지식(Knowledge)
(2) 개인적 특성·인성(Personality)	(4) 사회적 배경(Social Background)
적응력(Adaptability) 조절력, 정상성(Adjustment, normality) 공격성, 독단적 고집(Aggressiveness, asser-tiveness) 민첩성(Alertness) 야망(Ambition) 지배욕(Ascendance, dominance) **확신·신뢰(Confidence)** **양심적 성실성(Conscientiousness)** **보수성(Conservatism)** **믿음직스러움(Dependability)** 감정적 균형, 제어, 안정성(Emotional bal-ance, control, stability) 감성지능(Emotional intelligence) **공감 능력(Empathy)** 외향성(Extroversion) 해학(Humor) **독립성, 비동조(Independence, noncom-formity)** **통찰력(Insight)** **판단력, 결정력(Judgment, Decision)** 활기(Liveliness) 남자다움(Masculinity) 기분 조절, 낙관(Mood control, mood opti-mism) **동기화(Motivation)**	교육, 학력(Education) 사회경제적 지위(Social-Economic status) 사회적 계층이동(Mobility)
	(5) 업무관련 특성(Task-Related Characteristics)
	성취 추진력, 수월성 욕망(Achievement drive, desire to excel) **책임 이행 추진력(Drive for Responsibility)** **진취성(Enterprise, initiative)** 장애극복 끈기(Persistence against obstacles) **목적 추구의 책임감(Responsible in ursuit of objectives)** 업무 지식(Task knowledge) 업무지향성(Task orientation)

객관성, 현실적(Objectivity, tough-minded-ness) 창의성(Originality, creativity) **성실, 청렴, 윤리적 행동(Personal integrity, ethical conduct)** 끈기 · 인내(Persistence) 임기응변(Resourcefulness) **학식(Scholarship)** **자신감(Self-confidence)** **자기감시(Self-monitoring)** **강한 확신(Strength of conviction)** **스트레스 견딜 힘(Tolerance of stress)**	(6) 사회적 행동 특성
	협동 유발 능력(Ability to enlist coopera-tion) 행정 능력(Administrative ability) 기분 좋은 대응력(Agreeableness) 매력(Attractiveness) **협동성(Cooperativeness)** 영향력 행사(Influence) **따뜻한 애정으로 보살핌(Nurturance)** **개방성(Openness)** 인기, 위광(Popularity, prestige) 문제 해결력(Problem solving) 사교성, 대인관계 기량(Sociability, interper-sonal skills) **사회적 지능(Social intelligence)** **사회참여(Social participation)** 재치, 외교술(Tact, diplomacy) **관용성(Tolerance)**

다만 한 가지 공통점은 있다. 이 두 유형의 리더십 연구는 윤리와 도덕의 쟁점을 주요소로 함축하거나 공공연히 표방한다는 점에서 특히 본 연구가 관심을 가질 필요가 있는 관점이다.

3) 진정성 리더십

진정성 리더십, 혹은 진정성 있는 리더십이 학문적인 관심을 유발하게 된 배경에는 바로 21세기가 열리던 2000년대 초의 몇 가지 엄청난 세계적인 변고가 도사리고 있다. 가령 미국의 9 · 11 테러 사태라든지 2008년 월 스트리트를 중심으로 한 금융 위기, 그리고 그로 인한 세계경제의 소용돌이 속에서 정치경제 분야의 비윤리적이고 부도덕하며 무기력한 리더십을 둘러싼 불안과 우려가 확산하게 된 데서 연유한다. 마침내 인류의 공동선을 증진하기 위하여 필요한 한층 더 인간적이고, 건설적인 리더십의 요구가 끓어올랐던 것이다(Northhouse, 2010: 215). 이 같은 배경에서 진정성 리더십은 아주 집약적으로 규정하여 다음과 같이 이해할 수 있다(Robbins and Judge, 2017: 437).

진정성 리더십은 일단 리더의 도덕적 측면에 초점을 맞춘다. 도덕적이고 진정성 있는 리더는 우선 자신을 알고, 자기가 믿고 존중하는 가치와 신념을 분명하게 인지한 가운데 이를 공개적으로 솔직하게 세상에 알리면서 리더의 역할을 수행한다. 그러므로 그를 따르는 사람들은 그가 윤리적으로 바른 인물임을 인정한다. 진정성 리더십이 발휘하는 일차적인 특색은 신뢰다. 진정성 리더는 정보를 공유하고, 공개적인 의사소통을 권장하며, 자신의 이상을 지키려 한다. 그 결과 사람들이 그를 믿게 되는 것이다. 아울러, 진정성 리더십의 특별한 자질 중에는 겸허함이 자리한다. 지금까지 연구한 바에 따르면 이 겸손한 모본을 보이는 리더는 주변의 사람들로 하여금 자신들의 성장과 발달의 과정을 이해하도록 리더가 도와준다는 것이다. 이렇게 해서 가령 회사의 최고경영자 중에 이런 리더가 있으면 전사적인 능률을 올리는 효과가 나타난다. 나아가 이런 최고경영자는 기업체의 사회적 책임과 사회적 공헌 운동을 진작시키기도 한다.

진정성 리더십 이론도 학자에 따라 약간의 변이를 보이지만 여기서는 그 중에서 특히 이론의 기반을 이루는 네 가지 구성요소와 그러한 리더십에 영향을 미치는 요인으로 네 가지 심리적 역량을 제시한 비교적 포괄적이고 체계적인 보기 한 가지만 소개 하겠다(Northhouse, 2010: 216~220). 먼저 진정성 리더십의 구성요소는 다음과 같다.

첫째는 자아의식(Self awareness)이다. 이런 리더는 무엇보다도 자신에 관한 의식이 훨씬 명백하다. 자신의 장점과 약점, 그것들이 타인에게 주는 영향,

자신이 존중하는 핵심 가치, 자아정체, 감성, 동기, 목표 등 인간적인 깊은 성찰로 얻은 자아의 이해를 할 줄 알아서 스스로의 느낌을 신뢰하는 사람이다. 리더가 이 같은 자아인식을 가지면 결정 행사와 일상 행위를 할 때 준거를 확실하게 안다. 이처럼 자신을 잘 알고 행동하는 사람을 다른 이들은 진정한 리더로 인정한다.

둘째 구성요소는 내면화한 도덕적 시각(Internalized moral perspective)이다. 이들이 행동할 때는 집단이나 사회적 압력과 같은 외부의 힘보다는 자신이 지닌 내적 표준과 가치에 의존해서 실천한다. 타인의 간섭을 어느 정도 허용할지를 스스로 제어하는 자아규율적 과정에 익숙한 사람이므로 말로 표현하는 도덕성과 신념이 행동과 일관성이 있다고 사람들이 믿는다.

셋째, 일 처리의 균형(Balanced processing) 역시 일종의 자아규율적 요소다. 의사결정을 할 때 정보를 객관적으로 분석하기 위하여 타인의 의견도 경청하는 역량을 지칭한다. 어떤 쟁점에 관해서 선입견이나 특별 선호를 기피하고, 타인의 처지와 견해를 충분히 고려하는 일 처리 방식이다. 그리하여, 자신의 시각을 항상 모두에게 공개하고 타인의 관점을 경청하는 객관성을 보이면 사람들은 이를 진정성 있는 리더로 본다.

넷째 요소는 관계의 투명성(Relational transparency)이다. 이것도 자아 규율의 한 차원으로, 자신의 진정한 모습을 스스로 정직하고 투명하게 타인에게 공개하는 자세다. 스스로의 가슴속 깊은 느낌, 동기 및 타인을 대하는 태도 등 자신에 관한 긍정적 부정적 측면을 모두 보여주는 접근이다. 결국, 관계적 투명성은 의사소통을 개방해야 하고 사람들과 진심 어린 관계를 시행할 수 있어야 진정성 있는 리더로 존경하며 따른다.

그러한 진정성에 영향을 미치는 요인으로 긍정적 심리적 역량(Positive psychological capacities)과 도덕적 사고력(Moral reasoning)이 있다.

첫째, 긍정적 심리적 역량은 자신감(Confidence), 희망(Hope), 낙관주의(Optimism) 및 회복력(Resilience)이다. ① 자신감이란 특정 과업을 성공적으로 수행할 능력으로, 자신 있는 리더는 성공하려는 동기가 충만하고 장애를 만나면 끈기 있게 헤쳐 나가며, 도전을 환영한다. ② 의지력과 목표 기획에 기초한 긍정적 동기로서 이런 희망적인 계획이 있는 리더는 그가 세운 목표를 성취할 수 있음을 알고 있으며, 그런 희망이 추종자들에게 영감을 주고 자신들의 목표를 믿게 한다. ③ 낙관주의는 상황을 긍정적인 관점에서 인지하는 태도로서 미래에 관해서 호의적인 기대를 갖는 자세다. 이런 리더는 자신의 역량은 물론 자신이 달성할 결과에 관해서 긍정적으로 평가하며, 희소성보다는 풍족하다는 의식으로 삶에 접근한다. 그리고 ④ 회복력이란 역경이나 불운에서 회복하고 새로이 적응하는 역량으로서 어떤 어려움이나 고통스러운 조건이든 긍정적으로 헤쳐 나가는 능력이다. 어려움을 잘 견디고 나면 그 결과 오히려 임기응변의 기지가 더해진다.

둘째, 도덕적 사고력이란 옳고 그름, 좋고 나쁨의 판단이 필요한 쟁점에 관한 의사결정을 할 때 윤리적인 생각을 하는 능력이다. 이러한 도덕적 사고력의 수준이 높을수록 진정성 리더는 개개인의 개별적인 차이를 초월하여 모두를 공통의 목표를 향해 노력하도록 인도할 수 있다. 이런 리더는 사심을 버리고 집단, 조직체, 공동체 및 국가의 이익에 더욱 봉사할 수 있도록 판단한다. 또한 이런 능력은 진정성 리더로 하여금 정의를 증진하고 공동체를 위해 옳은 것을 성취할 수 있게 한다.

그런데 여기서 마지막으로 한 가지 더 지적하는 것이 있다. 이런 진정성 있는 리더십을 함양하는 배경에는 일생 동안에 어떤 결정적인 경험(critical life events)을 했다는 사실이 자리한다. 우리가 일생을 거치는 동안 수없이 다양한 일을 겪겠지만, 긍정적일 수도 부정적일 수도 있는 그런 경험이야말로 어떤 중요한 변화를 가져오는 데에 결정적인 촉매로 작용한다는 논지다. 다시 말하면 적어도 진정성 리더의 인생 역정에는 무언가 남다른 경험의 흔적이 보통 사람들보다 더 뚜렷하게 드러난다는 말이다.

4) 윤리적인 리더십

경영학 분야에서 윤리 문제는 전반적인 기업 경영 차원에서 윤리 경영(ethical management) 혹은 경영 윤리(business ethics)라는 명목으로 상당히 활발하게 논의하고 연구해왔지만 리더십의 윤리 혹은 윤리적인 리더십을 직접 다루기 시작한 것은 비교적 근자의 일이다. 이는 진정성 리더십에 주목하기 시작한 배경으로 지목한 21세기 초의 전 지구적인 정치경제적 상황의 소용돌이가 작용했다는 공통점이 있다. 그런 맥락에서 리더십과 윤리의 문제 역시 주요 관심사로 떠오른 것이다. 기본적으로 사회생활을 영위해야 하는 인간은 서로가 상대방을 인간으로 존중하고 각자 도덕적으로 행동해야 한다는 규범은 보편적인 가치기준이다. 다만 리더는 영향력을 행사해서 다른 사람의 삶에 변화를 초래하는 위치에 있다는 차이 때문에 각별하게 윤리도덕을 중시해야 하는 것이다(Mihelic, et al. 2010: Northhouse, Peter G. 2010; Robbins and Judge, 2017).

아직은 이론적으로 확실하게 자리 잡지는 않고 논의를 계속하는 상태지만, 일단 지금까지 개발한 윤리적인 리더십의 원리는 아래와 같다.

① 윤리적인 리더는 겸손하다(humble). 거만하거나 자기 잇속만 채우는 행동을 하지 않는다.
② 윤리적인 리더는 정직하고 솔직하다(honest straightforward). 리더가 정직

하지 못하면 사람들이 그를 믿지도, 의존하지도 않으며, 신뢰하지도 존경하지도 않는다. 따라서 그의 영향력이 반감할 수밖에 없다. 결국 그와 맺는 관계의 의미가 약해진다. 정직이란 진실을 말하는 것도 있지만 상대방에게 에둘러 회피하지도 않으며, 숨김이나 꾸밈이 없이 충분히 개방적이어서 단순히 속이지 않는 것 이상의 의미가 있다.

③ 윤리적인 리더는 약속을 지킨다(fulfills commitment, keep one's word). 지키지 못할 약속을 하지 않고 약속한 것은 지키려고 노력한다.

④ 윤리적인 리더는 책임을 진다(takes responsibility). 자신에게 주어진 의무를 억제하지 않고, 책임을 회피하지 않으며, 다른 사람에게 책임을 전가하지 않는다.

⑤ 윤리적 리더는 공정하다(just). 정의와 공정성은 윤리적 리더십의 최우선 특성이다. 누구도 다르게 취급하거나 특별한 배려를 하지 않는 원칙 아래, 혹 상황에 따라 차별적인 대우가 필요하거나 상벌이 불가피할 때는 반드시 명백하고 합리적인 이유가 있어야 하고 도덕적인 가치에 근거해야 마땅하다. 동시에 이 원리는 "타인이 너에게 해주기를 원하는 일을 너도 그에게 해주라"는 '황금률'의 준수를 요청한다. 그 역의 논리도 마찬가지다. 남이 자신에게 하지 않기를 원하는 행동은 타인에게도 하지 말아야 한다. 그리고 공동생활에서는 이른바 분배정의의 원리를 중시한다. 이 분배정의 원리를 적용할 때는 다음과 같은 조건을 염두에 두고 실행할 것이다. 각자에게, ⓐ 동등한 배당 또는 기회, ⓑ 각자의 욕구, ⓒ 각자의 권리, ⓓ 각자의 노력, ⓔ 각자의 기여도, 그리고 ⓕ 각자의 업무실적에 따라 분배한다.

⑥ 윤리적인 리더는 옳은 일을 위해서는 단호히 옹호하는 용기(courage)를 발휘한다. 불의, 부당한 일을 보고도 맞서는 용기가 부족한 비굴한 사

람이 아니다.

⑦ 윤리적인 리더는 다른 사람을 존중(respect)한다. 철학자 칸트(Immanuel Kant)의 주장대로 우리는 다른 사람을 우리의 특정 목적을 위한 수단으로서가 아니라 그 사람이 자율적으로 설정한 삶의 목표가 있는, 그 자체 목적으로서 가치 있는 존재로 생각하고 대해야 한다. 따라서 그 사람의 결정과 가치, 그의 독창적인 소원과 욕망을 존중하는 게 마땅하다. 그러자면 상대방의 이야기를 경청하고 공감하며 반대 이견도 관용할 줄 알아야 한다. 또한 적자생존 때문에 상대방의 존엄과 인간성을 존중할 책임을 면하려 하지 않음을 뜻하기도 한다.

⑧ 윤리적인 리더는 다른 사람을 격려하고 발전하도록 도와준다(encourage and develop others). 주위의 사람들이 더 발전할 수 있도록 응원하고 지지하는 것도 이런 리더십의 눈에 뜨이는 덕목이다.

⑨ 윤리적인 리더는 다른 사람에게 봉사하고 섬기는 종복(servant)이다. 봉사의 원리는 곧 이타적 가치를 반영하며 상대방의 복리를 최우선으로 삼는다. 봉사 리더십에 관해서는 추가로 다시 살펴볼 것이다.

⑩ 윤리적인 리더는 거시적으로 공동체의 공동선, 공공이익에 큰 관심을 보인다(concern for the greater good). 자신의 이익만을 추구하는 자기중심적 관심을 초월하고자 하는 의지가 강하다.

⑪ 윤리적 리더는 공동체를 짓는다(Build Community). 리더십의 정의에서 주목할 단어 중에 '공통의 목표'를 언급하고 있는데, 공통의 목표란 바로 누군가 함께 추구해야 함을 함축하므로 공공성을 암시하기도 하는데, 이 말은 모두 나 자신 말고 다른 사람들과 같이 추구해야 할 임무가 내게 주어진다는 것을 뜻한다. 그러자면 당연히 '다른 사람들'의 이익과 의향에 관심을 가지고 염려하고 협동해야 한다는 것을 전제하므로

여기에 바로 윤리적 요소가 떠오른다. 공동선에 관심을 가져야 한다는 사실은 함께 노력해야 하는 모든 사람들의 목적과 이익을 고려해야 한다는 의미기 때문에 결국 공동체의 이익에 주목하게 된다. 이런 윤리적 리더는 다른 사람들을 염려하고 돌보는 데 힘쓰지 않을 수 없다. 공익을 중시하는 자세다.

이런 리더십이 일상적인 삶의 세계에서 중시하고 추구하고자 하는 가치는, 정직, 성실, 책임, 충성, 상호신뢰, 인권 존중 등이다.

5) 섬김의 리더십

이제 끝으로 한 가지 리더십의 유형만 추가하려고 한다. 위의 윤리적인 리더십의 다섯 가지 유형을 다룰 때 봉사하는 리더십은 별도로 고찰하겠다 하고 지나갔는데, 이것이 다름 아닌 섬김의 리더십(Servant Leadership) 혹은 종복형(從僕型) 내지 공복형(公僕型) 리더십이라 이름하는 사례다.

통상 리더라고 하면 다른 사람들에게 영향을 행사하기 위해 명령하고 지시하는 권위의 위치에 있는 사람이다. 그런데 종복처럼 다른 사람들에게 봉사하고 섬긴다고 하면 모순이라고 생각할 수도 있다. 하지만 진정한 리더십이라면 처음부터 자기중심적인 이익 추구가 주목적이 아님을 앞에서 명시하였다. 실상 최근의 여러 리더십 연구에서는 바로 이 봉사의 원리를 강조하는 추세가 현저하다. 다른 사람들의 일에 유의하고 필요할 때는 시중도 드는 것이야말로 도덕적 리더십의 받침판이라 볼 수 있다. 혹자는 리더의 중요한 과업은 공동체의 비전을 실천하는 집사(종복)에 비유하기도 한다. 왜냐하면 집사는 자신의 목적이나 이익을 초월하는 사회 전체의 비전을 명확히 하고 그

실현을 위해 열의로써 가꾸는 일을 하기 때문이다. 그러자면 결단코 자기중심일 수가 없고 자신의 비전과 사회 전체의 비전을 하나로 통합하고자 해야 한다. 현실적으로 이런 리더는 사회에서 소외당하는 저소득층의 복리를 위한 일에 봉사하고 더 큰 목적과 가치를 위해 자신을 내던지는 정신으로 모든 사람들을 위한 더 큰 선에 기여하려는 리더십을 발휘하는 사람이다. 이런 윤리관을 실현하고자 하는 구체적인 보기 한 가지만 들면, 지난 2009년 하버드 경영대학원의 졸업반이 자신들은 책임감을 가지고 윤리적으로 행동하며 타인의 이익을 희생시키면서 자신의 야망을 추구하는 일은 하지 않겠다는 서약을 했다고 한다(Wayne, 2009).

일단 이상으로 서구 학계를 중심으로 리더십에 관련한 이론적 담론 중에서 주로 본 연구의 주제와 비교적 가까운 유관 적합성이 있는 내용을 요약하였다. 이제는 본 연구의 주제와 직접적인 관심사를 중심으로 한 가지 이론을 추가적으로 소개한다. 그런 다음 눈을 동방으로 돌려 동아시아 문명의 리더십 이론 혹은 사상을 살펴본다.

4. 대학입학전형에 반영한 리더십 자질

지금까지 검토한 학계의 이론적 논의와는 다른 차원에서 장차 사회의 리더가 될 것을 기대하는 주요 대학의 입학전형에 응시하는 고등학교 졸업생들을 평가하는 과정에도 리더의 도덕성, 사회성 같은 면을 점검하고 평가하는 보기를 우리는 미국의 하버드대학과 영국의 옥스퍼드대학의 예에서 찾아보았다. 이러한 시도는 하버드와 80여 개 대학이 참여한 입학사정 기준 설정 프로젝트에서 볼 수 있다. 그러한 노력의 배경에는 미국의 고등학생을 대상으로 조사한 설문조사의 결과가 하나의 자극으로 작용한 것이다. 그 조사에 의하면 응답한 고등학생 22%만이 "다른 사람들을 배려하는 것이 중요하다" 고 대답한 반면, 78%는 자신의 성취나 행복 등 개인의 자기중심적인 사항에 더욱 관심을 둔다는 응답이 나왔던 것이다.

이에 관계자들은 그간의 하버드가 실시한 연구에서 이타적인 가치를 중시하는 졸업생들이 그렇지 않은 동문들에 비해 자신의 인생을 더 잘 개척해나가고 있다는 사실을 밝혀낸 것을 참고 삼아, 이들 80여 개 대학의 입학사정과정에서 강조해야 할 덕목으로 다음과 같은 세 가지 핵심 영역의 평가를 실시하기 위한 지표를 개발하기로 의견을 모았다(Harvard Graduate School of Education, 2016).

(1) 다른 사람들을 위한 기여, 공동체 봉사활동, 그리고 공공의 선을 증진하는 일에 의미 있는 참여를 장려한다. 이는 학생들의 중요한 감성과 윤리적 · 도덕적 역량을 키우는 데 도움이 되며, 학생의 겸손한 인격 형성에 얼마나 영향을 미치는지를 확인할 수 있기 때문이다.

(2) 다양한 인종, 문화, 계층을 불구하고 여러 형태의 가족과 공동체를 위한 공헌활동 및 윤리적 참여를 평가한다. 이를 위해 학생들에게 소집단을 만들어서 공동체 문제 관련 활동을 하거나 학교의 왕따, 지역사회 환경 문제 등 활동을 추천한다. 이는 학생들의 도덕성 함양, 윤리적 역량 및 인간적인 감성 개발, 다양한 범주의 사람들과 그들의 문화에 관용적인 태도의 함양에 도움을 준다고 보기 때문이다. 나아가 학생들이 사회참여, 봉사 및 성찰의 모습으로 세대 관련 문제에 눈을 뜰 수 있도록 도와준다. 그리하여 이전의 세대에게는 감사하고 미래세대에 관해서는 책임감을 느낄 수 있게 한다.

(3) 경제적 배경이 상이한 여러 부류의 학생들에게 지나친 성취 압력을 줄여 주면서 공평한 경쟁을 할 수 있도록 문호를 열어주는 방향으로 성취의 의미를 재규정한다.

위의 세 가지 영역 중 세 번째는 설문조사를 요하는 사항이 아니므로 학생의 입학사정을 위한 질문의 구체적인 보기는 영역 (1)과 (2)에만 제한하면 다음과 같다.

영역 (1)에 해당하는 질문

① 학생에게 공동체(가족, 이웃, 종교집단 등)란 어떤 의미가 있는가?
② 왜, 그리고 어떻게 공동체에 기여했는가?
③ 그러한 공동체 공헌 활동에서 어떤 것을 배웠는가?
④ 만일 가족을 위해서 일을 했거나 아픈 친척을 돌봐주었다면 이런 일에서 품성을 배우고 느꼈는가?
⑤ 그 과정에 사회가 어떻게 돌아가는지에 관해 느낀 바는 무엇인가?

영역 (2)에 해당하는 질문

① 학교생활 중에 어떤 공동체 활동에 기여하고 싶은가? (예: 독립적인 활동, 노숙자 쉼터 봉사 등)
② 기타 성추행 관련, 종교활동, 지역사회 문제 등을 다루는 시민사회 활동에도 참여하고자 하는가?
③ 왜 이러한 활동에 기여하고 싶은가? 동기는 무엇일까?
④ 다양한 배경을 가진 사람들(인종, 문화, 정치적 성향 등)과 일하면서 배운 것이 무엇인가?
⑤ 어떻게 하면 그런 사람들과 상호교류를 원활히 할 수 있는가?
⑥ 이전 세대를 위해 기여할 수 있었던 경험을 말해보라.

⑦ 왜 이런 활동을 선택했는가?

⑧ 조상들에게 무슨 빚을 졌다고 생각하는가?

⑨ 미래세대의 삶과 행복을 위해 어떻게 살아야 하고 무엇을 기여해야 한다고 보는가?

위의 두 가지 영역에서 학생이 타인과 공공선을 위해 베푸는 경험은 일반적으로 하기 쉬운 일이 아니므로 일상생활에서 고통 받고 있는 사람들에게 얼마나 착하고 관용적이며 정직하고 공정한지를 확인할 자료를 제공한다. 요컨대 대학의 입학 전형이 학업 성취만을 보지 않고 각자의 도덕적·윤리적인 범주의 활동에 의해서 스스로가 더 나은 사람으로 성장해나가는 경험이 되도록 초중등 교육이 가르쳐야 하므로 다음과 같은 질문도 곁들일 수 있다.

① 학생은 스스로가 좋은 사람이라고 생각하는가?

② 다른 사람들은 일반적으로 좋은 사람들이라고 생각하는가?

③ '좋은 사람'이라 할 때 '좋다'는 말은 어떻게 정의하는가?

④ 학생에게는 어떤 가치가 가장 중요한가? 그 이유와 함께 말해보라.

다음으로 영국 옥스퍼드대학의 공공정책학 입학 조건을 간략하게 살펴본다(옥스퍼드 대학, 2019). 이 대학의 공공정책학 분야에 입학하려면 크게 두 가지 기준을 중시한다. 공공 서비스에 헌신(Commitment to Public Service)과 리더십과 그 영향력의 증좌(Evidence of leadership and impact)다. 전자는 사회에 선한 영향력을 얼마나 어떻게 기여했는지를 확인하는 일이고, 내용은 주로 공공 서비스, NGO와 자원봉사 활동 등이다. 그 주된 취지는 자신만이 아니라 다른 사람들과 자신이 속한 공동체를 위해 일할 수 있다는 역량을 증명하라는 것이다. 후자는 좀 더 명백하게 자신의 리더십 능력을 실제의 직업과 사회적 활동에서 어떻게 리더십을 기르고 그 리더십으로 필요한 영향력을 발휘하는지를 판단하려는 것이다. 이때의 리더십은 앞에 서서 일방적으로 다른 사람들을 이끄는 리더십만을 가리키는 게 아니고 다른 사람들을 뒤에서 밀어주는 조용한 리더십 등 다양한 모습의 리더십을 포함한다. 이것뿐 아니라 옥스퍼드대학에는 로즈장학금(Rhodes Scholarship)이라는 유명한 장학금 제도가 있다. 옥스퍼드 동문 중에 로즈(Cecill Rhodes)라는 남아공 정치인이 모교의 인재들을 위해 출연한 장학금인데, 이 장학금 수여를 할 때의 평가 기준에는 학업 성취와 자신의 에너지를 최대한 발휘하여 성공을 이룩하는 역량뿐 아니라 도덕적인 내면적인 요소도 포함하고 있다는 점이 특이하다. 그러한 도덕적 덕목에는 진실, 용기, 의무에 헌신, 약자 보호의 동정심, 친절, 이타심, 동료적 유대 같은 것을 적시하고 있다. 그리고 지도력을 발휘하려는 인성과 본능 같은 도덕적인 힘도 중시한다.

5. 동양의 전통적 리더십 이론: 유가 사상을 중심으로

1) 일반적 고찰

동방의 사상사에서 우리나라가 가장 크게 영향을 받은 전통은 유교 내지 유가 사상이다. 불교와 도교도 상당 기간 우리 조상의 삶에 긴요한 길잡이가 되기도 했지만, 역시 한국 사상의 지배적인 전통은 유학이다. 그러므로 이 연구에서는 주로 유가 사상의 공직자관을 간추려보았다. 특히 유교의 철학에는 다음과 같은 특징을 담고 있어서 본 연구의 주제와 관련하여 적절한 내용을 가장 풍부하게 발견할 수 있다.

첫째, 유가 사상은 다른 동양의 철학이나 종교보다도 특별히 인간의 도덕성을 가장 중요한 주제로 다루었다. 인간 중심의 인간주의적 인본사상으로서 사람이 사람답게 살아가기 위한 원리를 우주론적 관점에서 이해하고 그 원리에 기초하여 살아가기 위하여 필요한 인간 스스로의 마음가짐과 몸가짐, 삶의 자세, 그리고 나아가 더불어 살아가는 인간 공동체의 구성과 작동원리를 면밀하게 다루는 데 있어서 그 기반을 도덕성의 정립에 두고 있다는 점이 특이하다. 비근한 예로, 어린이 학습의 교재 중 하나인 『동몽선습(童蒙先習)』의 첫 구절은 "하늘과 땅 사이의 만물 중에 오로지 인간이 가장 귀한 존재이다(天地之間萬物之衆 惟人最貴)"라는 명제다. 인간이 그처럼 귀한 까닭은 사람이 금수와 다른 인간다움 때문이고 인간다움이란 인간관계의 기본원칙을 존중하며 사는 것이다. 그 인간다운 삶을 보장하려면 사람들 스스로가 '인의예악지신(仁義禮樂智信)'과 같은 근본적인 사회적 덕목, '신육덕(新六德)'을 실천하며 살아야 한다는 논리다.

둘째, 그러한 도덕적인 삶을 실현하는 인간의 목표는, 정다산 선생이 집약적으로 설파한 대로 "공자의 사상은 오로지 수기치인일 따름이다"(孔子之道修己治人而已). 선비의 이상형인 군자의 삶은 스스로 수양한 연후에 세상을 다스리는 일을 궁극의 목표로 삼을 뿐이라는 것이다(한우근, 1985; 김경동, 2002). 물론 여기서 우리는 유가적 정치사상의 엘리트주의적 성향을 놓칠 수 없다. 그러나 현대사회에서조차도 세상을 경영하는 일은 어차피 엘리트층이 담당하게 되어 있다는 사실은 부인하지 못하는 엄연한 실존적 조건이 다. 이들이 우리가 다루는 리더에 해당하고, 유가의 가르침에서 중요한 것은 그러한 엘리트층이야말로 가장 도덕적으로 완벽한 사람으로 거듭나고서야 세상경영의 리더십을 제대로 발휘할 수 있다고 보는 관점이다.

셋째, 다만 그와 같이 도덕성을 강조한다고 해서 사대부가 자기 수양에만 몰두하여 현실세계의 실적인 과업수행에 관한 공부를 게을리한다면 이 또한 부질없는 공부임을 중시한다. 서론에서도 언급한 대로 유가적 이상향에서는 현자도 중요하지만 능자도 우대하여 일할 자리를 마련해야 한다는 균형적인 원칙은 함께 가야 한다. 리더가 되어 세상을 경영하려면 순전히 자기수양으로 도덕성을 갖추는 조건만으로는 충분하지 않음을 분명히 하고 있다. 특히 이 점은 다산의 학문관에서도 강조하는 것이다. 군사의 학문에는 두 가지가 있는데 수기와 치인이고, 이는 각기 성리학적 개념인 체(體)와 용(用)으로 인식하고, 신심성명(身心性命)에 관한 궁리를 수기지학(체)으로, 치민(治民), 변속(變俗), 이재(理財), 병농(兵農) 등의 경세지학(經世之學)을 치인지학(용)으로 보아서, 이 두 가지를 겸비해야 할 것을 주장하였다(한우근, 1985: 19).

가령 민주주의적 이론과 직접적인 관련이 있는 군주의 선출과 퇴출 절차를 직접 다루는 일에 관한 생각은 고대 유학자 중 특히 맹자의 사상에서 이미 나타난 바 있다. 군주를 세울 때 먼저 백성에게 후보자를 선보이고 공적인 과업을 수행하도록 함으로써 그가 도덕적으로 명분을 충족시키고 실천능력 면에서도 자격이 만족스럽다고 인정받으면 비로소 천명으로 왕좌에 오르도록 하는 절차를 시행한 기록이 있다. 여기서도 도덕성과 능력이라는 양면을 두루 살펴야 한다는 논지가 뚜렷함을 알 수 있다. 말하자면 유교 사상의 능력주의(meritocracy)의 효시라 할 것이다(Chan, 1973: 50). 그러면, 어떤 능력을 중시하였는가?

그 지도자의 능력을 판단하는 근본적인 원칙은 "민의 복리와 번영"을 목표로 한다는 것이다. "맹자의 주장에 의하면 군주가 민의 복리와 번영을 달성할 목표 아래 보통의 백성을 위해 통치를 할 때 하늘은 그러한 통치를 지배하는 도덕적 질서를 감독한다."(de Bary and Bloom, 1999: 115) 여기서 우리는 고대 유학의 민을 위한 정부라는 '위민' 사상의 요체를 읽는다. 왜 위민인가? 그 대답은 유교의 '민본'주의에서 찾는다. 맹자는 국가를 논할 때 군주나 영토보 다도 앞서는 민의 일차적 중요성을 강조하여(Chan, 1973: 62), "민이 가장 중요 하고, 사직이 그 다음이요, 군주(治者)는 가장 덜 중요하다" 하였다(de Bary and Bloom, 1999: 156). 그 이유는 맹자의 인간관에서 찾을 수 있다. 맹자는 모든 사람의 본성에는 하늘이 내린 도덕적 권능이 내재하므로 모든 개인은 "그 자 체로서 완벽하다" 하였다. 따라서 누구나 사람은 성인이 될 수 있고, 모든 사 람은 평등하다고 보았다. 요컨대, 맹자에게는 민이야말로 정치의 가장 중요 한 요소였다(Chan, 1973: 50). 이 같은 민본주의의 이론적 근거는 천인합일(天 人合一)의 사상이다. 군왕이 하늘의 아들(天子)이라면 민의 뜻은 곧 하늘의 뜻 이라는 관념이다.

그러한 민본정치의 실현은 덕치(德治)와 인정(仁政)으로 이루어진다. 첫 째, 덕치의 뜻은 이러하다. 공자는 제자가 정치에 관해 질문했을 때 "정치(政) 란 정(正)이란 뜻이다"라고 대답하였다. 왜냐하면 리더가 "올바르게 이끈다 면 누가 감히 올바르지 않겠는가?"(政者正也, 『논어』 안연편)라는 것이다(김학주, 2009: 203; Chan, 1973: 39). 정치란(政) 바르게, 정의롭게 하면 된다(正)는 말이 다. 군주가 스스로 성실하게 행동하고 살아감으로써 민이 그의 명에 따르게 됨을 강조한다. 가령, "군주가 선하기를 원하면, 민도 선해질 것이고…… 군 주의 성품은 바람과 같고 민의 성품은 풀과 같아서 바람이 부는 방향으로 풀 이 숙일 것이다"라는 논지다(Chan, 1973: 40). 그럴진대, 정치를 함에 있어서 군주의 주된 관심사가 무엇이겠는가? 공자의 생각에는 다음과 같은 민의 안 정과 평화이다. "내가 듣건대 국가를 다스리는 사람은…… 부의 불평등한 배 분을 걱정하며 가난함은 걱정하지 않고 불안정을 걱정한다 하였다. 부를 평 균하게 분배하면 가난함이 없어지고, ……안정과 평화가 이루어지면 나라가

기울어지는 일이 없다"는 것이다(김학주, 2009: 285; Chan, 1973: 44~45).

이는 곧 두 번째 인정과 연관성을 갖는다. 맹자는 인과 의가 정치의 지도원리여야 한다고 생각하였다. 힘으로 하는 '폭군'의 정치가 아니고 도덕적 권능으로 하는 '임금다운' 정치를 희망하였다(Chan, 1973: 50). 인정을 중시한 맹자는 "인자하지 못하고도 작은 제후국 하나 정도를 취한 자는 있어도, 인자하지 못한 군주가 거대한 제국을 차지한 자는 없었다"고 선언하였다(de Barry and Bloom, 1999: 156). 그 이유는 이러하다. "만일 군주가 인자하면 모든 백성이 인자할 것이고, 군주가 의로우면 모든 백성 또한 정의롭게 될 것이기 때문이다"(de Barry and Bloom, 1999: 141). 그리고 나아가 맹자의 '여민동락(與民同樂)'의 사상은 유명하다(김학주, 2002: 83). 백성들의 임금이 되어서 백성들과 더불어 즐기고 걱정도 천하와 더불어 한다면, 그러고도 왕(王者) 노릇을 제대로 하지 못한 사람은 있을 수 없다 하였다.

좀 더 구체적으로 인의와 덕으로 다스리는 보기도 있다. 만일 왕이 인을 널리 베풀고 처벌을 줄이며, 세금을 감면하고, 땅을 깊이 갈며 제초도 잘 할 수 있는 등의 정책을 시행하는 정부를 제도화한다면 각자의 영토 안에 사는 모든 백성이 자신의 안정적인 삶을 추구하며 자신과 국가를 외침으로부터 보호하는 일을 도모함에 있어 정의롭고 인자한 행동을 하게 될 것이다(de Barry and Bloom, 1999: 119; 123). 참고로, 맹자가 인자한 군주의 정부라고 제시한 곳에서 시행하는 다섯 가지 실천 사례를 소개하고자 한다.

① 군주는 유덕한 인격자에게 경의를 표하고 유능한 인재를 고용하여 그의 정부를 가장 현명한 인재로 충원함으로써 온 세상의 학자들이 그의 조정에서 일하기를 즐겁게 생각하게 한다.
② 그의 도시에서는 부동산 등에 세는 받지만 세금을 부과하지는 않고, 규

제를 적용하되 세는 받지 않음으로써, 온 세상의 상인들이 그 도시에 자기들 상품을 기꺼이 저장하고자 한다.

③ 국경에서는 여행객들을 검색하기는 해도 세금을 부과하지 않으므로 온 세상 여러 나라에서 여행객이 그 나라의 주요 도로를 이용하여 여행하기를 좋아한다.

④ 군주가 농사짓는 사람들로 하여금 공유지를 세금 부담 없이 경작하도록 하면 온 세상의 농업종사자들이 그 나라의 땅에서 농사지으려 몰려들 것이다.

⑤ 만일 실업 상태에 있으면서 가계에 할당한 국가의 분담을 충족하지 못했음에도 벌금을 부과하지 않는다면, 온 세상 사람들이 즐겨 그의 신하가 되기를 원할 것이다. 그리하여 이 군주는 적이 없고 그럼으로써 그는 하늘이 임명한 군주임을 인정받을 것이다(Chan, 1973: 65; de Barry and Bloom, 1999:128).

기실 이런 모습을 띤 정부의 구체적인 보기를 다루는 유교 고전의 원천은 이외에도 풍부하지만 지면 관계로 전부를 소개하지는 못하고 다만 유가적인 덕치와 인치의 정부와 관련하여, 민의 복리 증진을 위해 하늘의 도를 충실히 준수하는 유가적 이념형의 대표적인 보기를 한 가지만 언급하면, 그것은 바로 공자가 일컬어 대동(大同)이라 하는 공동체주의적 삶의 본보기를 제시하는 사회의 모형이다(이상옥, 2003: 617; de Barry and Bloom, 1999: 343).

공자가 말씀하였다. "큰 도가 행하여진 세상에는 천하가 모두 만인의 것(公器)으로 '사사로이 그 자손에게 세습하는 일이 없이' 되어 있다. 사람들은 현자와 능자(能者)를 선출하여 관직에 임하게 하고, 온갖 수단을 다하여 상호 간의 신뢰 친목을 두텁게 하였다. 그러므로 사람들은 각자의 부모만을 부모로 여기지 않았고, 각자 자기의 자식만을 자식으로 여기지 아니하여, 노인에게는 그의 생을 편안히 마치게 하였으며 장정에게는 충분한 일을 시켰고,

어린이에게는 마음껏 성장할 수 있게 하였으며, 과부, 고아, 불구자 등에게
는 고생 없는 생활을 시켰고, 성년 남자에게는 직분을 주었으며, 여자에게는
그에 합당한 돌아갈 곳을 갖게 하였다. 재화라는 것은 헛되이 낭비되는 것은
미워하였지만 반드시 자기에게만 사사로이 독점하지 않았으며, 힘이란 것은
사람의 몸에서 나오지 않으면 안 되는 것이지만 그 노력을 반드시 자기 자신
의 사리를 위해서만 쓰지는 않았다. 모두가 이런 마음가짐이었기 때문에 '사
리사욕에 따른' 모략이 있을 수 없었고, 절도니 폭력도 없었으며 아무도 문을
잠그는 일이 없었다." 이것을 대동의 세상이라 말하는 것이다.

물론, 이런 이념형이 그리는 공동체주의적 사회의 모습은 고대 농경사회
를 맥락으로 삼은 것이지만, 보통 인민을 위한 안전하고 안정적인 삶에 필요
한 기본적인 마련을 거의 완벽하리만큼 망라한 점은 특별히 주목할 가치가
있다. 여기에 현대의 기술이 제공하는 각종 제도와 편익을 추가하면 이보다
더 나은 사회의 이념형을 찾기가 쉽지 않을 것이다. 중요한 것은 이런 공동
체를 이룩하는 데에는 리더가 솔선하여 유교의 큰 도를 일상생활 속에서 실
천함으로써 민이 또한 그에 부응하는 실천을 하였다는 전제다. 그렇다면 이
런 모습의 사회를 가능케 하는 정치인, 공직자 및 사회정치적 엘리트의 자질
과 역량이 어떠해야 할지를 요청하는 유가적 덕목의 내용은 과연 어떤 것이
었는지를 따로 정리해서 살펴볼 필요가 있다.

2) 공직자의 덕목 : 선비의 길

조선조의 공직자는 사대부 혹은 선비라 일컬었기 때문에 공직에 종사하는
선비에게 기대하는 유가적 덕목이 있었다. 여기에는 그런 덕목의 대표적인
보기를 일단 나열하여 그 항목이 우리가 고찰하려는 미래사회의 선출직 공

직자에게도 적절하게 해당하는지를 살펴보는 자료로 삼고자 한다(서수용 외, 2011).

(1) 공직의 기본철학

① 덕치(德治)

② 인정(仁政)

③ 국민중심, 봉사정신으로 애휼정치(愛恤政治)를 편다.

④ 이(利)보다 의(義)를 앞세우는 정치를 추구한다.

⑤ 다산의 수기치인 삼기(三紀)는 율기(律己), 봉공(奉公), 애민(愛民)이다.

⑥ 대국민 책임정치

(2) 공직자의 마음가짐

① 자기성찰 : 날마다 세 번 스스로를 돌아본다(吾日三省吾身).

② "경(敬)": 자신을 다스림, 자립, 확고한 신념, 불의(不義)에는 수치심, 불
인(不仁)은 혐오, 즉 남을 해치지 않음 등의 덕목이다.

③ 신독: 혼자 있을 때도 늘 삼가면서 스스로를 속이지 않는다(慎其獨 毋自
欺: 퇴계).

④ 극기복례: 스스로 욕심을 누르고 성정을 다스리면 천하가 인으로 돌아
온다(克己復禮 天下歸仁焉): 세 가지 극기의 보기는 편벽한 성미, 이목구
비(욕심, 욕망)를 정제하고, 시기를 억제한다.

⑤ 입지(立志; What am I to be?): 성인, 공자, 주공, 요순 같은 선현은 모두 스
스로 무엇이 되고자 함인지 먼저 뜻을 세웠다.

(3) 공직자의 삶의 태도와 행위 규범

① 소신과 원칙을 중시한다.

② 정의: 공사와 의리를 분별한다.

③ 정직: 경솔한 승낙을 엄금하고 약속은 이행한다.

④ 공정, 공평: 사사로움이 없고, 개인감정, 선입견, 주관적 판단, 불공정 태도 등은 불가하며, 공정성을 위해 벼슬 등을 사양하는 피혐(避嫌) 제도(引避)를 시행한다.

⑤ 청렴: 욕심을 버리고, 부(富)를 탐하지 말며, 뇌물수수는 불가하고, 청탁은 하지도 받지도 않는다.

⑥ 소박: 절검(節儉)과 상검(尙儉)의 정신

⑦ 여인위선(與人爲善): 남을 위해 좋은 일은 충실히 도모하고, 독선과 아집은 과감히 척결하며, 남을 대함에 돈후(敦厚)와 신의를 중시하고, 사기종인(舍己從人), 즉 자기 것을 버리고 남을 따라 선을 행한다(순임금), 그리고 선(맹자)과 의리(퇴계)를 중시한다.

⑧ 솔선수범: 남보다 먼저 실천하는 본보기를 보인다.

⑨ 모범적 공직자의 덕목: 국민 중심의 자세로, 부하에게 모본을 보이고, 친절하게 경청하며, 세금 허남용을 금지하고, 오류는 시인하여 시정하며, 정책은 숙지하여 미비와 오집행을 예방하고, 부당한 청탁은 단호히 거절하며, 뇌물의 유혹을 배척하고, 승진을 목적으로 동료를 비방하는 일은 금지하며, 시대 변화에 맞춰 신지식으로 재충전한다.

3) 다산의 『목민심서』 개요

이어서 여기에는 다산의 『목민심서』를 중심으로 그의 공직자관을 요약 정리하였다(한양원, 2019).

(1) 부임육조(赴任六條) : 관직에 부임할 때 지켜야 할 사항

① 행차는 검소하게 하여 청렴을 상징적으로 보여라.

② 태도는 장중하고, 화평하며, 간결하고, 과묵하게 취하라.

[이하 ③~⑥ 해당치 않으므로 생략]

(2) 율기육조(律己六條) : 공직자의 자기관리

① 몸가짐을 바르게 갖는다.

  • 여가에는 정신을 가다듬고 생각을 집중하여 백성을 편안케 하는 방법 연구에 최선을 다한다.

  • 말수를 줄이고 사납게 화내지 않는다.

  • 아랫사람을 너그럽게 대한다.

  • 음주가무를 멀리하고 공손하며 단정하고 엄숙하게 행동하며, 시간 낭비는 금물이다.

② 청심(청렴)을 가다듬고, 탐욕을 경계한다.

③ 제가: 가정을 철저히 단속하되 특히 청탁과 뇌물을 금지한다.

④ 손님은 잘 구분(屛客)해서 관리하되 특히 친인척과 친구 관리에 조심한다.

⑤ 절용(節用): 절약이 애민의 첫걸음이므로 공적 지출을 특별히 절약하고, 물건을 아껴 쓴다.

⑥ 낙시(樂施), 즉 즐거운 마음으로 기꺼이 베푸는 것은 덕을 심는 근본이며, 녹봉, 토지 수확 등을 나누기에 아끼지 말아야 한다.

(3) 봉공육조(奉公六條) : 공직 수행 자질

① 솔선수법(率先守法), 자신이 몸소 법 지키기에 앞장선다.

② 원만한 대인관계를 위해 공손하고, 예의 바르게 행동한다.

[이하 ③~⑥ 해당치 않음으로 생략]

(4) 애민육조(愛民六條) : 백성을 섬기는 서비스 정신

① 어른을 공경한다.

② 불우한 어린이를 돌본다.

③ 어려운 국민을 구제한다.

④ 죽은 자에게 예를 갖춘다.

⑤ 병자와 장애인을 보살핀다.

⑥ 재난으로부터 백성을 보호한다.

이상에서 개관한 리더십 이론의 특성을 살피면 서구의 현대 이론이 매우 실증적이고 사세한 데 비해 우리나라 유가의 이론은 간략하지만 명쾌히고 현실적이라는 특징이 엿보인다. 다만 실질적으로 적용하는 데는 시대적 배경의 차이를 고려할 필요가 있으므로 본 연구는 더 효과적인 내용을 추출하여 이용하려고 주의할 필요가 있음을 명기한다.

6. 선출직 공직자와 유권자의 관계 : 정체성 이론

특별히 선출직 공직자를 다루는 이론 중에서 정체성의 경제학(Identity economics)의 논의 결과는 매우 흥미로운 분석을 제공하므로 여기에 따로 소개한다. 이 이론적 담론에서는 "왜 비도덕적인 정치인이 당선이 되는가"와 "정치인은 왜 비도덕적인 행위를 하는가"를 정체성 경제학 이론으로 설명한다. 도덕적 윤리규범의 필요성을 주장하는 정체성 경제학은 2001년 '정보 비대칭성' 시장에서 수요자와 공급자가 가지고 있는 정보의 차이로 발생하는 현상을 설명하여 노벨 경제학상을 받은 조지 애커로프와 크렌턴(2010)이 사회적 범주(social category), 규범(norm), 정체성 효용(identity utility)을 경제학에 도입해 만든 개념이다. 행동경제학이 심리학 요소를 담아 인간이 비합리적인 선택을 한다는 것을 설명했다면, 정체성 경제학은 금전적 동기 및 심리적 요인으로 설명하지 못한 것을 정체성 개념을 더해 설명해낸다.

정체성 경제학은 한 개인이 자신이 속한 '사회적 범주'에서 요구하는 윤리 '규범'을 따를 때 정체성 효용(identity utility)을 극대화하는 선택을 한다고 본다. 선출직 공직자 개인은 '정치'라는 '사회적 범주'에 속하고, 정치영역의 사회적 범주는 해당 영역에 속하는 개인에게 기대하는 윤리적, 도덕적 규범이 있다. 정치인으로서 정체성을 인식하는 사람은 정치영역에서 요구하는 도덕규범을 따르지 않을 경우 겪게 되는 내적 심적 괴로움, 비난 등을 받게 되어 정체성 효용이 감소하기 때문에 정치영역에서 요구하는 도덕규범을 따르면서 정체성의 효용(명예와 자긍심)을 높이는 선택을 한다.

그러나 현재, 정치 영역(사회적 범주)에서 요구하는 도덕적, 윤리적 '규범'이 제대로 정립되지 않아 선출직 공무원들은 개인의 양심에 따라 도덕적 행위 결정을 하고 있다. 그리하여 우리는 비도덕적인 선출직 공직자의 행위를 자주 목격하게 된다. 이러한 비도덕적인 행위는 정치문화와 규범을 낮은 윤리도덕 수준으로 만드는 데 영향을 준다. 따라서 선출직 공직자의 윤리적 도덕적 규범을 올바로 세워 저급해진 규범 기준을 향상시킬 필요가 있다. 향상된 도덕규범으로 인해 규범 수준을 따르지 않을 때 내적, 심리적 괴로움과 외부의 비난과 질타의 비용(정체성 효용 감소)이 더 크게 증가하게 만들고, 반대로 도덕규범을 따를 때 얻는 내적 자긍심, 사회적 명예(정체성 효용 증가)를 더 크게 증가하게 하여 보람과 긍지를 느끼는 방향으로 유도할 수 있다.

또한 합리적 투표 행위 이론에 따르면, 유권자는 자신에게 이익을 가져다 줄 정치인을 선택한다. 그렇다면, 선출직 공직자(정치인)는 시민이 원하는 말과 행동을 하거나 공약과 정책을 제시해야 한다. 하지만 현실은 정반대로 작동한다. 애커로프는 선출직 공직자가 오히려 시민들을 자신과 같은 사회적 범주(지역, 역사관, 이념)로 들어오도록 설득하고, 동일한 사회적 범주에서 요구하는 규범(같은 지역 출신이거나 지지하는 이념이 같다면 지지해주어야 한다)을 따르도록 유도한다. 시민들은 자신과 다른 지역, 역사 기억, 이념을 지닌 후보자를 선택하면 정체성 효용(만족감)이 떨어지기 때문에, 동일한 사회적 범주에서 요구하는 규범에 따라 지역 출신, 역사관, 이념을 지닌 후보를 지지함으로써 정체성 효용을 높이는 선택을 한다고 설명한다. 선출직 공직자가 유권자의 요구와 필요에 맞추기보다는 연설과 설득으로 유권자를 동일한 사회직 범주에 속하는 사람(정체성)으로 끌어들여 같은 사회적 범주가 요구하는 규범을 따르도록 유도할 수 있다.

즉, 정치인은 유권자의 선호와 요구를 주어진 조건(상수)으로 받아들여 유권자가 바라는 정치인의 도덕성과 역량을 갖추는 것이 아니라 오히려 지역, 이념 등의 사회적 범주를 유권자에게 인지시켜 정체성에 따른 투표 행위를 하게 만든다. 이로써 비도덕적이든 도덕적이든 관계없이 유권자에게 비슷한 범주의 정체성을 호소하는 정치인이 당선되는 일이 일어난다.

비도덕적인 정치인이 당선하면 정신적(spiritual), 경제적(economical), 사회적(social) 차원에서 국민, 사회, 국가에 많은 비용과 문제를 낳는다. 정신적 차원에서는 정치인의 비리와 부정부패, 유착 관계, 막말, 거짓말 등은 대의정치에 관한 불신을 만들고, 경제적 차원에서 정치인은 장기적인 국가발전, 경쟁력 제고, 사회통합보다는 자신의 재선(정체성 효용)을 위해 노력하고, 사회적 차원에서 지역갈등, 연고주의, 불공정 청탁 등 계급주의, 인맥주의 등은 사회갈등을 유발한다. 정치라는 '사회적 범주'에 속하는 정치인은 공적 권한과 지위를 활용해 부당이익을 취해도 크게 문제 되지 않는 정치문화가 요구하는 낮은 수준의 '규범'에 따라, 이득을 취하지 않았을 때 사회적 명예와 지지를 크게 받지 않아 도덕적인 행위가 장기적으로는 이익보다는 비용(경제적 손해)가 크다고 인식한다. 경제적 이득과 이권을 취하는 장기적 이익과 잠시 비난을 받는 비용을 비교하여 비용보다 이익이 크다는 합리적 판단(정체성 효용)으로 대의민주주의에 악영향을 끼치는 방향의 행위를 반복하게 된다.

따라서 정치인이 유권자에게 정체성을 호소함으로써 유권자가 도덕성을 분간하는 투표 행위를 하는 것이 아니라 정체성에 따른 투표 행위를 하도록 만든다. 도덕성 판단에 따른 투표 행위에 제약하는 효과가 나타난다고 볼 수 있다. 결국, 분명하고 명확한 선출직 공직자의 도덕성 기준을 분명히 정립하여 국민들의 눈높이(정치적 정체의식)를 높이는 것과 동시에 정당도 높아진 국민의 정치의식 수준에 맞게 명확한 도덕성을 갖춘 인물을 공천(공직 후보자 추천)하도록 만드는 것이 중요한 것이다. 그러한 이론적 틀을 준거로 삼아 이제는 구체적으로 가치지향적 선출직이 갖추어야 할 도덕적 자질의 내용을 갖가지 자료에서 검색하여 본 연구의 틀에 맞게 체계적으로 재구성하는 작업을 하게 된다.

제4장

미래의 선출직 공직자에게 바라는
도덕성 기준

미래의 선출직 공직자에게 바라는 도덕성 기준

이제는 미래사회의 선출직 공직자에게 바라는 도덕성을 판단하는 기준을 본격적으로 탐색하기로 한다. 이를 위해서는 먼저 미래사회가 어떻게 전개할지를 대략적이나마 추정해보고 이러한 미래사회라는 조건에서 저들의 도덕성은 어떤 시대적 소명의식에 부합하는 것이어야 할지를 탐구하는 일이다. 그런 작업의 전제로 미래사회의 추정을 시도해야 할 것이다.

1. 미래사회의 전개

1) 기술 혁신과 정치문화

미래사회의 예측은 대체로 인류 문명사 전개의 흐름을 읽는 문맥에서 접근하기 때문에 주로 기술 혁신의 역사를 중심으로 파악하는 경향이 지배적이다. 그런 관점은 대표적으로 다니엘 벨(Daniel Bell)과 앨빈 토플러(Alvin

Toffler)의 사례에서 찾을 수 있다. 우선 벨(Bell, 1973; 1990)은 현대문명을 제3의 기술혁명이 초래한 정보통신기술이 문명의 기틀로 작용하는 공업후 사회(Post-industrial society), 즉 지식정보사회로 파악했고, 토플러(Toffler, 1981)는 문명사의 제3의 파도(The Third Wave)를 컴퓨터 혁명과 정보통신에 기초한 문명(Computer Revolution, information-based civilization)으로 특징지었다. 그리고 이제는 인공지능 기술이 핵심으로 떠오른 소위 제4차 산업혁명(the 4th Industrial Revolution)이 새로이 진행하기 시작하였다(Skilton and Hovsepian, 2018).

이 자리에서 그 자세한 내용을 제시할 필요는 없으나, 적어도 우리의 관심사인 정치문화와 관련하여 몇 가지 주목할 현상을 요약하고자 한다. 현재까지 발달한 정보통신 및 디지털 기술의 발달로 음성, 문자 데이터, 영상 등의 모든 정보신호를 컴퓨터가 쉽게 신속하게 처리하여 여러 종류의 전달 매개인 멀티미디어와 연결시켜 통신할 수 있도록 해주는 '융합(fusion)' 기술에 힘입어 물리적 공간과 전자 공간의 융합으로 생성하는 제3의 공간(the Third Space)에서 통합적인 통신의 가능성을 열었다. 이로써 무슨 일이나(anything), 언제나(anytime), 어디서나(anywhere), 누구하고나(with anybody), 어떤 연결망, 어느 매체나(thru any network or any media), 어떤 기기를 쓰거나(using any device), 어떤 서비스를 위해서나(for any service) 이용 가능한 상태를 자아낸다. 그리고 더 나아가 이른바 가상현실(VR, virtual reality) 및 증강현실(AR, augmented reality)이라는 세계로까지 확장할 수 있게 되었다. 그리고 온라인 세계와 오프라인 세계 사이의 간격도 그만큼 줄이고 있다.

이 정도의 기술적인 특성만으로도 이미 일상에 익숙해진 상태라는 전제를 하고 이런 현상이 정치문화에 끼칠 만한 영향을 간략하게 고찰하겠다(김경동, 2002; 김문조, 2000; 최호철, 2000; 추병완, 2002; Rafaeli and Newhagen, 1996). 우선 일반적인 수준에서, 그러한 사이버 공간에서 나타나는 특징부터 검토하면 아래와 같다.

첫째, 긍정적인 정치적 영향으로는 참여민주주의(participatory democracy)의 문이 넓게 열린다는 점에서 비롯하여, 여론형성(opinion formation), 의제설정(agenda setting), 집단형성(group formation), 이익 표출(expression of interest), 동원(mobilization), 군집 행동(collective action) 등이 용이해지고, 따라서 선거운동(election campaign)이나 집합적 의사결정(투표: collective decision making, voting)에도 기여할 여지가 커진다고 할 것이다.

둘째, 그러나 다른 한편, 부정적 측면도 무시할 수 없다. 가령, 민주주의에서 가장 중요한 숙의 부족(lack of deliberation)과 경청 부족(lack of listening)의 한계를 들 수 있고, 감성적인 매체(emotional media)라는 특성 때문에 이성적이고 합리적인 의사소통이나 의견교환 등이 어렵다. 연령, 학력, 직업 등으로 인한 정보격차(information divide)가 있는가 하면, 자칫 기존 의견의 단순 보강(simple reinforcement of opinion), 자신의 의사 강요(coercion), 이견의 부정(denial of dissent)이 일어나기도 한다. 결국 무책임(irresponsible), 집단 비판과 배척(collective criticism/exclusion), 관용 부족(lack of tolerance) 및 다양한 대안/의견 인식의 부족(lack of awareness of diverse options/opinions)과 같은 문제가 발생할 여지가 크다.

한 가지 더 일상에 직접적인 요소만 부연하면, 아마도 그것은 눈부시게 빠른 속도로 전개하는 정보통신기술 혁신과 거기서 파생한 사회적 매체(Social media)－우리에게는 에스엔에스(SNS, Social Network Service)로 알려진 매체 및 그 주변 기술이 아닐까 한다. 정보 분석 전문가의 평가에 의하면, "정보량의 천문학적인 증가에 매혹당하면서도 진정으로 획기적인 변화는 인간 활동의 거의 모든 영역에서 공중과 권위집단의 관계에서 일어나는 혁명이다(Gurri, 2014: Kindle Locations 164~166). 이는 정보 소비자를 생산자로 변용시킴으로써 가능해졌다. 이로써 디지털 마술이 기성체제 전반의 위기를 초래한 것이다(Gurri, 2014: Kindle Locations 159~161). 자유주의 정치이론의 중심 과제는 "주권국가"와 "주권자 시민"의 관계를 어떻게 규정하는 것이냐인데, 정보통신 기술 혁신으로 인하여, 이 문제는 이제 어떻게 주권자 시민이 주권국가에 대항하게 되느냐 하는 새로운 과제와 만난다. 과거에는 "공중의 논의는 생각을 명료하게 표명할 줄 아는 엘리트층의 관심사인 소수의 주제만 한정해서 다루었고 정치는 공중의 영역에 독재적인 방식으로 통치를 하였다. 그런데 신선한 정보의 파도는 이들 기성 체제가 얼마나 공허하고 인위적이었는지를 폭로하고 말았다."(Gurri, 2014: Kindle Locations 116~118).

한편, 공중의 편에서는 "수많은 정치경제 기구가 의존해왔던 그 대중 청중이 이제는 스스로 묶인 데서 풀려나고 해체하고 분화해서 걷잡을 수 없는 규모의 별별 집단들이 한 가지 이해 관심 또는 주제를 중심으로 유기적으로 집합한 새로운 살아 있는 공동체로 변신하였다."(Gurri, 2014: Kindle Locations 151~153). 그런데 "이 살아 있는 공동체의 목소리는 새로운 목소리였다. 아마추어로서, 교육받은 비엘리트이며, 불만에 가득 찬 사나운 목소리였다. 바로 이 수준에서 거대한 규모의 새로운 정보 대다수를 생산하고 배포하였다." 이를 두고 쓰나미를 몰아온 지적인 지진이라 해도 좋을 것이다(Gurri, 2014: Kindle Locations 155~157). 이 과정에서 공중은 권위에 직면하여 똑바로 서서 도전을 하게 되었다. 공중이 권위 주체에 영향을 미치는 방식은 해당 책임자나 심지어 시민 개개인에게 일종의 순환적 전달의 형식을 띤다. 가령, "보도 매체의 내용물이 휴대전화 영상에서 보내온 것이라면, 이를 공중이 즉각 현장에서 받아 페이스북으로 소통하면, 이를 다시 유튜브나 기타 수천 개의 지엽적인 사이트에 온라인으로 올리게 된다. 이를 두고 새로운 매체가 보도 내용을 추동하는 사례로 간주할 수도 있다."(Gurri, 2014: Kindle Locations 471~

이와 같이 정보통신 기술의 혁신은 정치 부문에서 거의 '쓰나미'와 같다고 표현한 일종의 혁명적 변혁을 예고하고 있다. 이미 우리 사회에서도 2002년의 월드컵과 노무현 대통령 후보자의 선거, 이명박 정부 출범기의 광우병 시위, 그리고 문재인 정부 초기의 촛불 시위 등에서 바로 정보통신 기술의 충격을 경험한 바 있다. 본 연구가 주목하는 선출직 공직자의 자질과 능력도 이러한 변동에 어떻게 적응하고 창의적이고 효율적으로 대처할 수 있느냐의 쟁점에 관심을 가져야 한다고 보는 것이다. 특히 이러한 정보통신 매체는 위에서 지적한 일반적 특성 중에서도 부정적인 측면을 주의하지 않으면 정치가 대단히 혼란스러울 수 있다는 점을 지적해야 한다.

그리고 마지막으로 현재 급속도로 진행하고 있는 인공지능 시대의 정치경제 및 사회변동의 특성에도 특별한 관심을 가져야 한다. 이미 로봇이 각종 직업의 기능을 사람 대신 수행할 수 있다는 개연성이 매우 크다는 사실을 전제하고 주요 변화의 성격을 간추리면, 우선 가장 시급한 쟁점은 인간의 직업생활 자체가 달라질 뿐 아니라 로봇이 대체하는 상황에서 사람이 할 수 있는 새로운 직업을 창출하는 문제와 많은 사람이 실직 상태인 데서 발생하는 문제로 쏠린다. 이에 대처하는 길로서 모든 인구에게 공평한 기본 소득(basic income)을 제공하는 과제와 일하지 않고 남는 시간을 인간이 어떤 식으로 활용하는가 하는 새로운 숙제가 떠오른다. 그리고 인간관계에도 변화를 예상할 수 있을뿐더러 이것이 인간과 기계의 관계로도 확장하는 새로운 사회적 관계 형성이 심각한 과업으로 등장할 것이다. 이 또한 선출직 공직자의 참신하고 정의로운 적응과 대책을 요청하는 심각한 현상이라 할 것이다.

마지막으로, 이와 같은 정보통신 혁명의 시대일수록 선출직 공직자에게는 원숙하고 합리적인 의사소통의 자질이 더욱 중요해진다. 더구나 선출직은 국민과 끊임없이 소통하는 일이 전문직의 과제로서 핵심이 되는 과제임을 고려할 때 이 소통 능력의 중요성은 더 강조할 필요가 없다. 그러한 소통은 바로 사회적 관계 형성의 기본임은 물론 원활한 관계의 지속적 유지를 위해서도 불가결의 요소다.

2) 사회문화적 충격 : 일반적 관찰

미래사회를 전망하면서 주로 정치현상에 초점을 맞추기는 했으나 실은 전반적인 사회의 변동과 기술 혁신에 힘입어 생산력이 확충한 현대사회의 인간관계의 변질 현상은 물론 이제는 인류가 몸담고 살아가는 자연 생태계의 변화에도 주목해야만 하는 처지에 놓인 것을 무시할 수가 없게 되었다. 이러한 변화에는 전 지구화라는 또 하나의 변수가 작용하여 변화의 성격이 더욱 복합적이 되는 것도 간과할 수 없다. 이런 것들이 정치에 직접적인 변수로 작용하고 있으며 정치가 이런 변화에 어떻게 대처하면서 국민의 삶의 질적 향상과 복리 증진을 위한 정책을 수립 · 시행하고자 할 때 정치가 창의적으로 대처할 수 있는지가 문제되지 않을 수 없는 것이다. 따라서 여기에 약간의 지면을 할애하여 이 같은 변화의 추세를 집약적으로 살펴보고자 한다.[1]

현재 우리나라는 1960년대의 공업화 개시에서 비롯하여 1990년대의 정보화 시대를 지나 이제는 제4차 산업혁명의 시대로 이미 진입하고 있거니와, 이러한 변천의 단계를 구분한다고 해서 지나간 시기의 사회문화적 특성이 하루아침에 사라지고 새로운 것이 전반적으로 대체하는 식의 변화는 일어나

---

1   여기서 요약하는 사회문화적 변동의 내용은 부분적으로 다음의 저서에서 언급한 것을 주로 다루었음을 밝혀둔다. 김경동(2019:제3장) 및 김경동 · 김여진(2010: 제7장) 참조.

지 않는다. 일정 부분 과거가 현재에도 살아 있고 미래로까지 이어지게 되어 있다. 이런 관점에서 우리 사회의 변화는 적어도 공업화와 도시화의 여파로 일어난 사회적 구조와 인간관계 및 정신세계의 변동도 관찰하면서 미래를 대비해야 한다.

이 시기에 일어나 아직도 진행 중인 사회경제적 변동으로 급속한 정보통신기술 혁신에 힘입어 펼쳐진 전 지구화의 파도 속에 닥쳐온 금융자본주의 경제체제의 불안정성과 불확실성은 사회경제적 양극화와 극단적 개인주의의 팽배로 말미암은 공동체 위기로 표출하였다. 주목해야 할 것은 그러한 변혁의 충격은 비단 경제 부문에만 국한하지 않고 사회 전반에 걸쳐 '위기'의식을 자아낼 만큼 위험한 결과로 나타난다는 점이다. 특히 주목할 부문이 위에서 언급한 정치다. 여기에서도 민주주의의 위기를 우려하는 논란이 확장하고 있다. "경제에는 시장이 있지만, 사회에는 시장이 없다"고 천명한 투자의 귀재 소로스(George Soros)도 거리낌 없는 시장이 사회 속에 너무 깊이 파고들어서 억제 받지 않고 더욱 강렬해지는 자유방임 시장과 시장가치가 삶의 모든 영역에서 열린 민주주의 사회를 위협하고 있음을 다음과 같이 갈파하였다(1997: 2~3).

> 지나치게 강력한 경쟁과 너무 부족한 협동은 참을 수 없는 불평등과 불안정을 일으키는 원인이다. 오늘날 우리 사회의 지배적인 가치가 있다면, 이는 시장의 마술을 신봉하는 것이다. 자유방임 자본주의 교의는 방해 받지 않는 자기이익의 추구가 공통의 선을 가져다준다고 주장한다. 그런데 만일 그것을, 특수이익보다 우선해야 하는 공통의 이익을 인정하는 논리로써 진정시키지 않는다면 우리가 누리는 현재의 시스템—아무리 불완전하다 해도, 열린사회의 자격이 있는데—은 무너질 소지가 크다.

사실, 최근 미국사회에서는 자가성찰적 비판의 목소리도 높아지고 있다. "미국은 가장 야심차고도 자랑스러운 이상을 거의 버리다시피 하였다. 경쟁적인 경제 안에서 성취를 추구하는 활력을 돋우는 불평등과 민주주의가 기약한 공동체를 단결시키는 평등 사이에서 영원히 불완전하지만 끊임없이 토론하고 추구하는 균형을 상실하고 있음이다"(Brill, 2018: 31). 현대문명의 맹점은 바로 이 균형이 급속히 사라지고 있다는 것이다.

사회문화직 측면에서도 자본주의직 경제 성장이 가져다주는 물질적 풍요를 둘러싼 가치관과 생활양식의 변화를 발견할 수 있다. 시장원리를 추구하는 자본주의는 화폐가 가치를 좌우하는 '교환가치'가 우선하므로 황금만능문화를 조장하고, 소비가 필요조건이므로 돈이 좌우하는 소비문화를 부추긴다. 소비의 표적은 풍족한 물질생활과 육신적 즐거움이 되며 일보다 여가생활에 더 큰 가치를 부여하는 이른바 '즐기기의 도덕' 혹은 '재미의 도덕'(fun morality)이라는 새로운 규범적 가치 기준이 그 어떤 가치보다도 우위를 차지하게 된다. 물질지상, 소비지향, 쾌락주의가 지배하면서 사람들의 정신세계는 황폐해지기 시작했고, 삶의 진정한 가치에 관한 판단이 혼란해지면서 사회적 규범을 보는 관점에도 난맥상이 나타난다. 게다가 부정과 부패로 얼룩진 정치경제의 역사는 일반시민들의 준법정신에도 영향을 미쳐 질서관념이 희박해지고 일탈을 보고도 쉽게 용납하는 도덕적 마비를 초래하였다.

시장경제는 어차피 경쟁으로 작동하고 성장한다. 다만 지나치게 방종한 경쟁에 매몰당해야 하는 개인은 자기방어를 위해 자기중심적 담을 쌓는다. 여기에 극단적 자기중심적 개인주의(extreme individualism)의 원천이 있다. 어차피 소비 지향의 쾌락 추구는 개인 중심주의 성향을 띤다. 게다가 사생활 보호를 강조해야 하는 대단위 다가구 주택은 각자의 격리(seclusion)와 은둔(cocooning)을 찾는 공간으로 변질하였다. 이런 환경에서 진정한 의미의 이웃은 존속하기 어렵다. 현대의 대중사회에서는 전반적으로 사회적 유대와 사회적 관계의 분절(segmentation)이 보편화하고 점차 희박해지는 '상호작용의 진공 상태'가 자아내는 결과는 고립, 고독, 소외 그리고 결국은 역설적으로 '관계를 갈망하는 문화(a culture craving relationships)'를 조장한다. 가족의 기능과 가족관계의 성격에 변화가 나타나면서 공동체의 해체와 붕괴가 시작하였다(Putnam, 2000). 일반적으로 원자화한 사회 조직으로 말미암아 사회적 이견과 불합의가 비등하여, 마찰과 갈등이 빈번해진다. 그리고 사회의 근간인 가족의 변질이 현저해진다. 핵가족화, 부부 중심가족 증가, 정상적인 가족주의 쇠퇴로 비정상 가족(이혼에 의한 불완전 가족, 재혼에 의한 성 다른 자녀 가족, 조손가족, 소년소녀가장 가족, 1인 가구 등)이 증가하는 현상이 발생하고 있다. 나아가, 전반적으로 인간관계의 유형과 성격이 다음과 같은 방향으로 이행하는 추세가 두드러진다.

아는 사이	→	모르는 사이
친근한 사이	→	소원한 사이
목적적(표출적, expressive)	→	사무적 상호작용(관계)
정서적 관계	→	이해 관계
영속적 관계	→	일시적 관계
내집단(in-group, we-group) 신뢰 관계	→	외집단(out-group, they-group) 배타 관계
헌신몰입 관계	→	제한적 관심 관계
집합주의	→	개인주의
협동적 관계	→	경쟁적 관계: 비자발적(involuntary) 협동
진정한 관계	→	"진정성 없는(inauthentic)" 관계

다음으로 인간의 심성과 가치관의 특징도 변화를 경험한다.

- 물질중심주의(황금만능, 황금숭배, 화폐가 인간가치의 교환가치 척도: "돈 많은 부모 만나는 것도 실력이다!")
- 쾌락주의(육신적, 선정적 쾌락, 찰나의 쾌락, 각종 중독)
- 욕구조절 불가, 열망수준 지속 상승, 이에 미치지 않는 현실과 괴리, 상대적 박탈감(불만으로 갈등, 자해 등 초래)
- 정교한 유흥, 여가문화, 구경꾼 문화, 일과 여가 구분
- 극단적 자기중심성 개인주의(타인의식 결여, 자아의식 왜곡, 타자지향성)
- 세속주의: 영혼의 황폐, 갈 곳 없이 집 잃은 영혼(homeless mind), 우울증, 자살, 묻지 마 범죄
- 효율성, 실용성 추구
- 교육 가치의 왜곡: 졸업장 출세 목표 교육(교육낭만주의 실종, 사회도덕 인성 교육 및 창의 판단력 교육 실종)
- 인간 가치의 객관화, 간접화, 의사물상화(擬似物象化, reification)

3) 사이버 사회의 사회문화적 특성

지금까지 고찰한 사회문화적 변동에 더하여 이제는 사이버 시대에 돌입하면서 사이버 세상에서 일어나는 특성을 살펴보려니와, 편의상 설명을 생략하고 주요내용의 항목만 열거한다.

- 접근용이성(accessibility)
- 편리(convenience)
- 익명성(anonymity)
- 익면성(匿面性: faceless)

- 개방(openness)
- 평준화—평등(성별, 연령, 계급, 지위, 지역, 학벌 등: leveling/ equality)
- 수평적 관계(개방성/평등: horizontal relations)
- 무차별(성별, 연령, 계급, 지위, 지역, 학벌, 인종, 종교, 신념 등: non-discriminating)
- 자유(사회적 규범, 제약, 금기, 제재, 억제 약화: freedom)
- 탈억제, 유대 약화 (이동성: week ties)
- 문화와 관계의 사물(사)화(私物化, 私事化: privatization)
- 개인화(individuation)
- 통제 가능(control)
- 다원적 정체의 확인, 정립, 변경 가능(multiple identity)
- 다양성(배경, 관심, 이해관계 등: diversity of contacts)
- 흥미, 심미적 매료(excitement)
- 정보 보존성(무훼손: information conservation)
- 최소투자, 최대효과(minimum input, maximum output)
- 물리적 거리(physical distance)
- 온라인에 특유한 심리적 기제(on-line psychological mechanism)
- 파괴 세력(destructive force)
- 정보의 바다(sea of information)
- 연결망(network)
- 매체(media)
- 생활 세계(life world)
- 상호작용(양방향성: interactive)
- 상호의존(interdependent)

4) 사이버 공간의 명암

(1) 긍정적 요소

- 다양한 문화(cultural diversity)
- 다양한 체험(diversity experience)
- 열린 문화(open culture)
- 자아실현 가능 공간(space for self-actualization)
- 정보교환(information exchange)
- 건전한 인간관계 형성(sound human relationship)
- 자율적 자아 표현(autonomous self expression)
- 사회적 지적 자원 확장(expansion of social intellectual resources)
- 미래문화 접촉(exposure to future culture)

(2) 부정적 요소(보편화, 상업화, 다중매체화에 의한 부정적 결과)

- '경찰 없는 거대도시'('metropolis without police')
- 무법지대(a land of disorder/lawlessness)
- 음란물 유통(pornography)
- 폭력물(violence)
- 불건전 통신 언어(은어, 비속어, 욕설 등: unsound languages)
- 유언비어(rumor)
- 개인 비방(slander)
- 인터넷 사기(internet fraud)
- 남의 것 망가뜨리기(cracking)
- 바이러스 제작 유포(virus spreading)
- 흑색선전(mud-slinging)
- 개인정보 오·남용(abuse/misuse of private information)
- 제작권 침해(copyright violation)

- 사이버 불량배(cyber hooligan)
- 성폭력(cyber sexual harrassment)
- 사이버 성매매(cyber prostitution)
- 사이버 집단 따돌림(cyber collective exclusion)
- 사이버 범죄(cyber crimes)
- 자살 사이트(suicide sites)
- 폭탄제조유포 사이트(explosives, bomb sites)
- 엽기 사이트(bizarre sites)
- 인터넷 중독(internet addiction)

이처럼 사이버 공간의 인간관계와 인간의 행동은 예상치 못한 방향으로 변질하고 있으며 그 변화 속도 또한 전례가 없다. 특히 일반대중은 각종 사회적 매체를 연결망으로 삼아 정치적 선동을 자극하는 정당이나 정치집단의 데마고기(demagogy, 민중선동)에 쉽사리 영향을 받을 수 있는 사태가 전개하고 있다. 이에 더하여 AI 기계가 인간의 주요 활동 상당 부분을 대체하면서 인간과 직접 교류해야 하는 시대가 도래하고 있음으로 이러한 근본적인 사회관계와 인간 대 기계의 관계의 변용에 현명하게 대처하는 문제가 심각하게 떠오르는 중이다. 이런 사회적 환경 속에서 정치가 어떤 윤리적 삶의 기준을 마련해야 할지를 진지하게 숙고하고 적정한 대책을 강구할 수 있어야 한다. 하지만 현재의 정치문화에 익숙한 우리나라의 정치인들이 얼마나 이런 이슈 자체를 고민해보았는지조차 의심스러운 것이 현실이다. 참으로 획기적인 창의력을 요구하는 시대적 요청이 우리의 앞에 놓여 있음을 각성하는 것이 대단히 시급하다.

5) 생태계 교란의 문제

기술 혁신은 경제는 물론 사회문화적으로도 인간의 삶에 지대한 영향을 미친 것을 주지하지만, 추가적으로 그간의 공업화와 도시화를 겪으면서 자연 생태계 분야에 어떤 충격을 가져왔는지도 눈여겨 봐야 한다. 지금까지 우리가 경제성장을 열심히 해왔는데, 그걸 성취하기 위해서는 주로 공업화라는 수단을 썼다. 공장을 짓고, 물건을 만들었다. 그러다 보니까 우리의 자연이 훼손당하기 시작했다. 공기가 나빠졌고 물도 마시기가 힘들어지고 자연 자체를 여러 모습으로 망가뜨리고 있다. 공장을 짓기 위한 땅을 마련하느라 숲을 깎아버리고, 길 닦고 다리 놓고 굴(터널) 뚫느라 산과 들과 논밭에 온갖 손상과 변형을 가져왔다. 전 지구적 현상을 보면 아마존의 밀림은 점차 훼손당하고 현재에도 화염에 휩싸여 숲을 소실하고 있다. 공업과 서비스업이 발달하면서 농업이 상대적으로 낙후하게 되자 사람들은 농토를 쓰지 않거나 농촌을 버리고 도회지로 떠나면서 논밭이 빈터로 남아 잡초만 무성하게 자라는 모습을 보기가 어렵지 않다. 이 문제는 단순히 농업의 범위를 넘어 자연환경에 가하는 영향도 우려스러운 결과를 낳고 있다. 가령, 농사가 줄면서 논이 없어지는 만큼 여름철 수분을 간직할 공간이 좁아지게 되어 마침내 가뭄과 홍수의 수해를 방지하는 자연적인 물 관리 기능을 감소시키고 말았다.

이러한 수자원의 문제는 거기에 그치지 않는다. 대기오염으로 인한 지구온난화는 물 부족 현상을 초래하여 대지가 건조해지는 사막화가 진행하는 곳이 늘고 있다. 게다가 물 자체만 두고 보아도 공업화의 여파로 하천과 바다뿐 아니라 지하수까지 전반적으로 수질오염이 심화하는 문제도 발생한다. 물론 대기오염 또한 갖가지 형태로 사람들의 건강을 해치는 원인이 되고 있다. 이런 것들이 결국은 인간의 생명과 관련이 있는 문제의 원천이다. 그뿐 아니라 공업화가 진행하면서 일하는 곳에 기계가 등장하고, 일상생활에서도 기계를 자주 이용해야 하며, 아스팔트와 같은 시멘트류의 자재로 길을 닦고 집을 짓고 다리를 놓고 굴을 뚫어놓았고, 특히 대도시에서는 거대한 마천루의 빌딩과 고층 아파트 단지가 콘크리트의 숲을 이룬다. 이런 물리적인 환경도 인간을 왜소하게 만들고 언제든지 고장이 나고 자연재해와 인적 재난으로 무너지면 다수의 인명을 순식간에 앗아갈 수 있는 요소들이다. 거기에 우리가 날마다 쓰는 여러 가지 물건도 결국은 기계적 조작을 해야 하며 잘못 건드리면 사고를 일으킬 수 있다. 안전하지 않은 것들이 너무나 흔하게 우리의 삶에 개입한다는 사실을 가리킨다.

게다가 인간이 쓰는 기계 가동과 일상생활에 필요한 연료를 지나치게 방만하게 이용하다 보면 온실가스라 부르는 유독가스를 대기 속으로 무수히 배출해야 하는데 이 가스층이 대기에 모여서 태양열을 흡수한 채 소위 온실효과를 생성하기 때문에 우리는 계절에 맞지 않게 덥고 눈 대신에 폭우가 쏟아지는 겨울 일각에서 지내고 있다. 빙하가 계속 점증적으로 녹아내리면 해수면이 높아지고 지구상의 일부 국가 내지 지역은 해변의 도시나 부락을 수장할 위기가 닥칠 것이다. 그 외에도 생물 종의 감소와 기상 변화에 따른 지진, 홍수, 화산 폭발, 쓰나미 등 이상 기후로 인한 인간의 삶이 고달파지고 있다. 요컨대 모두가 위험요소가 된 것이다.

한마디로 우리는 독일 사회학자 벡(Ulrich Beck, 1992)이 지적한 대로 '위험사회(risk society)'에 살고 있는 셈이다. 결국 우리가 앞으로 최우선의 과제로 삼아야 할 항목 중에는 자연 생태계의 보존과 보호뿐 아니라 우리가 공업사회를 일구는 과정에서 만들어낸 여러 가지 물질적인 것들을 다룰 때 생명을 염두에 두고 안전을 우선적으로 고려해서 반드시 안전을 위한 각종 수칙을 제대로 지킬 수 있어야 한다. 이 모든 거시적 변화가 바로 선출직 공직자들이 입법하는 법령과 규칙에 의한 관리를 요구하는 결과를 자아내고 있음이다. 여기에도 정치인의 창의력과 협력이 필수 요건으로 등장하고 있다.

2. 한국 대의정치의 문제점

여기서 잠시 미래사회의 선출직 공직자에게 요구하는 도덕성 문제를 본격적으로 다루기에 앞서 마지막으로 다시 한번 현재 한국의 민주주의와 대의정치가 노정하는 문제점이 무엇인지를 잠시 돌이켜보고 논의를 시작하려고 한다. 어차피 우리의 주 관심 대상은 국정을 수행하는 기구인 입법부에 진출하기 위해 선거를 거쳐서 대의정치를 운영해야 하는 선출직 정치인이기 때문이다. 물론 선출직이라 해도 대통령을 비롯한 지방의 시군구 단위 정부의 행정 책임자도 선출직이므로 이들도 그 범주에 들어가지만 일단 대의정치가 본령인 것은 사실이다. 추측건대 미래사회에도 민주주의 정체를 유지하는 한 어떤 형태이든 대의기구를 필요로 할 것이라는 전제 위에 우리의 주제를 다룰 수밖에 없을 것이므로 이 문제는 반드시 한 번 짚어보아야 한다고 보는 것이다.

앞서 서론에서는 이미 현대 민주주의의 위기에 관하여 언급하였거니와 그 위기의 본질을 이해하기 위해서는 근대 자유민주주의의 뿌리라 할 만한 링컨 대통령의 유명한 명제, "국민의, 국민에 의한, 국민을 위한 정부는 지구상에서 사라지지 않을 것이다"로 되돌아갈 필요가 있다. 그런데 이 명제의 의미가 현실적으로 진정성을 띠려면 한 가지 심각한 벽에 부딪친다는 점에서 위기의 성격이 드러난다. 왜냐하면, 우선 첫 번째로 "국민의" 정부라는 명제는 한마디로 말하면 기껏해야 국가권력의 정당성의 원천이 국민이라는 매우 추상적인 관념을 전달할 뿐 국민의 정부의 진정한 의미를 구체적으로 전달하지 못한다는 이유 때문이다. 만일 정부가 진정으로 국민의 정부라면 인민 모두가 정부를 포함한 그 누구의 간섭도 받지 않고 자신들의 삶에 중요한 문제에 관한 결정 행사를 자율적으로 시행할 수 있어야 한다는 의미다. 하지만 현실적으로는 누군가 국민을 대신해서 주요 의사 결정을 하는 체제가 작동해 왔음을 부인할 수가 없다. 실제의 상황에서 정치적 결정 과정에서는 인민이 직접 결정 행위를 하지 않고 제3자가 그들을 위해 대행한다. 이것이 현실의 민주적 결정 행사이므로 인민의 모습은 사라지고 그들의 욕구와 뜻은 직접 중요한 요소로 자리하지 않는다. 크라우치(Crouch, 2004, 112, Papadopoulos, 2013: 228에서 재인용)는 이렇게 말했다. "엘리트층에게는 시민과 맺는 관계가 정당성의 원천으로서 중요하지만, 실제로는 시민이란 별로 중요한 사람이 아니다." 인민의 이름으로 인민을 위해 체제가 결정 행사를 하기 때문이다. 그러니, 인민의 정부라는 관념은 이념적인 허구일 뿐, 오로지 국민에 의한 정부와 국민을 위한 정부만이 실체를 갖는 현상이다. 여기에 대의정치가 끼어든 것이다.

그러면 그 대의정치에는 무슨 문제가 있는가? 이 문제에 관한 원론적인 논의는 이미 서론에서 제시한 바 있어서 이 자리에서 더 상세하게 분석할 필요는 없고 다음과 같이 요약할 수는 있다. 대의정치란 국민의 대표가 국민을 대신해서 국민을 위하여 결정 행사를 하는 체제라면 그 대표는 누가 어떻게 결정하느냐라는 쟁점이 드러난다. 대답은 물론 국민이 직접 선출하는 선거제도다. 이로써 "국민의" 및 "국민에 의한" 정부라는 기본 요건을 구비하는 것으로 간주한다. 하지만 여기서 여전히 남는 문제는 선거를 수행한 국민과 선출된 대표의 관계다. 이에 관해서는 두 가지 견해가 충돌해왔다. 하나는 위임으로 보는 이론이고, 다른 하나는 수탁으로 보는 견해이다. 위임은 일정한 범위 내에서 권한을 행사하도록 하되, 핵심적 권한은 위임한 사람들에게 있다고 본다. 국민을 대표하는 사람들은 자신을 선출한 유권자들의 의견을 전달하고 일정하게 위임한 범위 내에서 활동하도록 규정하는 것이다. 따라서 선출직 국회의원들은 국민들의 공복이라는 입장이 보다 분명하게 천명된다. 수탁으로 보는 경우에는 일단 선출된 이상 국회의원들이 임기 동안 사실상 국민들의 권한을 전면적으로 대행하는 것으로 상정한다. 국회의원들의 자율성을 높은 수준에서 보장하는 것이다. 당연히 국회의원들의 권력과 권한이 강화된다. 오늘의 대의제 민주주의는 위임 민주주의라기보다는 수탁 민주주의에 가깝다. 국회의원들은 일단 당선하면 자신을 뽑아준 국민의 의사를 일상적으로 물을 의무로부터 면제받고, 의사결정을 하는 데 있어 높은 수준의 자율성을 누린다. 원리적으로 국회의원은 독립적 헌법기관으로서 누구의 간섭도 받지 않고 의사를 결정한 권한을 국민으로부터 수탁받았다고 간주한다. 그러나 민주주의의 역사적 현실에서는 국회의원들이 국민으로부터의 자율성은 얻었지만, 역설적으로 정당 또는 정치적 계파로부터의 자율성은 얻지 못했음을 보여주고 있다.

　미국 헌법과 대의제 민주주의의 틀에 대해 오랫동안 숙고한 미국 헌법의 기초자들, 특히『연방주의자 논설』의 저자인 제임스 매디슨(James Madison)이 가장 깊이 우려했던 것이 정치적 파벌(오늘로 말하면 정당)에 의해 국민 의사가 왜곡되고, 대의제 민주주의가 정치적 기득권자들의 권력 놀음이 될 가능성이었다. 그의 우려는 들어맞았다. 대의제 민주주의와 정당정치의 결합은 불가피하다. 또 대의제 민주주의는 정당정치를 통해서만 구현될 수 있는 것도 엄연한 역사적 사실이다. 그러나 이 정당정치는 결국 권력을 추구하는 수단으로서 역할을 과도하게 부각시킨 결과 정당을 정치꾼들의 집합으로 만드는 경향이 나타났고, 정당과 대의제 민주주의가 국민들을 수단화하는 경향을 막을 수 없었다. 높은 수준의 자율성을 지닌 국회의원들이 자신이 속한 정당이 권력을 잡도록 하기 위해 또 자신이 따르는 정치적 지도자가 권력의 자리에 오르게 하기 위해 충성과 복종을 다하는 반면 국민들에게 얼마나 헌신하는가, 국민들의 생존과 번영을 위한 성공적 국가 경영에 매진하는가에 대해서는 긍정적 사례보다 부정적 사례들이 훨씬 많이 쌓여 있다. 이런 가운데 공화주의와 민주주의의 이상인 '국민의, 국민에 의한, 국민을 위한 정부'는 적지 않게 퇴색했다. 요컨대 국민과 선출직 공직자, 그리고 정당의 관계 순서가 정당-공직자-국민의 순으로 '전도된 관계'를 보일 위험이 농후해진 것이다. 그것은 정치의 관료제화와 과두제화 현상을 낳게 만든다.

이런 현상은 내각제보다는 대통령제를 채택하고 있는 나라들에서 더욱 심하게 나타난다. 후란 린치와 로버트 달 등의 비교 연구를 통해서도 확인되었지만 대통령제는 고도의 권력 집중과 승자 독식의 선거 제도 탓으로 양당제가 강화되고 정치의 수직화 현상 및 관료제화 현상도 심화되는 것으로 나타난다. 이에 비해 내각제, 특히 단순다수대표제보다는 비례대표제 선거에 대한 의존도가 높고 다당제가 구조화되어 있는 경우에는 '연합의 정치'가 제도화되고 권력 독식 현상이 상대적으로 약하기 때문에 과두제화·관료제화 현상은 상대적으로 덜한 것으로 나타난다.

한국의 경우에는 미국식 정치제도를 거의 그대로 이식해왔고, 자생적 민주주의 경험이 거의 전무한 상태에서 선거민주주의를 채택했기 때문에 위에서 말한 대의제 민주주의의 부정적 현상인 수직적 과두제화와 정당의 국회의원에 대한 지배적 관계가 조기에 구축되었다. 1948년 총선거와 1950년 선거에서는 이승만 대통령을 중심으로 한 집권당이 체계적으로 구축되지 않았기 때문에 무소속 당선 비율이 42.5%와 60%로 가장 높았으나 집권당이 구축된 1954년 선거에서는 자유당이 56%의 의석을 차지하고 정당정치가 자리 잡고 선거법이 상당 수준 보완된 1958년에는 자유당이 54% 민주당이 34%를 차지하여 양당제가 확립된다. 이 과정에서 선출직 공직자의 공천권을 정당이 쥐게 되었고, 이 공천권을 매개로 정치적 보스가 권력을 행사하고 정치자금을 끌어 모아 다시 계파 구성원들에게 배분하는 금권정치가 확립되었다. 이와 함께 선거도 '유권자 매수 민주주의' 양상이 1950년대에 이미 자리 잡았다. 물론 이는 1950년대 의무교육의 확산과 한글 교육의 확산 등으로 문맹률이 급격히 떨어지긴 하지만 아직 성인 세대의 문맹률은 50%를 넘었고, 농촌 인구가 대부분이었던 유권자들의 공동체에 기반한 '정념적 특성'이 투표 행위를 일종의 부조 관행화하는 여건이 되었다. '고무신'과 '봉투'가 선거에서는 필수 요소가 되었다. 돈을 얼마 쓰면 당선되고 얼마 쓰면 낙선한다는 '몇 당 몇 락'이라는 기준이 2000년 선거까지도 회자되는 상황이었다.

이런 여건에서 선출직 공직자의 윤리적 덕목은 기형적·모순적·위선적으로 형성될 수밖에 없다. 그 몇 가지 특징은 다음과 같다.

첫째, 국민의 공복이라는 의식과 권력자라는 선민의식의 혼재이다. 국민에 대한 측은지심과 인(仁)의 정신에 입각한 관념은 민주정치 이전에 조선의 주자학 전통에서도 강조된 덕목이다. 민주주의에서도 국회의원은 국민을 받들고 그들을 위해 봉사하는 사람으로 표상된다. 한국의 대의제에서 선출직 공직자들은 이런 표상을 외형적 준거로 삼는다는 점은 의심할 여지가 없다. 제헌의회를 구성한 5·10 총선거에서부터 오늘에 이르기까지 한국에서 국회의원은 이런 공복 의식을 어떤 형태로든 내세우지 않고서는 국회의원을 하기 어렵다. 그런 한편으로 한국의 선출직 국회의원들에게는 조선시대 엄격한 신분제 사회에서 관리들이 가졌던 선민의식, 국회의원이라는 자리를 권력을 전유한 것으로 보는 의식이 뿌리 깊게 배어 있다. 불과 1990년대 말까지만 국회의원을 지역사회에서 최고의 권력 자리로 인식하고, 지역사회에 군림하는 '영감'으로 불리었다. 권력자라는 선민의식은 국민과 공복의 관계를 지배자―피지배자 관계로 전도해서 본다는 것을 의미한다.

둘째, 표명된 윤리적 덕목과 현실의 비윤리적 행태의 이중성이다. 이 문제는 모든 자유민주주의 사회에서 정도의 차이는 있지만 공통적으로 나타나는 현상이다. 그러나 미국과 유럽의 민주주의 역사는 국민의 대표에 대한 엄격한 윤리적 규정의 매뉴얼화를 통해 그리고 선거와 대의제의 제도적 투명화와 탈금권화를 통해 이런 문제들을 극복해왔다. 한국의 경우 선출직 공직자의 윤리적 이중성은 근대적 선출직 공직자 관이 정립되지 않은 상태에서 조기에 선거민주주의가 도입되면서 '윤리적 덕목'은 실질적 기준이라기보다는 표명된 형식적 기준으로만 작동했다. 이로 인해 선거 승리를 위해 수단 방법을 가리지 않는 도구주의적 인식이 '과정의 윤리성'을 압도했다. 선출된 공직자도 '공복'이라는 의식보다는 '지배자'라는 인식이 강하기 때문에 재임기간 엄격한 윤리적 자기 제어를 하려는 의식이 취약하다. 그리하여 선출직 공직자들에게 윤리는 '걸리지 않으면 된다'는 전도된 행태로 나타나는 경향이 있다. 이런 경향은 지속되고 있지만 그럼에도 불구하고 2003년 공직선거법 개정과 2016년 이른바 '김영란법' 제정은 공직자 윤리에서 획기적 전환의 계기를 만들었다. 이를 계기로 금권선거의 전통이 깨졌고, '윤리의 매뉴얼화'가 가능해졌다.

셋째, 탁월함(Arete)의 추구의 과소와 권력의 사적 도구화의 우위이다. 대의제 민주주의는 직접 민주주의와는 달리 대표에게 국민 의사를 위임하는 것이기 때문에 '대표의 탁월성(덕성)'을 전제로 한다. 뛰어난 사람을 뽑아 뛰어난 국정을 하도록 한다는 정신이 배어 있는 것이다. 제임스 매디슨은 이렇게 말한다. "그들의 지혜는 나라의 참된 이익을 가장 잘 분별할 것이고 그들의 애국주의와 정의에 대한 사랑은 일시적 혹은 편파적인 고려에 나라를 희생

시킬 가능성을 최대한 낮출 것이다."(Hamilton, et al., 2001 : 47)

한국 정치에서도 이런 정신은 조선시대의 '선비 통치'라는 전통과 연결되어 어느 정도 자리 잡아왔다. 초기부터 국회의원은 탁월한 사람이어야 한다는 원칙은 강하게 표상되어왔다. 이 탁월함에는 지적 통찰력, 동태적 균형감각, 자기희생 정신, 용기, 공적 열정, 윤리적 엄격함 등의 요소가 포함된다. 선출직 공직자의 경력이 중시되고, 정당의 공천에서도 후보자의 이력과 능력은 중요한 고려 요소였다.

하지만 선거를 거듭할수록 선거의 특성상 이른바 '정치꾼'이 개입될 소지는 커졌고, 정치가(Statesman)보다는 정치꾼(Politician)이 차지할 수 있는 공간은 더 커졌다. 이런 현상은 민주화 이후에 더 심화되었다. 단순 다수대표제의 고수와 지방자치를 통한 선거 정치의 활성화는 지역에서 국회의원 선거를 도와주는 대가로 공천을 받는, 다시 말해 '선거'를 입신의 수단으로 삼는 토착 정치인들을 양산했다. 선거꾼들이 선출직 공직자가 되는 현상은 지방자치에서는 빈번한 일이 되었고, 나아가 국회에도 이런 경로를 통해 진출한 선출직 공직자, 이른바 '골목정치' 출신 정치인들의 수가 계속 늘어났다. 이들 가운데는 삶의 현장에 뿌리를 두고 이론과 실무를 겸비한 뛰어난 정치인들도 배출되었지만 그 수는 소수에 지나지 않고 다수는 선출직을 입신출세의 수단으로 삼고 권력을 사적 도구화하는 행동을 서슴지 않는다. 지방자치단체장과 지방의원들 가운데 지역 이권이나 부정으로 처벌받는 사례가 끊이지 않는 이유가 여기에 있다.

이 같은 현상의 구체적인 보기를 통계적으로 보여주는 자료를 [표 13]에 담았다. 지난 1997년부터 중앙선거관리위원회가 공식적으로 정리하는 통계자료에는 재보궐선거의 결과를 포함하고 있다. 그 내용은 [표 13]이 명백하게 보여주고 있으므로 긴 설명은 필요 없지만, 그 기록에 따르면 1997년부터

2019년 초까지 중앙과 지방의 각종 선거를 통틀어 1208건의 재보궐선거를 치렀다. 연도별, 사유별 추세는 워낙 자료가 방대하므로 여기에는 전체 재보궐선거 사례 중에서 피선거권 상실, 선거범죄로 인한 당선 무효 등 법률과 규정 위반의 일탈적인 사유로 선거를 다시 치러야 했던 비율이 무려 45.45%로 거의 절반에 가까웠음을 보여주는 자료만 실었다. 이 같은 재선거, 보궐선거로 말미암아 국고 낭비를 비롯한 엄청난 사회경제적 비용을 감당해야하고 그 과정에서 국민에게 노출해야 하는 '범법자' 정치인이라는 낙인을 부끄러워할 줄 모르는 정치문화의 일단을 국민이 지속적으로 목격해야만 하는 한심한 모습이 엿보인다. 여기에 선출직 공직자의 도덕성 문제가 적나라하게 드러나고 있음을 쉽게 추정할 수 있다.

[표 13] 1997~2019년 기간의 각종 재보궐선거 실시의 사유

실시 사유		횟수(건)	비율
사망		146	12.09%
피선거권 상실, 선거범죄로 인한 당선 무효 등	퇴직(피선거권 상실)	41	3.39%
	피선거권 상실	69	5.71%
	당선 무효	338	27.98%
	당선 무효(선거사무장)	1	0.08%
	선거범죄로 인한 당선 무효	93	7.70%
	헌재 결정	3	0.25%
	선거 무효	2	0.17%
	선거 무효 판결	2	0.17%
	총합	549	45.45%
사직 또는 퇴직		505	41.80%

계룡시 신설	4	0.33%
증평군 신설	3	0.25%
사망한 자의 후보자 등록으로 인한 당선 무효	1	0.08%
합계	1208	100%

넷째, 신념 윤리의 과잉과 책임 윤리의 과소이다. 흔히 정치는 윤리도덕과 어울릴 수 없다고들 한다. 앞에서 리더십 이론을 점검할 때 베버의 정치의 책임 윤리에 관해 언급하였지만, 우리의 정치에서 책임을 겸허하고 진지하게 고백하는 모습을 얼마나 자주 볼 수 있는지는 여기서 밝힐 필요가 없을 것이다. 하기야 우리나라에서는 정치뿐 아니라 모든 사회경제적 영역에서 주요 직책을 수행하는 인사들이 책임을 솔직하고 공공연히 인정하는 관행을 보기가 드문 것도 현실이다. 그러나 정치에서 국정을 운영하는 리더들은 그 책임이 막중함을 날마다 느끼며 살아야 하는 사람들이다.

그런데 한국의 민주주의 역사는 투쟁의 역사였다. 건국 초기에는 공산주의와 반공주의, 산업화 시대에는 독재와 민주, 민주화 이후에는 좌파와 우파의 대립이 시대의 변화에 따라 다른 옷만 갈아입고 정치적 분열의 중심에 있었다. 그 결과 강한 진영의 정치와 정치적 양극화가 신념 윤리에 과도하게 집착하게 하는 경향을 만들었다. 그 반면에 정치적 행위에 대한 책임(accountability)은 상대적으로 약하다. 책임은 공적인 행위에 대해 국민에게 항상 설명해야 할 의무와 정치적 행위에서 의도보다는 결과의 중요성을 인정하는 것이 핵심이다. 이런 기준에서 보면 한국의 선출직 공직자에게 책임 윤리는 취약하다.

다섯째, 수평적 협력 의식의 과소와 수직적 위계 의식의 과잉이다. 대의제 민주주의를 입안한 사람들이 가장 경계했던 것은 정치가 과도한 파벌주의에 의한 권력 투쟁의 공간으로 변질되는 것이었다. 이런 우려는 한국 정치를 통해 그대로 현실화되었다. 한국에서 정당에 대한 국회의원의 정치적 자율성은 매우 협소하다. 미국에서는 그나마 '당론'이라는 것이 의무적으로 주어지지 않고, 국회의원의 자율적 의사결정이 존중되지만 한국에서는 당론을 거스른 국회의원의 자율적 의사 결정 권한은 거의 주어지지 않는다. 정치적 쟁점이 되는 입법과 정책에서 국회의원의 크로스보팅이 거의 인정되지 않는 것이다. 이는 한국의 정당정치가 철저히 보스 중심의 계파정치로 운영되어 왔음을 반영한다. 해방공간에서 정치적 리더 중심의 분열과 이합집산을 배경으로 탄생한 대의제 민주주의는 인물 중심 보스 중심의 정치로 체질이 굳어졌다. 이러한 보스와 계파정치는 권위주의 체제를 거치면서 더욱 강화되었다. 보스와 계파 중심의 정치에서 수직적 위계 의식은 필수적이다. 보스의 뜻에 따라 움직여야 공천권을 포함해 정치적 미래를 보장받을 수 있기 때문에 국회의원의 '줄서기 정치'는 자연스런 관행이 되었다. 대선 때마다 국회의원들이 대선 후보들의 캠프에 앞다투어 들어가 요직을 차지하고, 그 기여도에 따라 공천권을 배분받는 가산제적 수직적 정치문화가 국민 주권과 권력의 자의적 남용을 배척하는 공화주의와 충돌하게 된다. 이런 반공화주의적 정치문화, 수직적 보스 정치는 수평적 협력의 정치질서를 가로막는 가장 중요한 요인이기도 하다. 문제는 민주화 이후 그리고 ICT 혁명의 영향으로 다원화·수평화·공정화되고 있는 사회적 흐름과 정치의 이런 일원화·수직화·비공정화 특징이 정면으로 충돌하는 지경에 이르렀다는 것이다. 선출직 공직자의 새로운 윤리적 덕목으로 다원화·수평화·공정화의 가치에 부합하는 덕목이 중요해지는 이유가 여기에 있다.

3. 선출직 공직자의 도덕성 평가 기준 탐색의 기조

지금부터 본격적으로 미래사회의 선출직 공직자의 도덕성 판단을 위한 기준의 탐구와 정립을 위한 논의를 시작한다. 이를 위해서는 다양한 원천에서 자료를 얻고 거기서 필요한 내용을 추출하는 일을 주로 하게 된다. 그중에서 본 연구는 현재 동서양 주요 국가의 대의기구, 행정부, 대학, 기타 시민사회의 교육기관 등에서 제시하거나 참조하고자 하는 윤리 전범을 분석하여 연구팀 나름의 새로운 기준을 설정하고 이를 실천할 때를 대비한 매뉴얼을 작성하는 일도 곁들이기로 하였다.

1) 미래사회에 요구되는 덕목

먼저 새로운 디지털 혁명 시대 또는 인공지능혁명 시대로 달려가는 이 시대에 선출직 공직자의 자질과 덕목도 달라질 수밖에 없다. 새로운 기술 패러다임 하에서 사회에서 필요로 하는 인재의 덕목도 달라져야 하기 때문이다. 정치인의 자질은 포괄적인 인재의 자질과도 연관되어 있다. 일반적으로 요구되는 자질은 크게 세 가지다.

첫째는 창조성이다. 글로벌화된 첨단 기술혁명의 경쟁적 환경은 혁신 경쟁에서 살아남을 수 있느냐가 가장 중요한 관건이 된다. 모든 분야에서 비슷한 수준의 경쟁이 일어나는 것이 아니라 최첨단 분야에서의 경쟁이 전체 경쟁을 좌우하는 구조로 바뀌고 있다. 또 각 분야에서도 경쟁에서 살아남으려면 창조성에 기반한 혁신성을 발휘해야 한다. 그렇기 때문에 창조성과 혁신 지향형 인재를 찾게 되고, 이런 인재 유형을 얼마나 배출할 수 있느냐가 경제와 교육 모두에 관건이 된다.

둘째는 협력(collaboration) 능력이다. 통섭과 융합 시대에 맞는 인재상은 '고독한 인재상'이 아니라 높은 수준의 사회성과 소통 능력을 갖춘 인재상이다. 이 협력 능력은 타인을 수단화하지 않는 태도, 측은지심과 역지사지의 도덕 감정, 상황에 대한 종합적 판단 능력, 적합한 언어 구사와 소통 능력 등을 포함한다. 이런 협력 능력의 증진은 곧 사회의 공감 기반으로 확장될 수 있고, 사회 통합의 기반이 되는 것이기도 하다.

셋째는 자아실현 추구이다. 미래사회의 가장 기본적인 가치는 자유이고 그 자유가 지향하는 것은 궁극적으로 개인의 행복이다. 각자가 자신의 자아 정체성의 궤적을 자율적으로 구성하는 것을 통해 추구된다. 이 자아실현 과정은 자유방임적 상태를 의미하는 것이 아니다. 오히려 시민으로서의 삶을 공동체의 삶과 어떻게 잘 조화시킬 수 있느냐가 자아실현과 행복의 매우 중요한 요소이다. 자유와 책임, 선택의 자유와 공동체에 대한 의무, 심미적 개성의 추구와 시민적 덕성의 고양 등이 모두 자아실현의 과정에서 꼭 필요한 요소들인 것이다.

미래사회의 일반 시민들이 자유와 행복을 구가하기 위해 필요한 이러한 덕목들에서 삶의 윤리적 차원이 갖는 중요성은 줄어드는 것이 아니라 오히려 늘어난다. 특히 협력과 자아실현 추구에서 윤리적 삶은 필수적이다. 이때의 윤리란 지켜야 할 도덕적 규범에 대한 순응이라는 수동적 차원이 아니라 시민적 덕성을 발휘해서 사회적 관계들을 원활하게 하고 공동체의 삶의 질을 높여가는 적극적 차원으로 해석되어야 한다.

2) 미래사회의 윤리적 리더십의 기본 특징

이런 맥락에서 시민적 덕성을 중심에 두는 민주공화국 시민들의 전형을 생각할 때 미래사회의 선출직 공직자에게도 당연히 리더십의 여러 요소들 가운데 윤리적 리더십이 대단히 중요한 요소가 된다. 앞서 이론적 검토에서 자세히 소개한 바 있지만 이 윤리적 리더십은 이미 최근 경영학과 사회학의 리더십 이론들에서도 점점 더 그 중요성을 강조하는 리더십 유형이다. 여기에는 윤리적 리더십의 기본 평가 항목들을 비윤리적 리더십과의 비교하는 간단한 표를 제시한다.

[표 14] 윤리적 리더십과 비윤리적 리더십의 주요 비교 항목

기준	윤리적 리더십	비윤리적 리더십
리더의 힘과 영향력 사용	사람들과 조직에 봉사한다	리더 개인과 직업적 목표에만 신경을 쓴다
다양한 이해관계자들의 이익 조정	다양한 이해관계자들을 조율하고 균형을 맞춘다	가장 자신에게 도움이 되는 이해관계자에게만 신경을 쓴다
조직을 위한 비전 개발	사람들이 필요한 것, 가치와 아이디어 등을 토대로 비전을 개발한다	조직이 성공하기 위해 자기 자신만의 비전을 사람들에게 주입한다.
리더 행동의 진실성	자신이 지지하는 가치와 일치하는 행위	사적 목적 달성에 주력하는 행위
용기–리더의 결정과 행동에 대한 위험 감수	개인의 위험을 감수하고 필요한 결정	개인적인 위험을 초래하는 결정 회피
소통 노력	정보를 적시에 완전히 공개	편견을 가져오는 왜곡과 속임수 사용
사람들의 비판과 반대에 대한 반응	비판적인 평가 권장과 수용	비판과 불만의 억제와 억압
팔로워의 능력과 자신감 개발	코칭, 멘토링 및 교육의 적극적 활용	의존적 팔로워 선호와 교육 비중시

역시 리더십 이론을 고찰할 때 언급했지만, 윤리적 리더십은 섬김의 리더

십(Servant leadership)과 매우 밀접히 연관된다. 이 두 리더십은 모두 시민이나 유권자들을 수단이나 대상으로 간주하지 않고 목적이자 주체로 인식하는 관점을 전제로 한다. 칸트(Kant)가 타인을 수단이 아닌 목적으로 간주하는 것을 세계시민이라 했을 때 이 의미를 담고 있다. 윤리적 리더십과 섬김의 리더십은 모두 그 구체적인 실현 방법으로 위계와 명령에 의한 수직적 질서보다는 리더와 팔로워의 협력(collaboration)을 기축으로 하는 수평적 질서를 선호한다. 리더에게 권한에 부응하는 만큼의 책임과 개인적 위험을 감수하는 용기, 말과 행동을 일치시키려는 진정성, 열린 소통, 시민 한 사람 한 사람의 자기 개발과 행복을 지원하려는 노력 등이 이런 리더십의 주요한 덕목으로 부각된다.

4. 선출직 공직자의 도덕성 정립을 위한 기초 자료

그러면 우리가 목표로 하는 선출직 공직자의 도덕성 평가를 위한 기준을 결정하는 데는 어떤 종류의 자료를 활용할 수 있는가? 본 연구는 서론의 방법론에 관한 소개에서 잠정적으로 우리나라와 주요 외국의 각종 관련 법령과 규정 등을 분석한다고 언급한 대로 '주요 국가의 공직자 윤리 관련 법령과 규정' 같은 자료를 중심으로 분석에 임하였다. 이들 자료에서 필요한 관련 항목을 가능한 한 많이 추출하여 우리가 구상하는 가치 체계를 정립하는 데 직접 활용하였다. 그 외에도 여러 가지 추가 자료를 참조한 것이 있으나 워낙 방대한 자료인지라 본문에는 제시하지 않고 [부록]으로 처리하였다.

주요 국가의 공직자 윤리 관련 법령과 규정

- 한국 공직자윤리법
- 한국 국회법
- 한국 국회의원 윤리강령
- 한국 국회의원 윤리실천규범
- 뉴질랜드 하원의사규칙 중 의원윤리 관련 규정
- 독일 연방의회 의원 행동규칙
- 미국 상원윤리특별위원회 매뉴얼
- 미국 정부윤리법 1978
- 영국 상원의원 윤리규칙
- 영국 하원의원 윤리규칙
- 일본 국가공무원윤리법
- 일본 마쓰시타정경숙의 교육 비전
- 일본 마쓰시타정경숙의 면접 요소
- 일본 마쓰시타정경숙의 3~4년차 커리큘럼
- 중국공산당 규약
- 중국공산당 규약 총강령
- 중국 당내감독조례 제정
- 중국영도간부승진강등규정
- 중국 전국인민대표대회 의원 자질 평가 항목
- 중국정부의 4대악풍 "형식주의", "관료주의", "향락주의", "사치풍조"
- 중국 중앙당교에서 가르치는 윤리적 가치관
- 캐나다상원의원윤리와이해충돌에 대한 법

선출직 공직자의
도덕성 가치 체계 정립

선출직 공직자의 도덕성 가치 체계 정립

지금부터는 구체적으로 본 연구가 추구하는 미래 선출직 공직자의 도덕성의 기준을 마련하기 위한 논의의 틀(framework)부터 설정하고 그 틀에 준하여 행위의 지침과 이를 적시하는 데 필요한 지표 구성 및 질문서(설문지) 작성을 예시하기로 한다. 나아가 어떤 제도적 절차에 의해서 그와 같은 기술적 도구를 활용할지에 관한 제안은 결론에서 따로 제시할 것이다.

1. 도덕성 확인을 위한 가치 체계의 구상

우선 간략하게 가치(values, 또는 가치관, 가치의식)의 의미를 정의하자. 가치란 사람들이 주어진 대상을 두고 바람직스럽다(desirable), 선호한다(preferable), 좋다(good), 옳다(right), 중요하다(important), 아름답다(beautiful), 유쾌하다(pleasant)라는 등의 판단을 내릴 때 그 기준이다. 나아가 개인과 사회가 추구하는 목표(goal)를 선택할 때나 행동을 할 때 참조하고 그 행동의 동기를 정당화하는 원칙과 기준이기도 하다. 좀 더 일반화하면 무슨 행동을 어떻게 해야 하는지에 관한 관념 내지 신념이고, 무엇을 평가하기 위해 설정하는 표준(standard)이라고도 한다. 요컨대 인간의 판단, 평가, 선택의 행위를 결정하는 의식의 내용이며 그에 기초하여 행동으로 표출하는 기준이다. 이런 의미의 가치는 인간의 관념이나 신념 중에서도 쉽사리 변하지 않고 비교적 지속적인 성질을 띠는 것이 특징이다(Bell, 2004: 4; Rokeach, 1973; 1979; Williams, 1970; Zavalloni, 1980).

선출직 공직자의 도덕성도 이러한 가치 판단의 틀 속에서 이해할 수밖에 없으므로 도덕성 평가라는 과제도 특정한 가치의 체계에 의존하지 않을 수 없다. 따라서 공직자의 도덕성은 곧 공직 가치의 관점에서 접근하게 된다. 공직 가치란 일단 사회제도적 맥락 속에서 공직을 집행하는 국가기구가 추구하는 가치일 것이며 개인 수준에서는 그러한 국가적 가치를 일상적인 생활과 업무 수행 과정에서 공직자가 실천하는 가치로 이해할 수 있다(강정석 외. 2015). 이런 관점에서 본 연구는 아래 [표 15]와 같은 하나의 가치 체계라는 이념형적 틀을 먼저 구축하고 그 틀 속에서 공직자로서 살아가고 행동할 때 실천해야 하는 자세와 태도를 도덕성이라는 시각에서 구체적으로 점검할 수 있는 기초를 마련하고자 하였다.

여기서 이루어지는 작업은 앞에서 언급한 세계 주요 국가의 관련 법 규범, 윤리 규정, 기타 행동 준칙 등을 기초 자료로 삼아 그로부터 추출한 내용을 하나의 이념형적 틀로 재구성한 것이고 이를 아래 [표 15]에 담았다. 이 표에는 먼저 공직자의 도덕성을 규정하는 기초로서 사회적으로 중시하는 가치를 여섯 가지 범주로 분류하여 ① 국가의식, ② 헌법주의와 준법정신, ③ 공직 가치, ④ 전문직 가치, ⑤ 사회적 가치 및 ⑥ 윤리적 가치를 따로 제시하였다. 그러한 기본 가치의 범주 안에는 여러 가지 하위 범주에 해당하는 가치를 설정하였다. 다음은 그러한 기본 가치를 구성하는 하위 가치와 규범의 내용을 다시 명시하고, 이어서 구체적으로 그러한 가치와 규범을 실천하는 행위 지침을 예시하였다. 그리고 맨 우측의 비고란에서 기초 자료로 활용한 각국의 각종 해당 법령, 규칙 등을 밝혀두었다. 그 내용 자체를 장황하게 모두 해설할 필요는 없지만 이 표는 다음의 작업인 도덕성 지표의 작성을 위한 기본 틀에 해당하므로 상당히 많은 지면을 차지하는 대로 전부를 본문에 제시하였다. 기실 이런 형식의 가치 체계는 비단 공직자의 도덕성 문제에만 한정해서 활용할 것이 아니라 다른 종류의 사회적인 행위 지침을 마련하는 기본 가치의 틀로서도 유용하게 쓸 수 있을 것임을 이 자리에서 밝혀둔다.

[표 15] 선출직 공직자 도덕성의 가치 체계 일람

기본 가치	가치·규범의 구성 내용	구체적 행위 지침	비고(법령 등)
1) 국가의식			
우국지심	애국심	조국에 대한 사랑 나라사랑	중국공산당규약 제6장 제35조
	국리민복	국민에 대한 충성 국민의 자유와 행복, 복리 증진	한국 국회법 제24조 한국 국회의원윤리강령 본문 중국 전국인민대표대회 의원 자질 평가 항목 (1)
	충성심	흔들리지 않는 믿음	중국 중앙당교에서 가르치는 윤리적 가치관 (팔영팔치八榮八恥)
	국가기밀 엄수		한국 국회의원 윤리실천 규범 제6조 형법 제127조 중국 중앙당교에서 가르치는 윤리적 가치관(베이징정신)

멸사봉공	살신성인	공동체와 지역을 위한 헌신적인 봉사	캐나다 상원의원윤리와이해충돌에대한법 "원칙"의 2. (2) (a)
	헌신	봉사	
	봉사	일부가 아닌 국민 전체에 대한 봉사	한국 국회의원 윤리강령 2항 일본 국가공무원윤리법 제3조 (직원이 준수해야 할 직무와 관련된 윤리 원칙) ①
	희생	희생을 두려워하지 말고 선뜻 나서서 용감하게 씨움	중국 공산당 규약 제3조 당원의 의무 (8)
민본, 위민	국민의 참여와 결정 존중	대중과 밀접히 연계, 문제에 대한 대중과의 상론, 대중의 요구 반영	한국 국회의원 윤리강령 1항 중국 공산당 규약 제3조 당원의 의무 (7)
	국민에 대한 관심	국민의 실정을 알고 문제 해결을 위해 국민 접촉	중국 당내감독조례 제정 (중앙 8항 규정) (1)

2) 헌법주의 · 준법정신

헌법 준수	헌법 준수	헌법 준수를 위한 행위	한국 국회법 제24조
법의 지배, 준법	법 준수, 규율 준수	정치규율, 국가의 법률과 법규를 모범적으로 준수	한국 국회의원 윤리실천규범 1조 한국 국회의원 윤리강령 본문 중국 공산당 규약 제3조 당원의 의무 (4)
		법률법규, 국가의 재정경제 법규와 인사 제도 준수	중국 공산당 규약 제5장 제32조 (7)

3) 공직 가치

| 선출 공직자 소명 의식 | 리더십 | 리더십과 모범을 통해 모든 가치의 원칙 장려 및 지지 | 영국 하원의원윤리규칙 4. 윤리규칙의 일반원칙 "지도력" |
| | 임무 달성 | 맡겨진 임무 성과적 수행 | 중국 공산당 규약 제5장 제32조 (1) |

공공선 (공동선) 중시, 공익 위주	대의 추구 선공후사 사익 초월	공익의 관점에서 행동 도로 교통 통제 최소	영국 상원의원윤리규칙일반원 칙 9. (a) 이기심, 공익의 관점 에서 행동 영국 하원의원윤리규칙 4. 윤 리규칙의 일반원칙 "이기심"
봉사정신	국민을 위한 봉사 섬김 리더십	특권 의식, 특권 행사, 관존민 비 탈피 국민을 위한 봉사	한국 국회법 제22조 중국 공산당 규약 제6장 당의 간부 제36조 중국 중앙당교에서 가르치는 윤리적 가치관 (팔영팔치 八榮八恥)
솔선수범	모범, 선봉	경제 발전과 사회 진보를 위하 여 생산, 사업, 학습 및 사회생 활에서 선봉적·모범적 역할 솔선수범 행위	중국 공산당 규약 제3조 당원 의 의무 (2) 중국 공산당 규약 제6장 당의 간부 제36조
헌신	의무에 헌신	헌신적으로 일하며 많은 기여	중국 공산당 규약 제3조 당원 의 의무 (3)
		자기희생	중국 중앙당교에서 가르치는 윤리적 가치 (마오쩌둥의 가치)
품위 유지		품행을 바르게, 문란한 언행, 동료 모욕 삼가, 높은 수준의 품위, 상원의원 및 상원에 대한 부정적 행위 삼가	캐나다 상원의원윤리와이해충 돌에 대한 법 7.1(1) 일반적 행위 7.2 의회에 대한 의무와 역할 뉴질랜드 하원 의사규칙 중 의 원윤리 관련 규정 제89조 (문 란행위) 제117조 (의회나 사법부에 대 한 모욕적 언급)
		기본적인 의무와 역할을 품위, 명예 및 윤리 의식을 갖고 행함 문란한 행위 모욕적 언사 사용 위와 동일	제119조 (모욕적이거나 문란한 언사) 제120조 (개인적 의견) 뉴질랜드 하원 의사규칙 중 의 원윤리 관련 규정 제409조(의 회 모욕죄), 제410조(모욕죄의 범례) (0)

품위 유지		특정 의원 상대로 개인적 의견 피력, 의회나 의원의 특성 또는 품행을 손상시키는 행위, 품위를 바르게, 문란한 언행, 동료 모욕 삼가	한국 국회법 제25조, 제146조, 제147조, 제148조 한국 국회의원윤리실천규범 제2조
개방성	공개성	투명성의 원칙을 통한 모든 결정과 행동 공개적이고 투명한 방식으로 행동하고 결정	영국 상원의원윤리규칙 일반원칙 9. 개방성 영국 하원의원윤리규칙 4. 윤리규칙의 일반원칙 "개방성" 국회법 제62조, 제117조, 제118조
	개방성	관련 정보 최대한 개방	공직선거법 제111조
	대표성		
	반응성		
원칙 견지	원칙성 법과 원칙에 따른 의사 결정 및 일처리	법의 원칙에 따라 행동	영국 상원의원윤리규칙 일반원칙 9. (g) 지도력, 원칙 추구 영국 하원의원윤리규칙 4. 윤리규칙의 일반원칙 "지도력" 중국 공산당 규약 제6장 당의 간부 제36조 (5)
		엄격한 기준 유지하여 공적 의무 수행	
		출장 및 공무 비용 원칙과 기준에 맞게 사용	
		원칙 견지, 법에 의해 일을 처리	

4) 전문직 가치

전문성	전문가 의식	과학, 문화 법률 지식과 실무 지식	중국 공산당 규약 제3조 당원의 의무 (1)

책임 의식	투철한 직업 의식	겸임 금지 이중 근로소득	미국 상원윤리특별위원회매뉴얼–제3장 외부근로소득(규칙 36) 미국 상원윤리특별위원회매뉴얼 제6장 정치활동 규칙 38.2, 40, 및 41 미국 정부윤리법 1978 제5편 이중 근로소득 및 이중 취업에 대한 범정부적 제한 제501조 (이중 근로소득 제한) 제502(이중 취업에 대한 제한)
		행동과 관련하여 국민에게 책임을 짐, 이를 보장하기 위해 모든 조사에 응함	영국 상원의원윤리규칙 일반원칙 9. 책임성, 행동에 대한 책임
	행위에 대한 책임	분쟁 해결을 위한 조치를 취할 의무 의원이 제공하는 전문 서비스에 대해 수임료 수락 (k) 책임의식을 통한 사업 수행	영국 하원의원윤리규칙 4. 윤리규칙의 일반원칙 "책임성" 영국 하원의원윤리규칙 4. 윤리규칙의 일반원칙 "정직성" 뉴질랜드 하원 의사규칙 중 의원윤리 관련 규정 제409조 (의회 모욕죄), 제410조 (모욕죄의 범례) (k) 중국 공산당 규약 제6장 제35조 중국 공산당 규약 제6장 당의 간부 제36조(4)
	직무 전념 직무 몰입 소신 있는 업무 처리	사업에 대한 의욕과 정치적 책임감 겸임/겸직 금지 직무에 전념하고 사사로운 일을 하지 않음 압력과 유혹에 굴하지 않고 소신 있게 업무 처리	한국 국회법 제20조, 국회의원윤리실천규범 제8조, 제29조, 제32조, 제121조, 제136조, 제145조 한국 국회법 제29조 한국 국회의원 행동강령 제3조

공정성	불편부당	권력 남용, 국민 차별적 취급	한국 국회법 제40조의2, 제46조의2, 제48조, 제104조, 제105조, 제107조, 제111조 한국 국회의원윤리실천규범 제3조
	직권 남용	지위를 남용하여 부당한 대가 추구 지위를 활용한 정보 습득 및 활용	캐나다 상원의원의윤리와이해충돌에 대한 법 "행위규칙"정보의 이용 10. (1)
	공평무사한 일처리/ 차별, 편견 제외	지위를 남용하여 부당한 이익 금지	한국 국회법 제49조, 국회법 제102조, 제164조 제122조의 2, 제149조, 제156조 한국 국회의원윤리실천규범 제3조, 제4조,
		공직 임명, 계약 체결 또는 포상과 관련하여 공정한 기준에 의거한 평가	영국 상원의원윤리규칙 일반 원칙 9. 객관성, 공평 공정 행동 및 결정 영국 하원의원윤리규칙 4. 윤리규칙의 일반원칙 "객관성"
		공정한 집무 집행	일본 국가공무원윤리법 제3조 (직원이 준수해야 할 직무와 관련된 윤리 원칙) ①
		공정한 행위 직권 남용하여 사리를 꾀하는 온갖 행위 반대	중국 공산당 규약 제6장 제35조, 제36조 중국 공산당 규약 제6장 당의 간부 제36조 (5)
		공평하고 사사로움이 없는 행위	한국 국회법 제122조의 2, 제149조, 제156조, 제49조 한국 국회의원윤리강령 본문, 공직자윤리법 제2조의 2, 제14조의 2 공직선거법 제8조

공정성		직무상 비밀을 이용한 재물 취득 금지	
	공명정대, 사사로움	일을 바르고 정당하게 처리, 여러 그룹을 공정하게 대함, 특정 개인이나 단체에 차별적 특혜 금지	한국 국회법 제26조, 제29조의 2 한국 헌법 제7조, 국회법 제40조의2, 제46조의 2, 제48조, 제104조, 제105조, 제105조, 제11조 국회의원윤리실천규범 제4조
	권력 남용, 국민 차별적 취급		한국 국회의원윤리실천규범 제4조(직권남용금지)
중립성	객관성 직계나 친족도 엄격하게 관리·감독	이해 충돌 방지	미국 상원윤리특별위원회매뉴얼-제3장 이해의 충돌(규칙 37) 및 외부 근로소득(규칙 36)
		자녀, 배우자 등 직계 친족의 규정에서 벗어난 기업경영, 상업행위, 직무 담임, 겸직보수 수수 행위 등 금지	영국 상원의원윤리규칙 일반 원칙 9. (b) 윤리성, 가족 지인에게 금전적/물질적 혜택 금지
		자신, 가족 또는 친구의 이익을 위해 물질적 편의 제공 목적으로 결정	영국 하원의원윤리규칙 4. 윤리규칙의 일반원칙 "이기심"
		사익, 가족, 집단의 사익 추구를 위한 정보 공유	캐나다 상원의원의윤리와이해충돌에대한법 "행위규칙"정보의 전달 (2)
		직무상 습득한 정보에 대해 국민의 일부만 유리해지는 취급 공사 구별 명확, 사적 이익을 위해 직무 직위 이용 금전적 이득의 이해 충돌 방지	한국 공직자윤리법 제1조, 제2조의 2, 제4조, 제14조의 2, 국회법 제29조의 2, 제40조의 2, 제42조, 제46조의 2 일본 국가공무원윤리법 제3조(직원이 준수 해야 할 관련된 윤리 원칙) ①, ②

공사구분		출장 등 공무 외 행위	미국 상원윤리특별위원회매뉴얼-제2장 선물 규칙 35 및 39
투명성	적극적 정보 개방 국민의 알 권리 보장 의사 소통	재산 공시, 겸직, 기타소득, 주식 거래, 기부, 현물 증여, 선물 등 공개	미국 상원윤리특별위원회매뉴얼-제2장 선물 규칙 35 및 39 미국상원윤리특별위원회매뉴얼 제5장 재무 공개 규칙 34 미국 정부윤리법 1978 제1편 미연방 공직자 재산공개 요건 제101조(보고서 제출 의무자)부터 제111조(규정 관리)까지 영국 하원의원윤리규칙 4. 윤리규칙의 일반원칙 "정직성"
		공무와 관련된 모든 사익 공개 혜택 및 선물의 성격, 출처 및 그 상황 공개 특정 이익 명부로 유지	캐나다 상원의원윤리와이해충돌에대한법 "행위규칙" 진술: 선물 또는 기타 혜택 (3) 뉴질랜드 하원 의사규칙 중 의원윤리 관련 규정 제163조 (금전 등 기타 특정 이익) (2) 제165조 (재정 이익의 공표)
		재정 이익의 공표, 업무 외 겸직 현황, 의원직 이외의 보수, 정치활동의 금전적 기부 및 현물 증여, 선물 등 주식거래나 소득 등의 보고 성실한 재산 등록	한국 공직자윤리법 제12조 독일 연방의회 의원 행동규칙 제1조 신고의무 일본 국가공무원윤리법 제7조 (주식 거래 등의 보고), 제8조 (소득 등의 보고)
		주식거래, 기부, 현물 증여, 선물 등 공개	한국 국회법 제149조의 2, 공직자윤리법 제1조
진정성	잔심(殘心)	일을 마무리한 후 최후 마지막까지 진심을 다해 점검하는 마음	일본 마쓰시타정경숙의 면접 요소

창조성 (혁신)	개척혁신 개척정신 창의성	창의적 인재 양성 개척 혁신의 행위	중국공산당 규약 제5장 제32조 (5) 중국공산당 규약 제6장 당의간부 제36조 (3)
	개척성 창조성	자수자득(自修自得): 새로운 시대를 창조하는 지도자	일본 마쓰시타정경숙의 교육 비전
바른 기풍 수립	도덕 수양	도덕 수양 강화, 당성 강화	중국 공산당 규약 제6장 당의 간부 제36조 (5)
실사구시	실효 추구, 실제적 관점	실사구시적 관점 및 행위, 실효 추구, 실제적인 일 (3) 형식주의 지양 (5)	중국 공산당 규약 제6장 당의 간부 제36조 (3), (5)
	효율적 업무	불필요한 문건 남발 금지 불필요한 공항 영접 금지(4)	중국 당내감독조례 제정 (중앙 8항 규정) (3)
	구관습 타파, 형식주의, 관료주의 타파	정치국원 회의, 활동사항 보도 최소화(6)	중국 당내감독조례 제정 (중앙 8항 규정) (4), (6)
	현지현장 주의	현장에 몸을 담아 문제의 본질 파악 연구 실천 활동	중국 정부의 4대 악풍 "형식주의", "관료주의" 일본 마쓰시타정경숙의 교육 비전 일본 마쓰시타정경숙의 3~4년 차 커리큘럼 (비전에 기반한 실천 활동)

5) 사회적 가치

타인에 관한 관심	타인 존중	의원의 발언은 도중에 다른 의원의 발언에 의하여 정지되지 아니함	한국 국회법 제100조
	약자 보호	사회적 약자에 대한 배려 "후덕"	중국 중앙당교에서 가르치는 윤리적 가치관 (베이징정신)

돌봄 (caring)	낙시(樂施): 즐거이 베풀기	사회적 약자에 대한 배려 "후덕"	중국 중앙당교에서 가르치는 윤리적 가치관 (베이징정신)
관용(관대)	양보, 관용	사회분열과 차이를 양보를 통 해 "포용"함	중국 중앙당교에서 가르치는 윤리적 가치관 (베이징정신)
	배려	타인에 대한 배려	중국 중앙당교에서 가르치는 윤리적 가치 (마오쩌둥의 가치)
	개방성	타인의 모든 결정과 행동에 관 련하여 개방적인 행위	한국 국회법 제62조, 제117조, 제118조
신의(신뢰)	신의성실	신의성실의 행위, 우애 신의를 지키는 것은 영예, 이익 을 쫓아 의를 잊는 것은 수치	중국 공산당 규약 총강령 중국 중앙당교에서 가르치는 윤리적 가치관 (팔영팔치 八榮八恥)
예절	예의 바름, 공손 애교(愛嬌)	애교는 인간의 예의, 타인에게 긍정적인 영향을 미침, 몸짓, 표정, 인사 등 몸에 배인 평소 예절 인간관계에서 끝까지 예의를 다하는 모습	일본 마쓰시타정경숙의 면접 요소
정의	정의	정의로운 행위	중국 공산당 규약 총강령
참여		당내 사무 공개하여 더 많은 참 여 유도	중국 공산당 규약 제2장 제10 조 (4)
협동	협동성 단합심	자신과 의견이 상이한 동지를 포함한 모든 동지들과 단합하 여 함께 사업 수행, 존중 행위 단결과 상호부조, 남에게 해를 끼치고 자기만을 위하는 것은 수치	중국 공산당 규약 제6장 당의 간부 제36조 (6), (7) 중국 중앙당교에서 가르치는 윤리적 가치관 (팔영팔치 八榮八恥)
		의견 수렴, 의견 교환, 의견 청 취	한국 국회법 제3조, 제11조, 제 15조, 제17조

협동	존중심	다양한 생각과 문화의 이해와 존중	
	다양성 인정		
	소수에 대한 존중	소수의견자의 우선 발언 존중 개방적 태도, 반응적 태도, 타 의견 반영 태도	한국 국회법 제101조

6) 윤리적 가치

양호한 도덕성		기록 위조, 공직자 협박·공격·위협 의원이나 의회 공직자를 공격, 위협, 협박, 방해, 위해 행위 서류 및 기록 무단 제거(d) 서류 및 기록 위변조 행위(e) 의회나 위원회 오도 고의적 시도(b) 금전 및 기타 특정 이익 반환 시 고의적 허위 또는 오도 정보 제공 행위(h) 절차나 보고서 누설하여 의사 규정에 반하는 행위(q) 의회나 위원회에서 시행되는 절차의 허위 또는 오도 해명 발표 행위(r) 증인의 발언 방해, 증언이나 증거를 제출할 수 없도록 증인을 협박, 방해 행위(u) 특정 위원 공격, 위협(w) 증인증언에 보복(x)	뉴질랜드 하원 의사규칙 중 의원윤리 관련 규정 제409조 (의회 모욕죄), 제410조 (모욕죄의 범례) (m), (n) 뉴질랜드 하원 의사규칙 중 의원윤리 관련 규정 제409조 (의회 모욕죄), 제410조 (모욕죄의 범례) (d), (e), (b), (h), (q), (r), (u), (w), (x),
도덕적 사고력	도덕적 가치	재덕 겸비, 덕행 우선	중국공산당 규약 제6장 당의 간부 제35조
	내면화, 언행일치 운(運)	하늘의 뜻인 윤리와 도덕을 잘 지켜 온 사람, 긍정적이며 감사할 줄 아는 인성	일본 마쓰시타정경숙의 면접 요소

정직(솔직)	정직성	공직자는 정직해야 높은 정직성 행위	영국 상원의원윤리규칙 일반원칙 9. (f) 정직성 중국 전국인민대표대회 의원의 자질 평가 항목 (4)
진정성 (진실)	성실, 양심, 진실성	양심적 완전무결 행위 높은 진실성 행위	중국 전국인민대표대회 의원의 자질 평가 항목 (4)
양심에 따른 판단		부적절 행위에 대한 이의 제기 양심에 따라 성실히 직무 수행	한국 헌법 제46조, 국회법 제24조, 제114의 2 국회의원윤리실천규범 제1조 영국상원의원윤리규칙 일반원칙 9. (g)
신중			
인내			
청렴	사익 추구 금지 청렴성	뇌물수수, 청탁, 특혜, 정치자금 금전적 및 물질적 혜택	영국 상원의원윤리규칙 일반원칙 9. (b) 윤리성, 영향력을 미칠 수 있는 개인/기관에 대한 의무 금지
		금전적 또는 기타 채무 관계 본인과 가족 또는 집단사익의 부적절 추구 행위 사익 또는 가족의 이익추구하기 위해 의원 지위 이용	영국 하원의원윤리규칙 4. 윤리규칙의 일반원칙 "윤리성" 캐나다 상원의원의윤리와이해충돌에대한법 "행위규칙"8. 사익의 추구 캐나다 상원의원의윤리와이해충돌에대한법 "행위규칙"9. 영향력의 행사

청렴		법으로 인정된 보상 외, 선물 또는 다른 혜택 뇌물 수수/청탁(i) 뇌물 제공 및 시도 행위(l) 이해관계에 있는 사람으로부터의 금전, 물품 및 기타 재산상의 이익 공여 혹은 향응 접대	캐나다 상원의원의윤리와이해충돌에대한법 "행위규칙"금지: 선물 및 기타 혜택 17. (1) 뉴질랜드 하원 의사규칙 중 의원윤리 관련 규정 제409조(의회 모욕죄), 제410조(모욕죄의 범례) (i), (l) 일본국가공무원윤리법 제3조 (직원이 준수해야 할 직무와 관련된 윤리 원칙) ③
		중앙의 비준을 받지 않은 행사 참석 금지	중국 당내감독조례 제정 (중앙 8항 규정) (2)
		뇌물수수, 청탁, 특혜, 정치자금	한국 헌법 제46조, 국회의원윤리실천규범 제3조, 제5조
검약	절용, 소박 향락주의, 사치 금지	간고소박, 사치, 향락주의 지양 수행원과 수행 차량의 최소화, 플래카드, 화환, 연회 개최 금지 (1) 각종 행사 지양 (2) 근검 절약 정신으로 규정 외 숙박, 차량 사용 금지	중국 공산당 규약 제6장 당의 간부 제36조 (5) 중국 당내감독조례 제정 (중앙 8항 규정) (1), (2), (8)
		(8) 향락주의 사치 풍조 지양 사치와 방탕은 수치 검소하고 절제된 생활	중국 정부의 4대 악풍 "향락주의", "사치풍조" 중국 중앙당교에서 가르치는 윤리적 가치관 (팔영팔치 八榮八恥) 중국 중앙당교에서 가르치는 윤리적 가치 (마오쩌둥의 가치)
근면	근면성	근면한 행위 근면한 노동	중국 공산당 규약 제6장 당의 간부 제36조 중국 중앙당교에서 가르치는 윤리적 가치관 (팔영팔치 八榮八恥)

겸손(겸허)		특권 의식, 관존민비 교만은 수치	중국 중앙당교에서 가르치는 윤리적 가치관 (팔영팔치 八榮 八恥)
용기	반부패,	원칙을 위반한 언행과 사업에 서 발로된 결함과 오류를 대담 하게 폭로, 시정, 부패와의 투 쟁	중국 공산당 규약 제3조 당원 의 의무 (6)
충직		국가에 대한 충성	중국 중앙당교에서 가르치는 윤리적 가치 (마오쩌둥의 가치)
윤리적 성찰	자기 성찰 자기감시 극기복례	자기비판 대중의 비판 접수, 자중, 자성	중국 공산당 규약 제3조 당원 의 의무 (6) 중국 공산당 규약 제6장 당의 간부 제36조 (5)
제가(齊家)	가족에 관심 가족 질서 정비	배우자, 자녀 및 주변 사람들에 대한 엄격한 교육과 규제 및 묵 인	중국 영도간부승진강등규정 제7조

2. 도덕성 판단을 위한 지표의 개발 예시 : 선출직 공직자의 신윤리지표

1) 신윤리지표의 보기

이제 이상의 논의를 바탕으로 선출직 공직자의 신윤리지표를 만들어보고
자 하였다. 이 윤리지표를 만드는 것은 각 정당이 선출직 공직자를 추천하는
과정에서 자격 심사의 기준을 만드는 데 참조할 수 있을 것이다. 아울러 선
출직 공직자의 일상적인 행동 규범의 준거로서도 활용될 수 있다. 이 신윤리
지표는 위에 제시한 [표 15]를 바탕으로 삼았지만 그 틀을 그대로 원용하지

않고 약간의 변이를 적용한 보기이다. 다시 말하면 [표 15]의 가치 체계는 어디까지나 하나의 일반적 가치의 틀로 제안하는 것이므로 필요에 따라 부분적인 변화를 가미하여 더욱 풍부하고 충실한 지표 작업을 시행할 수도 있다는 의미다. 여기에 소개하는 신윤리지표는 크게 다섯 가지 지표로 구성된다. ① 양심 지표 ② 공적 가치 지표, ③ 사회성 지표, ④ 미래가치 지표 그리고 ⑤ 청렴 지표이다.

첫째 양심 지표는 앞에서 말한 대로 보편적인 도덕적 가치와 공동체의 모범 시민으로서의 삶의 태도를 얼마나 갖추었는가를 보는 지표이다. 다음과 같은 하위 지표들로 구성할 수 있다.

① 진정성(위선) 지표: 공개적인 말과 본인 행적의 일치성 및 공적인 거짓말 여부
② 수치 지표: 각종 범죄, 음주운전, 성추행 등 수치스런 일에 연루된 경험 유무
③ 성찰 지표: 자신의 행동을 성찰하는 모습을 보인 경험과 이력 유무

둘째, 공적 가치 지표는 공적인 영역에 대한 열정과 충성심, 그리고 헌법정신을 수호하려는 의식 등을 의미한다. 다음과 같은 하위 지표들로 구성된다.

① 선공후사(공적 의무 충실성) 지표: 사적인 이익을 유보 또는 포기하고 공적인 헌신을 한 경험 여부
② 헌법 의식 지표: 헌법에 대한 이해 수준과 내면화 정도
③ 공적 활동의 성과 지표: 공적 활동 수행 여부와 성과 유무 정도

셋째, 사회성 지표는 선출직 공직자로서 시민들과 잘 소통하고, 시민들의 다양한 의견과 요구들을 조정하면서 통합적인 리더십을 갖출 능력이 있는지를 보는 지표이다. 이는 정치적 타협과 합의지향형인지 갈등유발형인지를 구별하는 기준이기도 하다. 다음과 같은 하위 지표들로 구성된다.

① 소통 지표: 다른 이의 견해를 경청하는 태도, 사회적 매체(SNS) 등에서 소통하는 방식과 수준, 토론 능력
② 관용성 지표: 정치적 견해와 입장이 다른 이에 대한 태도, 인권에 대한 태도와 사회적 소수자에 대한 태도
③ 봉사 지표: 사회적 봉사활동 내역과 수준

넷째, 미래가치 지표는 미래사회에 대한 대응이라는 차원에서 필요한 덕목을 규정한 지표이다. 다음과 같은 하위 지표로 구성된다.

① 창의성(혁신성) 지표: 새로운 일에 대한 도전 경험, 혁신의 노력 수행 평가
② 융합성 지표: 융합적 프로젝트의 수행 경험, 통섭적인 활동 경험

다섯째, 청렴 지표는 공직을 이용하여 사적 이익을 부당하게 추구할 개연성이 있는지를 살펴보는 지표이다. 다음과 같은 하위 지표로 구성된다.

① 투명성 지표: 재산 형성의 투명성, 정치자금법 및 경제 범죄 연루 여부
② 이익 충돌 지표: 공적인 지위를 이용한 사적 이익 추구 여부 등

2) 신윤리지표의 활용을 위한 질문 문항

이제는 이와 같은 지표들을 실제 활용할 수 있도록 구체적인 질문의 문항을 작성해야 할 것이므로 그런 문항의 보기를 다음 질문 문항에 제시한다

[표 16] 신윤리지표의 질문 문항

(1) 양심 지표	
진정성 지표 문항	1. 언론이나 SNS에서 발언한 내용과 행동이 달라 지적을 받은 적이 있는가? ☐ ① 전혀 없다.　☐ ② 1~2회 있다.　☐ ③ 3회 이상 있다. 2. 공적인 활동에서 거짓말을 했다고 비판을 받은 적이 있는가? ☐ ① 전혀 없다. ☐ ② 비판을 받은 적이 있었지만 문제없는 것으로 밝혀졌다. ☐ ③ 비판을 받았고 충분히 해명하지 못했다. 3. 다른 사람을 명예훼손한 것으로 고소가 된 적이 있는가? ☐ ① 전혀 없다. ☐ ② 명예훼손죄로 피소되었지만 무혐의 또는 무죄를 받았다. ☐ ③ 명예훼손죄로 피소되어 유죄를 받은 적이 있다. 4. 공적인 영역에서 진정성 있는 활동으로 평가 받은 사례가 있다면 적시하시오.

준법의식 및 수치 지표 문항	1. 뇌물 횡령 배임 등 금전 관계 범죄로 처벌 받은 적이 있는가? 　□ ① 없다.　　　□ ② 있다.(이하 지문은 동일함) 2. 음주운전으로 처벌 받은 적이 있는가? 3. 성관련 범죄로 처벌 받은 적이 있는가? 4. 세금 병역 등의 문제로 고발된 적이 있는가? 5. 자녀들 입시를 위해 특혜를 제공하거나 청탁한 적이 있는가?
성찰 지표 문항	1. 자신의 생각이나 행동에서 잘못된 점이 있었음을 인정하고, 이를 반성하는 글을 공개적으로 쓴 적이 있는가? 2. 자신이 속해 있는 조직이나 정당에 대해 실명으로 쓴소리를 한 적이 있는가? 3. 이른바 '나는 다른 사람을 비판하기 전에 내게 문제가 없는지'를 살피는 편이라고 생각한다면 그 사례를 적시하시오.

(2) 공적 가치 지표	
선공후사 지표 = 공적 의무 충실성 지표	1. 학교 군대 직장 등에서 공적 이익을 위해 사익을 희생 또는 양보한 사례들을 적시하시오
	2. 학교나 직장에서 공적인 일을 방기하여 주의나 견책 또는 그 이상의 벌칙을 받은 적이 있는가? ☐ ① 없다.　　　　　☐ ② 있다.
헌법의식 지표	1. 대한민국 헌법 정신으로 가장 중요하다고 생각하는 가치를 세 가지만 적시하시오.
	2. 대한민국 헌정사에서 헌법 정신을 일탈한 사례 두 가지만 적시하시오.
공적 열정 및 지표	1. 공적인 일을 위해 사익을 포기하거나 유보한 사례가 있으면 적시하시오.
	2. 모임이나 단체에서 간부를 맡아 조직의 활성화를 위해 기여한 사례가 있으면 적시하시오.
	3. 공직을 맡았을 때 열정을 다해 성과를 낸 사례가 있으면 적시하시오.

(3) 사회성 지표	
소통 지표	1. 자신이 다른 사람과 대화할 때 어떤 장점과 단점을 가지고 있는지 기술하시오. 2. 유튜브, 페이스북, 인스타그램, 카카오톡 등 본인이 평소하고 있는 SNS 활동을 기술하시오. 3. 다른 사람을 설득하기 위해 가장 중요한 요소가 무엇이라고 생각하는가? 　□ ① 경청　　　□ ② 통찰력　　　□ ③ 친근감　　　□ ④ 논리
관용성 지표	1. 탈북자/다문화 관련 사회적 소수자의 권익에 대해 관심을 갖고 관련된 활동을 한 적이 있는가? 　□ ① 없다.　　　　　　　　□ ② 있다. 2. 정치적 견해가 다른 사람들과 모임을 함께 하는 경우 어떤 태도를 취하는가? 　□ ① 토론을 적극적으로 하는 편이나 감정이 상하는 수준까지 하지는 않는다. 　□ ② 감정이 좀 상하더라도 설득할 때까지 적극적으로 토론하는 편이다. 　□ ③ 정치적 토론을 하면 감정을 상하기 때문에 토론을 가급적 피한다.

봉사 지표	1. 사회봉사활동(순수봉사활동, 비영리단체 무보수 공익 활동 등)을 주당 몇 시간 정도 하고 있는가? _____ 시간 (2) 사회봉사활동 중 가장 기억에 남는 봉사활동의 사례를 적시하시오.

(4) 미래 가치 지표	
창의성/ 혁신성 지표	1. 창의적 아이디어로 지식재산권 특허권 등을 얻은 적이 있는가? 2. 직장이나 조직에서 자신이 추진한 새로운 사업의 사례가 있으면 적시하시오. 3. 정당 활동이나 정치 활동에서 새로운 제안을 한 적이 있으면 적시하시오.
융합성 지표	1. 전공이 다른 사람들과 함께 프로젝트를 수행한 경험이 있는가? 　□ ① 없다.　　　　　　　　　□ ② 있다. 2. 자신이 활동하고 있는 단체나 동호인 모임의 수는 얼마나 되는가? 　□ ① 5개 이내　　□ ② 10개 이내　　□ ③ 11개 이상 3. 순환 보직의 경험이 있는가? 있다면 어느 정도인가?

(5) 청렴 지표	
투명성 지표	1. 과거 정치활동에서 정치자금과 관련한 문제가 일어난 적이 있는가? 　□ ① 법적 처벌을 받은 적이 있다. 　□ ② 법적 처벌은 받지 않았으나, 정치자금 문제로 논란이 된 적이 있다 　□ ③ 정치자금 문제로 일체 논란이 된 적이 없다 2. 탈세나 탈루혐의로 고발된 적이 있는가? 　□ ① 없다.　　□ ② 있다.(이하 지문은 동일함) 3. 횡령이나 배임 등의 혐의로 고발되거나 조사 받은 적이 있는가?
이해 충돌 지표	1. 공직에 있으면서 겸직 신고를 누락한 적이 있는가? 　□ ① 없다.　　□ ② 있다.(이하 지문은 동일함) 2. 다른 사람의 부탁을 받고 인사를 부탁하거나 사업상 관련 청탁을 한 　적이 있는가?

3) 윤리적 리더십 자기 평가 문항

윤리적 리더십 평가는 객관적 자료에 의한 평가, 중립적 관찰자 시각의 평가와 더불어 주관적 자기 평가도 활용할 수 있다. 세 평가가 일치하면 할수록 그 사람의 윤리적 리더십은 뛰어나다고 볼 수 있다. 객관적 자료 평가와 중립적 관찰자 평가가 부의 방향을 가리키는 데 주관적 평가만 높다면 이는 나르시즘적 경향이 강한 것으로 볼 수 있고, 그 반대라면 성찰적 겸양의 미덕이 강한 것으로 볼 수 있다.

이런 맥락에서 이번에는 자기 평가에 의한 윤리적 리더십의 확인을 위한 문항의 예를 제시한다.

1. 나는 내가 속한 조직의 임무를 성취하는 데 장애가 되는 것들을 극복하기 위해 용기 있고 일관되고 적합한 행동을 하는 편이다.
   □ ① 거의 그렇지 않다.　　　□ ② 가끔 그렇게 한다.
   □ ③ 종종 그렇게 한다.　　　□ ④ 항상 그런 편이다.(이하 지문은 동일함)

2. 나는 공동체의 이익을 나의 개인적 이익에 앞세우는 편이다.

3. 나는 윤리적 행동을 위한 롤모델이기를 갈망한다.

4. 나의 말과 행동은 직업적 윤리 기준과 일치한다.

5. 나의 말과 행동은 내가 해당 이슈를 혼란스럽게 만들어도 되는 상황에서조차 정직하다.

6. 나는 동료나 상사 등에 의해 이루어지는 윤리적 의사결정을 옹호한다.

7. 나는 갈등 해결을 위해 윤리적 접근을 사용한다.

8. 나는 공적인 이슈들의 윤리적 측면들에 대한 토론을 독려하고 주도한다.

9. 나는 나의 권한과 권위를 내 자신이나 가족 친구들을 위해서가 아니고 내 자신의 책임을 충실히 하기 위해 사용한다.

10. 조직에 윤리적 갈등이 생겼을 때 나는 효과적 해결 과정을 찾는 데 유능하다.

11. 나는 직장 상사 동료 부하들에게 존경의 마음을 드러낸다.

12. 나는 평소 조직의 비전과 사명, 가치 등을 내 행동 속에 관철한다.

3. 도덕성 판단을 위한 질문 문항 추가 예시

지금부터는 도덕성 평가를 위한 질문서의 문항을 여러 형태로 구성할 수 있음을 보여주는 사례를 몇 가지 추가로 제시하고자 한다. 연구자나 실무자가 해당 기관의 목적에 따라 자유롭게 선별하여 이용할 수 있게 하려는 취지에서다. 우선 질문서를 작성할 때 앞서 [표 15]나 신윤리지표 개발 [표 16]에서 보여준 가치 체계 중에서 각자 유관 적합하다고 생각하는 가치 항목을 선정하고, 그에 부수하는 규범과 행동 지침의 여러 가지 구체적인 보기 중에서 연구자의 목표와 취향에 따라 선택적으로 구성하면 될 것이다. 다만 여기에는 크게 두 가지 종류의 질문을 다룬다. 하나는 우리가 평가하고자 하는 선출직 공직자 또는 그 후보자에 관한 타인, 즉 유권자, 관련 있는 일반 시민, 혹은 관련 분야의 전문가의 의견을 묻는 일종의 평판 검증 문항이고, 다른 하나는 정치인 자신의 주관적 평가를 확인하는 문항이다. 그리고 같은 목적으로 쓰는 문항이라도 그 질문과 응답 형식도 다양하게 변형시켜서 이용할 수 있음을 예시하는 것이다.

1) 타인의 주관적 평판 문항 용례

(1) 후보자 및 현직 공직자 평판용 질문

먼저 중앙과 지방의 선출직 지망자, 정당 예비 후보자, 공천 받은 후보자, 그리고 현직 선출직 공직자 등에 관한 시민의 평판을 묻는 질문의 보기다.

1. ○○○후보자(공직자)는 말과 행동이 자신의 이익보다 국민의 복리와 나라의 이익을 더 중시하는 것 같다.
   - □ ① 늘 그렇게 보인다.
   - □ ② 대체로 그런 것 같다.
   - □ ③ 별로 그런 편이 아니다.
   - □ ④ 전혀 그렇지 않다.
   - □ ⑤ 잘 모르겠다.

2. ○○○후보자(공직자)는 헌법과 법률을 잘 지키는 사람이다.
   - □ ① 매우 찬성한다.
   - □ ② 찬성하는 편이다.
   - □ ③ 별로 찬성하지 않는다.
   - □ ④ 전혀 찬성하지 않는다.
   - □ ⑤ 잘 모르겠다.

3. ○○○후보자(공직자)는 위선자다.
   - □ ① 전혀 맞는 말이 아니다.
   - □ ② 별로 맞는 말은 아니다.
   - □ ③ 대체로 맞는 말이다.
   - □ ④ 전적으로 맞는 말이다.
   - □ ⑤ 잘 모르겠다.

4. ○○○후보자(공직자)는 도덕성이 높은 사람이다.
   - □ ① 그렇다.
   - □ ② 대체로 그런 편이다.
   - □ ③ 별로 그렇지 않다.
   - □ ④ 전혀 아니다.
   - □ ⑤ 잘 모르겠다.

5. 다음에 나열하는 항목 각각에 관련하여, 이번 선거에 등록한 OOO후보재[또는 현재 지역구 의원]에 관하여 귀하는 어떻게 생각하시는지, 10점 만점으로 점수를 매긴다면 몇 점에 해당하는지 숫자에 O표를 해주시기 바랍니다.

점수	10	9	8	7	6	5	4	3	2	1
애국심	10	9	8	7	6	5	4	3	2	1
헌법 존중	10	9	8	7	6	5	4	3	2	1
선공후사 (사익보다 공익 중시)	10	9	8	7	6	5	4	3	2	1
공복다운 섬김 태도	10	9	8	7	6	5	4	3	2	1
투명하다	10	9	8	7	6	5	4	3	2	1
갑질 하지 않는다	10	9	8	7	6	5	4	3	2	1
공사구분	10	9	8	7	6	5	4	3	2	1
솔선수범	10	9	8	7	6	5	4	3	2	1
진정성	10	9	8	7	6	5	4	3	2	1
언행일치	10	9	8	7	6	5	4	3	2	1
청렴하다	10	9	8	7	6	5	4	3	2	1
검소하다	10	9	8	7	6	5	4	3	2	1
풍부한 감성	10	9	8	7	6	5	4	3	2	1
공정하다	10	9	8	7	6	5	4	3	2	1

6. 다음에 나열하는 항목 각각에 관련하여, 이번 선거에 등록한 OOO후보자[또는 현재 지역구 의원]에 관하여 귀하는 어떻게 생각하시는지, 남다르다고 생각하시는지 혹은 그렇지 않다고 보시는지 해당하는 응답의 칸에 O표를 해주시기 바랍니다.

(응답 예)	1) 매우 남다르다	2) 남다른 편이다	3) 보통이다	4) 별로 아닌 것 같다	5) 전혀 아니다
애국심					
헌법 존중					
선공후사 (사익보다 공익 중시)					
공복다운 섬김 태도					
투명하다					
갑질 하지 않는다					
공사구분					
솔선수범					
진정성					
언행일치					
청렴하다					
검소하다					
풍부한 감성					
공정하다					

(2) 현직 선출직 공직자(중앙, 지방) 대상 질문 용례

이번에는 현직에 있는 선출직 공직자를 대상으로 그의 평판을 확인하는 질문의 보기다.

1. OOO 의원은 말과 행동이 일치하지 않는 사람인 것 같다.
   - □ ① 매우 찬성한다.　　　　　□ ② 찬성하는 편이다.
   - □ ③ 별로 찬성하지 않는다.　　□ ④ 전혀 찬성하지 않는다.
   - □ ⑤ 잘 모르겠다.(이하 지문은 동일함)

2. OOO 의원은 모든 일에 성실하고 말과 행동에 진정성이 있어 보인다.

3. OOO 의원은 시민에 관련한 일이라면 항상 자기 일처럼 발 벗고 나서서 해결하려 한다.

4. OOO 의원은 너무 목에 힘을 주고 다닌다.

5. OOO 의원은 시민을 위해 별로 해준 일도 없으면서 생색만 내고 다닌다.

2) 선출직 및 후보자 자신의 주관적 자가 평가 문항 용례

1. 나는 나라를 위해서 중요한 일이라면 내 개인의 이익을 양보할 수 있다.
　□ ① 매우 찬성　　　□ ② 찬성　　　□ ③ 중립
　□ ④ 반대　　　□ ⑤ 매우 반대(이하 지문은 동일함)

2. 나는 집단 압력으로 나의 생각과 행동을 좌우하는 것을 허용하고 싶지 않다.

3. 나는 중요한 의사결정을 할 때 다른 사람들의 의견을 신중하게 경청하는 편이다.

4. 나는 선출직 공직자로서 주어진 특권을 누리는 것을 비방하는 것은 옳지 않다고 생각한다.

5. 나는 공직자로서 자신의 가족이나 친지들의 부탁을 들어주는 것이 옳다고 생각한다.

3) 경영분야의 경영자 주관적 자가평가 문항 용례

이제는 Project Management Institute(PMI)에서 제시하는 비즈니스/프로젝트 매니저에 대한 윤리 강령에 의거하여 매니저의 자가평가 문항을 하나만 소개하려고 한다. 물론 이는 주로 기업경영 분야의 보기지만 선출직 공직자의 평가를 위해서도 유용한 항목이 있으므로 참고로 여기에 제시한다. 주로 조직이라는 용어는 우리의 목적에 따라 국가로 변환하여 활용 가능할 것으로 본다.

여기에 열거한 50개 문항의 답변 선택지는 ① 거의 안 한다, ② 가끔 한다, ③ 자주 한다, ④ 항상 한다, ⑤ 모르겠다/무응답 등이다.

1. 나는 조직의 사명 달성에 대한 장벽을 극복하기 위해 용기 있고 일관되며 적절한 관리 조치를 취한다.

2. 나는 개인보다 조직의 이익을 우선한다.

3. 나는 윤리적 행동을 위한 역할 모델이 되기 위해 노력한다.

4. 나의 말과 행동은 전문 윤리 표준, PMI 윤리 강령 및 전문가다운 행동 기준에 부합한다.

5. 상황에 따라 문제를 혼동할 수 있는 경우에도 나의 진술과 행동은 정직하다.

6. 나는 이사회, 경영진 및 기타 직원들의 윤리적 의사 결정을 지지한다.

7. 나는 윤리적 접근 방식으로 갈등을 해결한다.

8. 나는 경영 및 재무 문제의 윤리적 측면에 대한 논의/토론을 시작하고 권장한다.

9. 나는 내부 및 외부 이해관계자들에게 부정적인 경제 동향을 신속하고 솔직하게 설명하고 적절한 조치를 장려한다.

10. 나는 나의 권한을 전적으로 본인의 책임을 이행하기 위해 사용하며, 자기 이익이나 가족, 친구 또는 동료의 이익을 증진시키는 데 사용하지 않는다.

11. 나는 윤리적 갈등이 내 조직이나 나와 충돌할 때, 효과적인 해결 프로세스를 찾는 데 성공하고 이를 준수한다.

12. 나는 동료, 상사 및 직원을 존중한다.

13. 나는 내 행동으로 조직의 비전, 미션, 가치들을 보여준다.

14. 나는 어렵거나 정치적으로 위험한 선택을 피하기 위해 결정을 늦추지 않고 시기 적절한 결정을 내린다.

15. 나는 윤리적으로 어려운 결정을 내릴 때 내부 윤리위원회의 조언을 구한다.

16. 나의 개인 경비 보고서는 정확하고, 적절한 조직에게만 청구한다.

17. 나는 윤리적 의사 결정을 지원하기 위해 내부 메커니즘(예: 윤리위원회 또는 프로그램) 수립 및 모니터링을 공개적으로 지원한다.

18. 나는 조직을 대신하여 개인 또는 그룹에 약속을 할 때 신중하게 결정을 고려한다.

19. 나는 조직의 지도 목표로서 그리고 조직을 위한 노력의 초석으로 조직원 간의 관계 개선을 장려한다.

20. 나는 조직 문제에 대한 솔루션을 개발하는데 개인적인 시간을 할애한다.

21. 나는 경영진에게 지역 사회 봉사에 개인적인 시간을 할애하도록 격려한다.

22. 나는 프로젝트 관리에는 고객 중심의 접근 방식을 사용한다.

23. 나는 조직의 임무를 유지하면서 다양한 고객의 관행과 관습을 존중한다.

24. 나는 문서 기밀을 유지하며 기밀 정보의 위반을 용납하지 않는다.

25. 나는 윤리적 문제가 발생하면 토론을 조성한다.

26. 나는 나에게 맡겨진 신뢰를 유지한다.

27. 나는 개인 행동과 조직 정책을 통해 모든 형태의 괴롭힘에 대해 무관용 한다.

28. 나는 조직의 윤리 강령 및 가치 선언의 이행을 지지하고 이에 대해 토론을 장려한다.

29. 내가 한 약속을 이행한다.

30. 나는 나와 다른 견해를 존중한다.

31. 나는 다양한 민족, 성별, 교육, 또는 직책을 가진 개인을 존중한다.

32. 나는 부정적 소식을 신속하고 공개적으로 전달하여 직원이나 다른 사람을 오도록하지 않는다

33. 나는 우리 조직의 윤리 기준을 준수할 책임이 직원에게 있다고 생각한다.

34. 나는 무능한 관리/지휘를 용납하지 않으며, 성과가 미미한 관리자에 대해 시기 적절한 결정을 내린다.

35. 나는 모든 직원에게 영향을 미치는 윤리 관련 정책 및 관행을 준수한다.

36. 나는 윤리적 문제가 있는 직원에게 민감하며 이러한 문제의 해결을 촉진한다.

37. 나는 윤리적 문제를 해결하기 위해 조직 매커니즘 (예: 윤리위원회 또는 프로그램) 등의 윤리적 자원을 사용하는 것을 권장한다.

38. 나는 직원이 다른 직원과의 관계에서 공정하게 대우받지 않으면 신속하고 단호하게 행동한다.

39. 나는 직원을 공식 업무에만 할당하고 가족, 친구 또는 동료를 대신하여 일하는 것을 도와달라고 요청하지 않는다.

40. 윤리적 행동을 포함하여 모든 직원과 비즈니스 파트너가 전문가 표준 준수에 대한 책임을 지게 한다.

41. 나는 선의로 협상하며 경영진은 내가 그들이 선의로 협상하기를 기대한다는 것을 알고 있다.

42. 나는 잘못한 행동, 이해의 상충 또는 자유 경쟁에 대한 간섭을 피하는 것의 중요성을 알고 있다.

43. 나는 잠재적인 비즈니스 파트너와의 관계를 추구하거나 관계를 맺기 전에 이해가 상충될 가능성에 있는 것들에 대해 공개한다.

44. 나는 공급 업체와의 친숙함과 신뢰를 유지하는 조직 정책을 숙지하고 준수한다.

45. 공급 업체로부터 개인적 선물을 받지 않음으로써 조직 내 다른 사람들에게 모범을 보인다.

46. 이사회 구성원이 잠재적인 이해 상충에 관해서 완전히 공개하고 드러낼 수 있는 시스템이 구축되어 있다.

47. 본인이나 다른 사람이 이사회에 보고할 경우, 의사 결정 또는 제안된 프로젝트의 위험을 적절하게 전달할 수 있다.

48. 나는 이사회가 조직, 커뮤니티 및 기타 이해 관계자에게 중요한 윤리 문제에 대해 집중하도록 노력하고 있다.

49. 나는 자원 배분 문제, 특히 조직 및 지역 사회 이해가 양립 할 수 없는 문제에 대한 이사회 토론을 장려한다.

50. 나는 재정적 불법 행위, 과실 및 직원과 관련된 잠재적 소송 상황에 대한 정보를 이사회가 알도록 적절히 공지한다.

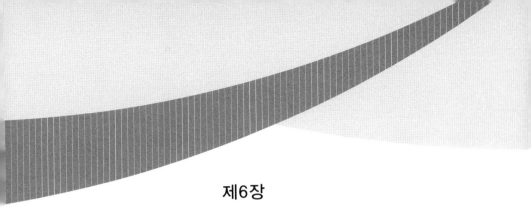

제6장

결론

: 도덕성 평가의 실행과 활용

결론 : 도덕성 평가의 실행과 활용

이제 본서의 결론에서 우리는 앞에서 정립한 규범적 체계가 제시하는 도덕성 평가의 지표나 설문 등을 실제 상황에 구체적으로 어떻게 적용할 것인가를 제시하고자 한다. 특히 제도적 차원에서 혁신의 구체적 실행 방안으로 결론을 대하고자 한다.

1. 제도적 절차

선출직 공직자의 도덕성을 파악하기 위해서는 제도적인 절차를 설정할 필요가 있다. 그 시점은 크게 ① 선거를 치르는 과정과 ② 선출 후 임무 수행 과정으로 나눌 수 있고 그 맥락에 적합한 방안을 강구하여 실시하여야 한다. 선거 과정에서는 선거의 전반적인 시간적 한계가 있으므로 최소 1회 이상, 가능하면 그보다 더 자주 평가를 하고, 당선 후 임무 수행 기간에는 시행할 수 있을 때까지 수시로 반복함이 바람직하다.

1) 정당의 공천 과정에서 지표의 활용

도덕성을 갖춘 선출직 공직자들이 많이 나오기 위해서는 정당의 공천 과정에서 적정한 윤리 기준을 마련하고 실행해야 한다. 경선을 하는 경우에도 사전에 경선 참여자를 걸러내는 과정에서 위에서 예시한 신윤리지표 등을 적극 활용할 수 있어야 하고, 경선을 하지 않고 배심원을 활용한 공천 심사 방식 등에 의해 공천을 하는 때에는 더욱더 이런 지표의 적용이 긴요하다. 공천심사위원이든 공천심사에 참여하는 배심원이든 이런 도덕성 평가를 할 수 있는 기준들을 숙지하는 것이 필요하다. 아울러 객관적·중립적 평가자의 관점에서 평가의 일관성 확보를 위해 사용하는 질문들이 일정하게 체계화하고 정식화할 필요가 있다. 위에서 평가 사항들을 구체적인 질문의 형태로 제시한 것은 이런 맥락에서다.

2) 선거 과정의 점검 방법

선거를 치르는 과정에서는 일단 중앙이건 지방이건 공식적으로 선거 일정에 따라 후보자 등록을 마친 직후에 적어도 다음의 두 가지 방법으로 이를 시행한다. 첫째는 후보자 전원을 집단적으로 또는 사정에 따라 개별적으로 공공장소에 초치하여 희망하는 모든 주민이 참여한 가운데 각자의 견해와 포부를 밝히고 현장에서 질의 응답의 시간을 가진 다음, 그 자리에서 각각의 후보자를 대상으로 시민의 의견을 청취하기 위한 질문서를 배부, 작성하는 방법이다. 지역구별로 공신력 있는 기관에서 주관할 수도 있고, 법제화된다면 선거관리위원회가 직접 주관할 수도 있을 것이다. 공공장소란 되도록 실내가 좋을 것이고 소위 티파티나 타운홀 미팅과 같은 분위기에서 이를 실시한다. 지금까지는 후보자와 관련한 정보의 원천은 각기 후보자 측에서 준비한 홍보자료를 각 가정에 배달하는 방법과 TV토론 정도에 불과하였으므로 합리적이고 지성적인 선택을 하기에는 충분한 정보를 제공하지 못하는 한계가 있었기 때문에 이런 타운홀 미팅에서 후보자를 유권자들이 직접 검증하는 기회를 갖는 것은 유권자 선택의 질을 높이는 데 기여할 수 있다.

이처럼 대면적인 맥락에서 후보자를 살피고 인상을 정리하는 직접적인 경험에 기초하여 선택하는 것이 그동안 실시해온 일반적인 홍보에 의지하여 투표를 하던 제도의 약점을 보완하고 한층 더 신빙성 있는 기반에 의거하여 '탁월성(Arete)'을 갖춘 시민의 대표자를 선택하는 길이 될 것이다. 대의정치의 질을 높이는 데 이런 접근이 필수적이라 할 수 있다. 물론 오늘날과 같은 다중매체 시대에는 각종의 대중매체뿐 아니라 유튜브 등 사회적 매체(SNS 등)를 이용하여 이러한 현장 대화 장면을 직접 관찰할 수 있도록 하는 것도 중요한 보완책이 된다. 강조할 점은 후보자를 직접 만난다는 것과 공공의 장소에서 시민과 직접 대화를 한다는 것이고 이런 장면을 되도록 많은 유권자에게 노출하는 것이 가능하다는 사실이다. 그리고 기존의 선거 캠페인 행사가 별로 실효성이 없으면서도 주민의 일상에 방해만 되는 결과를 초래한 것을 상기하면 이와 같은 절차는 시민이 흥미를 가지고 직접 참여한다는 자부심을 줄 수 있다. 아울러 일종의 즐거운 공동체 세우기의 과정으로 이해하면 더욱 의미가 있을 것이다. 무엇보다 이런 형태의 선거 참여는 우리의 민주주의를 시민적 덕성에 기반 한 공화주의로 성숙시키는 데 큰 역할을 할 수 있을 것으로 기대된다.

다만 이 방법이 성공하려면 다음과 같은 조건을 최소한 충족해야 한다.

① 가장 중요한 요건은 주권자인 시민이 할 수 있는 대로 많이 참여해야

한다는 점이다. 이를 위하여 선거관리위원회는 선거 과정 초기부터 적극 널리 홍보하여 다수의 시민이 이를 숙지하도록 할 필요가 있다.

② 한편 시민 스스로는 이런 홍보에 접한 후 자율적 결단에 의하여 자발적으로 이와 같은 평가 과정에 참여하겠다는 의지를 갖고 참여하는 것이 긴요하다. 현장 참여가 실질적으로 불가능할 때가 있을 터이므로 이런 상황에서는 주어진 가용한 매체를 매개로 직접 관찰함으로써 현장 참여에 가름할 수 있나. 이런 간접 경험의 여건에서는 질문서 응답도 각자가 활용할 수 있는 매체를 이용하도록 조처하면 될 것이다.

③ 각 지역의 여건에 따라서는 이런 모임의 규모를 유연하게 키우거나 줄여서 행사를 진행할 것이다. 이를 위해서는 중앙정부와 지방정부의 긴밀한 협조가 필수다.

④ 이와 같은 방법을 이용하려면 선거관리위원회의 효율적인 시스템 구축과 실행이 관건이지만, 특히 강조하고 싶은 것은 이 모든 과정에 국가(정부)가 기획하고 진행의 책임을 맡되, 여러 면에서 손이 부족할 수 있으므로 여기에 주민의 자발적 참여, 즉 자원봉사자의 적극적 보조를 기대하는 것도 매우 중요한 풀뿌리 민주주의 훈련이 될 수 있다는 점이다.

⑤ 구체적인 방법을 일일이 열거할 필요는 없지만 이런 행사의 원활한 진행을 위해서 가령 후보자 측에서는 자신의 홍보물을 그냥 가정에 배달하는 것보다는 더 충분히 세밀하고 정교하게 작성하여 유권자에게 직접 전함으로써 설득할 수 있는 기회로 삼을 수도 있다.

3) 임무 수행 중 점검

현행 제도 아래서는 일단 당선한 선출직 공직자는 자신이 어떤 범법이나 실수가 드러나지 않는 한 누구도 도덕성을 객관적으로 평가하고 점검하는 일을 하지 않는다. 이는 공직자 측으로 보면 무책임한 월권인 동시에 유권자의 관점에서는 직무 유기에 해당한다고 해도 과언이 아니다. 그러므로 이들의 도덕성을 살펴보는 기회를 제도적으로 마련해야 한다. 물론 이는 대의기구 자체 내에서 실시할 수도 있지만 그와 더불어 반드시 시민의 판단을 받아 보는 방법도 시행해야 한다. 현재도 대표자가 각자 해당 지역에서 혹은 유권자를 상대로 의정 활동 보고회 등을 실시하지만 그런 일방적인 행사는 이제 지양해야 한다. 그런 모임을 가지려면 위에서 예시한 선거 과정의 모임 형식으로 직접 시민의 목소리를 들어서 평가를 받도록 하고 이에 기초해서 시민의 의사를 질문서에 응답하는 형식으로 판단을 받는 것이 필요하다.

이 같은 모임의 시기와 횟수 등은 시민의 의사를 반영하여 결정하고 그 결과물은 각기 공직자에게 환류하여 시정해야 할 사항이 있으면 바로 잡는 기회를 주는 것도 중요하다. 이런 과정을 거듭 거치다 보면 선출직 공직자가 진정으로 시민의 목소리에 귀를 기울이고 자신의 영달이나 파당의 이익 추구를 위한 정치가 아닌 진실로 민을 위한 정치를 하는 일꾼이 될 수 있다. 그렇게 되면 정치에 대한 국민들의 신뢰도도 올라가지 않을 수 없다. 북유럽의 정치인에 대한 국민 신뢰도가 비교적 높은 이유는 '공적 열정을 가지고 봉사하는 정치인상'을 구현했기 때문이다.

한 가지 더 구체적인 방법론을 제안하자면, 위에서 각종 설문 문항의 보기를 제시한 것을 어떻게 활용하는지에 관한 추가 견해를 밝힌다. 이미 앞서 제안한 내용이지만 선출직 공직자의 도덕성을 평가하기 위해 자기 평가 설문을 이용하는 방법도 활용할 필요가 있다. 이 경우 질문에 대한 답변의 신뢰성을 중립적 관찰자의 시점에서 확인할 필요가 생긴다. 다시 말해서 객관적 재점검을 해야 한다는 말이다. 이를 위해서는 우선 면접을 통해 확인하는 것이 하나의 방법이다. 스스로 자신의 리더십과 도덕성 관련 평가를 하게 하고 이를 심층 질문을 통해 확인하고 평가하는 방법이다. 이 경우 평가자는 그 신뢰성을 검증하기 위한 수단들을 일정하게 확보해야 한다. 예를 들어 '나는 윤리적 리더십의 롤모델이기를 갈망한다'에 대해 전적으로 그렇다고 답한 경우 평소 일상생활에서 이런 롤모델이 될 수 있는 실천들을 나열하고(예를 들어 직장 적응에 어려움을 겪고 있는 동료를 돕기 위해 수행한 실천 등) 그런 사례들이 얼마나 있는지를 검증하는 방법 등이 있을 수 있다. 자기 평가에서 정직한 평가보다 과장된 평가를 한 경우에는 도덕성 점수를 낮게 매길 수 있을 것이다. 거꾸로 겸손하게 평가하는 경우에는 오히려 높게 매길 수 있다.

또 한 가지 방법은 자가 평가 질문서 방법을 실시할 때, 후보자나 공직자 혼자서만 응답하지 않고 최소한 5, 6명에서 20명 내외의 시민이 동일한 질문서를 가지고 자기가 보기에 응답하는 공직자나 후보자를 제3자의 관점에서 평가하도록 하는 절차다. 물론 이때는 그 시민 배심원이 해당 후보자나 공직자와 친분이 있는 인물이어야 함은 물론이다. 이런 방법은 기업 경영 분야에서 각기 조직체의 리더를 자가 평가할 때 이미 사용하고 있다.

물론 선출직 공직자는 후보자든 현직이든 간에 그들의 도덕성 판단은 이와 같은 주관적 평가에만 의존할 수 없고, 또 해서도 아니 될 것이다. 어떤 방법으로든 이런 결과는 객관적인 신상 자료와 함께 종합적인 검토를 요한다. 실제로 선거 과정에서는 신원 조회 등 공식적인 자료와 후보자 자신이 제공하는 각종 이력 사항을 살펴보게 된다. 특히 도덕성 문제는 법률 위반이나 기타 사회적 일탈 경력을 세심하게 들여다볼 수 있어야 더 정확한데 이런 자료를 수집, 취득하는 일은 사법 당국의 협조 없이는 불가능하다는 한계가 있다. 더구나 선거를 할 때는 일반 시민으로서는 가까운 이웃이라도 그 내막을 잘 알 수 없는 상황에서 선거관리위원회가 제공하는 일반적이고 공식적인 내용 외에 더 깊이 자세한 내용을 점검할 길이 별로 열려있지 않다. 이런 이유로 앞서 자가 평가 설문조사를 소개할 때 지적한대로 주변의 지인들 내지 가까이 접촉할 기회가 있는 주민들의 적정 수를 표본으로 추출하여 이들의 입으로 직접 진술하는 구술면접도 실시할 필요가 있다.

2. 선출직 공직자의 도덕성 평가 결과의 활용

1) 조사 결과의 공유

그렇게 조사한 결과를 어떻게 활용할지를 생각해야 할 것이다. 어떤 형식의 질문 항목을 사용해서든 조사한 자료는 주어진 자료의 분석 기법에 따라 점수를 매긴 다음 그 점수를 가지고 각기 해당 후보자 또는 현직 정치인에게 전달하여 본인이 어떤 위치에 있는지를 판단하고 그에 걸맞은 대처를 할 수 있게 하는 것이 가장 우선하는 절차다. 이와 동시에 그 결과는 대의기구의 대표(가령 국회의장, 정당 대표 등)에게도 공개하여 적절하게 활용하도록 할 필요도 있다. 그리고 합법적인 절차를 밟아 관심 있는 유권자들과도 공유하는 방법도 있다. 평가를 활용할 유용한 제도가 없다면 평가는 무용지물이 될 수 있다. 우리가 선출하는 공직자가 어떤 인물인지를 좀 더 정확하고 객관적인 방법으로 나타낼 수 있어야 공적인 가치에 입각해 진정성 있고 헌신적으로 책임과 봉사를 하는 지도자를 만나게 되는 것이다.

조사 결과의 내용이 축적된다면 앞서 '선출직 공직자 도덕성의 가치 체계 일람'의 가치 체계에서 제시한 여섯 가지 가치, 즉 ① 국가의식, ② 헌법주의와 준법정신, ③ 공직 가치, ④ 전문직 가치, ⑤ 사회적 가치 및 ⑥ 윤리적 가치와 신윤리지표의 다섯 가지 가치, ① 양심, ② 공적 가치, ③ 사회성 가치, ④ 미래가치 그리고 ⑤ 청렴 가치 등의 범주에서 어떤 가치를 더 중시해야 하고 또 더 장려해야 할지 등을 점검할 수 있다. 여기서 드러나는 조사 결과는 또한 우리나라 정치문화의 단면을 보여줄 수 있을 것이므로 이를 바탕으로 개선을 위한 방안을 강구하는 데도 도움이 될 것이다.

2) 정치문화 개선을 위한 정치교육

마지막으로 이 모든 제도적 절차와 장치에 한 가지 더 첨가해야 할 과제가 있다. 본서의 기초가 된 보고서의 제목은 '미래사회 선출직 공직자의 도덕성 평가기준 연구'였다. 그렇다면 평가 결과는 반드시 미래지향적인 목적으로 활용하게 될 것이고 그래야만 한다. 여기에 우리가 제기해야 할 질문은 "그러면 미래사회에서 국가 운영에 참여하는 공직자를 선택할 때 우리가 추구하는 도덕적으로 성숙한 사람을 어떤 방법으로 선발할 것인가?"이다. 이 문제는 늘 하던 관행에 따라 선거를 잘 치르면 된다는 차원의 문제가 아니고 더 근본적인 처방이 필요하다는 시대적 요청이 우리 앞에 있다. 현재로서는 자천타천으로 정치에 입문하고자 하는 희망자를 공천, 예비선거 등 절차를 밟아 선택하는 과정에 초점을 맞추었다. 그러나 현재의 정치문화 풍토에서는 실지로 여기에 제시하는 평가 기준에 충분히 합당한 인물을 찾아서 선택할 수 있기를 기대하기는 어렵다. 좋건 싫건 일단 우리가 물려받은 정치문화의 유산이 가장 무거운 장애물이라고 본다. 결국 미래지향적 과제에서 가장 중요한 항목은 정치교육이다. 지금까지는 이러한 정치 지망자의 도덕성과 아울러 정치적 역량을 공식 비공식 간에 의도적으로 양성하는 교육훈련 과정을 제공하는 기관도 아직은 보이지 않고 이러한 제도 자체가 익숙하지 않은 것이 현실이다. 그러므로 이 연구의 마지막 제안은 이와 같은 목적의 정치교육 프로그램을 기획하고 운영하는 일이 필수적이라는 것이다.

이에 관련한 구체적인 계획 수립 및 운영 모델은 별도의 연구를 실시하는 것이 긴요하고 시급하므로 가급적이면 신속한 시일 안에 이와 관련한 연구 및 수련 프로그램 구성과 실현을 촉구하고자 한다. 그러나 이보다 더 근원적인 약점은 바로 우리 사회의 교육제도에 있다. 교육, 특히 도덕성과 창의성, 인성과 사회성은 어릴 때 가정에서부터 올바른 훈육이 행해져야 제대로 함양하고 육성할 수 있다. 그런데 우리의 교육은 불행하게도 대학입학시험이라는 지고지상의 목표를 향해 모든 어머니들이 온갖 정성과 시간과 에너지와 재정을 쏟아붓고도 더더욱 고질적인 사회적 문제의 원흉으로 변질해가는 것이 현실이다. 여기서 제대로 길을 트지 않으면 이미 망가질 대로 망가진 학교교육도 소생이 거의 무망하고 사회교육도 왜곡된 방향으로만 흘러갈 것이 명약관화인 만큼 이제부터 우리 사회는 국운을 걸고 처음부터 시작한다는 무서운 각오로 이 교육제도부터 바로잡아야 한다. 거기에는 정치문화의 정상화를 위한 정치교육의 창안과 실천도 함께 가는 것이 우리의 정치가 성숙한 선진한국의 품격을 지니면서 바로 설 수 있는 길이 될 것이다.

국내외 의원 윤리규정,
관련 법령 및 보고서

1) 대한민국 선출직 공직자의 윤리 관련 법령 및 규정

공직선거법, 법률 제11212호, 2019

공직자윤리법, 법률 제14839호, 2017

국정감사 및 조사에 관한 법률, 법률 제16325호, 2019

국회법, 법률 제17066호, 2020. 2. 28 개정

국회에서의 증언·감정 등에 관한 법률, 법률 제15621호, 2018

국회의원윤리실천규범, 국회규칙 제200호, 2017

국회의원선거구획정위원회 구성 및 운영 등에 관한 규칙, 국회규칙 제162호, 2011

국회의원수당 등에 관한 법률, 법률 제15711호, 2018

국회의원수당 등에 관한 규칙, 국회규칙 제47호, 1988

국회의원윤리강령, 강령 제1호, 1991

국회의원윤리실천규범(00073)

국회의원 청가 및 결석에 관한 규칙, 국회규칙 제90호, 1995

대한민국 헌법. 제10호, 1987

윤리특별위원회 운영 등에 관한 규칙, 국회규칙 제215호, 2018

인사청문회법, 법률 제12677호, 2014

정당법, 법률 제15750호, 2019

정부조직법, 법률 제15624호, 2018

정치자금법, 법률 제14838호, 2017

지방자치법, 법률 제14839호, 2017

2) 해외 선출직 공직자의 윤리 관련 법령 및 규정

(1) 미국 상원

U.S. Senate, Standing Rules Of The Senate, 113Th Congress 1St Session, 2013

U.S Senate, The Senate Code Of Official Conduct. Select Committee On Ethics United States Senate One Hundred Fourteenth Congress First Session, 2015

U.S. Senate, 상원 윤리특별위원회 매뉴얼. 서울: 국회도서관 번역

(2) 미국 하원

U.S. House Of Representatives, Rules Of The House Of Representatives, One Hundred Sixtenth Congress

U.S., Federal Stop Trading On Congressional Knowledge Act, 2012

U.S. House Of Representatives, Committee On Ethics, 2015. Highlights Of The House Ethics Rules.

U.S. House Of Representatives, House Ethics Manual, Committee On Standards Of Official Conduct 110Th Congress, 2D Session, 2008

U.S. House Of Representatives, Committee On Ethics, Rules Committee On Ethics, 116Th Congress, 2015.

(3) 미국 선거법 및 정치자금법

National Voter Registration, 52 U.S.C. Ch.205

U.S Federal Campaign Finance, 52 U.S.C. Ch.301

U.S Federal Election Campaign Laws, 52 U.S.C. Ch.301.

U.S. Federal Election Commission, Federal Election Campaign Laws, 2019.

U.S. Federal Election Commision, Federal Campaign Finance Law, Retrieved From Https://Transition.Fec.Gov/Pages/Brochures/Fecfeca.Shtml, 2004.

Voting Rights Act, 52 U.S.C. Ch.101~107(1965)

(4) 영국 의원 윤리

Greg Power, Handbook On Parliamentary Ethics And Conduct −A Guide For Parliamentarians, Global Organization Of Parliamentarians Against Corruption(GOPAC)−Westminster Foundation For Democracy(WFD), 2010

European Parliament, Code Of Conduct For Members Of The European Parliament With Respect To Financial Interests And Conflicts Of Interest, 2017

Oonagh Gay, The Regulation Of Parliamentary Standards A Comparative Perspective, The Constitution Unit School Of Public Policy UCL(University College London), 2002

U.K. The Electoral Commision, European Parliamentary Elections In Great Britain− Guidance For Candidates And Agents Part 1~6, 2018

U.K. The Electoral Commision, U.K. Parliamentary General Election−Guidance For Candidates And Agents Part 1~6, 2018

U.K. House Of Commons, The Code Of Conduct −The Guide To The Rules Relating To The Conduct Of Memebers, The House Of Commons London: The Stationery Office Limited, 2012

U.K. The House Of Lords, The House Of Lords: Code Of Conduct For Members Of The House Of Lords, Guide To The Code Of Conduct, Code Of Conduct For House Of Lords Members' Staff, Seventh Edition, 2019

(5) 독일 의원 윤리제도

독일 연방의회 의원의 행동규칙, 별표 제1호, 연방법률관보 제1권, 1980,

p.1237~1255

German Budestag, Code Of Conduct For Members Of The German Bunde stag, English Revised, Language Service Of The German Bundesta, 2013

German Bundeswahlgesetz, BGW. Federal Electoral Law, Federal Law Gazette I, 1956(Revised 1996), p.38

(6) 프랑스

French Electoral Code(Regulatory Part) Excerpts On Financing Elections, 2012

(7) 핀란드

Finland, Election Act, Ministry Of Justice, 1998(Amended 2004)

(8) 뉴질랜드

뉴질랜드 하원 의사규칙 중 의원윤리 관련 규정

(9) 스웨덴

En Uppforandekod For Ledamoterna

(10) 캐나다

The Senate Of Canada, Ethics And Conflict Of Interest Code For Senators, 2014

Canada Elections Act, 2000(Amended 2019)

Canada Elections Act, 2000, Retrieved From Https://Laws.Justice.Gc.Ca/Eng/Acts/ E-2.01/

Senate Of Canada, 캐나다 상원의원의 윤리와 이해충돌에 대한 법, 서울: 국회 도서관 번역

(11) 중국

중국 공산당 윤리 관련 자료

(12) 일본

법제처 세계법제정보센터, 법령정보관리원, 일본공직선거법 제100호, 1950(2017 개
　　정)

일본 참의원정치윤리심사회 규정, 서울: 국회도서관 번역. 2014

Japan National Public Service Ethics Act, 1999

3) 대한민국 선출직 공직자 관련 보고서

김동찬 · 한인유권자센터, 「미국 선거자금 제도 연구」, 중앙선거관리위원회. 2010

박지원, 「미국 연방 하원의 의원윤리심사절차와 그 시사점에 관한 소고」, 2013

법제처 · 세계법제정보센터 · 법령정보관리원, 「호주와 캐나다 입법절차」, 2017

안영훈, 「지방의회 의정활동 역량강화 방안」, 한국지방행정연구원. 2013

임성식 · 이경렬, 「선거사범의 처벌과 당선무효에 관한 비교법적 연구」, 한국형사정
　　책연구원, 연구총서 06-06, 2006

전진영, 「국회의원 윤리규범의 구체화와 윤리위원회 활성화의 필요성 제기」, 국회입
　　법조사처, 2010

전진영, 「미국하원의 선물 및 여행 관련 윤리규정과 우리 국회에 대한 시사점」, 『현안
　　보고서』 074호, 국회입법조사처, 2010

전진영, 「2010국회의원의 국외출장 관련 윤리규정: 한국 · 미국 · 영국의 비교」, 『이슈
　　와논점』 1451호, 2018

행정안전부, 「정치관계법 요약집 - 공직선거법 정당법 정치자금법」, 2012

행정안전부, 「재보궐선거(4.3) 공직선거 업무편람」, 2019

Whitaker, L. Paige. "Campaign Finance Law: An Analysis Of Key Issues, Re-
　　cent Developments, And Constitutional Considerations For Legislation",

Crs(Congressional Research Service) Report(R45320), 2018

Whaley, John, Susan Benda, "Legislative Ethics : A Comparative Analysis", Legislative
      Research Series #4, National Democratic Insutitute For International Affairs

Warsaw, "Background Study : Professional And Ethical Standards For Parliamentarians",
      OSCE(Organization For Security And Co-Operation In Europe) Office For
      Democratic Institutions And Human Rights(ODIHR), 2012

4) 대한민국 국가공무원 공직자 관련 법

감사원법, 법률 제13204호, 2015

검찰청 사무기구에 관한 규정 3조4항 수사정보정책관 6항 분장사무, 대통령령 제
      30039호, 2019

공무원범죄에 관한 몰수 특례법, 법률 제11883호, 2013

공직자 행동강령 운영지침, 국민권익위원회 예규156호, 2019

공직자윤리법 시행규칙, 총리령 제1478호, 2018

공직자윤리법 시행령, 대통령령 제29063호, 2018

공직자윤리법, 법률 제14839호, 2017

공직자윤리법의 시행에 관한 국회규칙, 국회규칙 제140호, 2007

공직자윤리법의 시행에 관한 대법원규칙, 대법원규칙 제2837호, 2019

공직자윤리법의 시행에 관한 중앙선거관리위원회 규칙, 중앙선거관리위원회규칙 제
      494호, 2019

공직자윤리법의 시행에 관한 헌법재판소 규칙, 헌법재판소규칙 제371호, 2015

국가공무원법, 법률 제15857호, 2019

대법원 공직자윤리위원회의 권한에 관한 규칙, 대법원규칙 제2252호, 2009

대한민국헌법, 헌법 제10호, 헌법 7조 공무원

법관윤리강령, 대법원규칙 제2021호, 2006

부정청탁 및 금품등 수수의 금지에 관한 법률, 법률 제13278호, 2015

부패방지 및 국민권익위원회의 설치와 운영에 관한 법률, 법률 제16324호, 2019

부패방지 및 국민권익위원회의 설치와 운영에 관한 법률, 제8조 하위법령, 지방의회
　　의원 행동강령, 대통령령 제29431호, 2018

부패방지 및 국민권익위원회의 설치와 운영에 관한 법률, 제8조 하위법령, 공무원행
　　동강령, 대통령령 제29430호, 2018

부패방지 및 국민권익위원회의 설치와 운영에 관한 법률, 제8조 하위법령, 국회공무
　　원. 국회규칙 제205호, 2017

부패방지 및 국민권익위원회의 설치와 운영에 관한 법률 제8조 하위법령, 법관 및 법
　　원공무원 행동강령, 대법원규칙 제2714호, 2017

부패방지 및 국민권익위원회의 설치와 운영에 관한 법률 제8조 하위법령, 선거관리
　　위원회 공무원행동강령, 중앙선거관리위원회규칙 제493호, 2019

부패방지 및 국민권익위원회의 설치와 운영에 관한 법률 제8조 하위법령, 헌법재판
　　소 공무원 행동강령, 헌법재판소규칙 제396호, 2018

선거관리위원회 공무원 윤리강령, 중앙선거관리위원회규칙 제318호, 2009

직무감찰규칙, 감사원규칙 제304호, 2018

특정범죄 가중처벌 등에 관한 법률, 법률 제15981호, 2018

형법 '공무원의 직무에 관한 죄', 법률 제15982호, 2018

5) 대한민국 공직자의 윤리 관련 보고서

강정석 · 류현숙 외 4인, 「바람직한 공직가치 재정립 및 내재화 방안 연구 연구보고서」
　　한국행정연구원, 인사혁신처. 2015.7

국민권익위원회, 「공직자 행동강령의 이해」(고위공직자용), 2010

국민권익위원회, 「공직자 행동강령 사례집」, 2013

국민권익위원회, 「공무원 행동강령 업무편람」, 2019

김대희, 「재직자 공직가치 교육 프로그램 개발」, 국가공무원인재개발원, 2016

김병연 외, 「부패와 경제성장의 상관관계 연구」, 발간등록번호11-1140100-000162-
　　01, 국민권익위원회

박효정 · 정광희, 「한국 사회의 도덕성 지표 개발 연구(2)」, 연구보고 PR2001-1, 한국

교육개발원, 2001

배성호, 「일본의 공직자 부패행위에 관한 비교법적 연구」, 지역법제연구 15-16-1-8, 한국법제연구원

손화정·김대욱, 「지방공무원 공직가치 영향요인분석 연구」, 연구보고서 2018-05, 한국지방행정연구원, 2018

이유봉·장민선 외, 「공직윤리강화를 위한 공직자윤리법 정비방안」, 인사혁신처 연구용역 최종보고서, 한국법제연구원, 2015

인사혁신처, 「공직윤리업무편람」, 2015

인사혁신처, 「공무원 인재개발지침」, 2018

정경화, 「공직가치 실천 사례집」, 국가공무원인재개발원, 2016

정재황, 「헌법가치 실현을 위한 정부 공직자의 자세 연구과제 최종보고서」, 국가공무원인재개발원장, 2016

조성택 외, 「공공정책의 윤리적 기반에 관한 연구: 인문학과 사회과학의 융복합적 관점에서」, 경제인문사회연구회 인문정책연구총서 2013-01, 2013

조성한, 「대한민국 공직자 상 연구과제 최종결과보고서」, 국가공무원인재개발원장, 2016

조재현, 「싱가포르의 공직자 부패행위에 관한 비교법적 연구」, 지역법제연구 15-16-1-7, 한국법제연구원, 2015

한국행정연구원, 「공직가치 재정립 및 내재화 방안」, 2015

한국행정연구원·인사혁신처, 「공직가치에 대한 이해와 대응」 공동학술세미나, 한국행정연구원 대강당, 2019

한국행정연구원, 「공무원 헌장 해설서」, 인사혁신처, 2016

6) 대한민국 공직자의 윤리 관련 논문

임성근, 「공직윤리제도가 공직자의 비리예방에 미치는 효과성 연구」, KIPA 연구보고서 2014-12, 한국행정연구원, 2014

박천오·박시진, 「핵심 공직가치의 우선순위 정립과 실효성 제고」, 『행정논총』 제56

권 제1호(2018. 3), 1~32쪽

7) 해외 정부 공직자의 윤리 관련 법령 및 규정

일본 국가공무원 윤리법, 서울:국회도서관. 2017, p.1~28

Bribery, Graft And Conflict Of Interest Act, 18 U.S.C. 11(뇌물, 부당이득 및 이해충돌 방지 법률)

Ethics In Government Act Of 1978, 5 U.S.C. App.(정부윤리법)

N.Y. Conflict Of Interest Board Of The City Of New York, Chapter 68 Of The New York City Charter. 2018(뉴욕시 이해충돌방지위원회(COIB))

N.Y. Rules Of The Board Conflict Of Interest, Rules Of The City Of New York Title 53(뉴욕시 이해충돌방지위원회 규칙)

Singapore, The Statutes Of The Republic Of Singapore Prevention Of Corruption Act (Chapter 241). 1960(Revised 1993)

U.K. The Civil Service Code, 2010(Updated 2015)(영국공무원 행동강령)

U.K. Cabinet Office, Ministerial Code, 2019(영국 장관 행동강령)

U.K. Constitutional Reform And Governance Act 2010(영국 정부구조 개선 및 거버넌 스 법률)

U.K. The Committee On Standards In Public Life(CSPI), Seven Principles Of Public Life, 1995

U.K. The Committee On Standards In Public Life(CSPI). 2019.6.4896 Co Cspl Command Paper On Local Government Standards V4

U.S Government, 1978.(미국 정부윤리법(국회도서관 부분번역), 2018)

U.S. Ethics Commitments By Executive Branch Personnel, Executive Order 13490 Of January 21, 2009(행정명령–공직자 윤리의무)

U.S. Principles Of Ethical Conduct For Government Officer And Employees, Executive Order 12674 Of April 12, 1989(행정명령–공직자 윤리강령)

U.S. Standard Of Ethical Conduct For Employees Of The Executive Branch(미국 행정

부 공직자 윤리강령)

U.S. Standards Of Ethical Conduct For Government Officers And Employees, Executive Order 11222 Of May 8, 1965(행정명령-공직자 윤리기준)

8) 해외 정부 공직자의 윤리 관련 보고서

국민권익위원회, 「부패방지 관련 해외입법례」, 2013

조균식·박용철, 「반부패 수사기구 해외 입법례 및 평가」, 대검찰청 용역과제, 발간
등록번호 11-1280000-000-196-01, 한국형사법학회, 2013

황지태, 「한국사회 부패의 발생구조와 변화트렌드 분석(Ⅲ)」, 경제·인문사회 연구회
협동연구 총서 17-43-01, 연구총서 17-CB-01, 한국형사정책연구원, 2017

OECD, Building Public Trust; Ethics Measures In OECD Countries, Puma Policy Brief
No. 7, 2000

OECD, Convention On Combating Bribery Of Foreign Public Officials In International Business Transctions, 2011(OECD 뇌물방지협약)

OECD, Recommendation Of The Council On OECD Legal Instruments Improving
Ethical Conduct In The Public Service Including Principles For Managing Ethics In The Public Service, 2018

U.N., United Nations Convention Against Corruption, 2004(UN 반부패협약)

9) 공직자의 공직가치 및 윤리 관련 서적

Lewis, Carol W. and Gilman, Stuart C., *The Ethics Challenge In Public Service-A Problem-Solving Guide*, Second Edition, John Wiley & Sons, 2005

국회운영제도개선 자문위원회, 활동결과 보고서, 2008

국회운영제도개선 자문위원회, 운영개선 자문위 요약(0525), 국회의사규칙 및 국회의
원 윤리규칙, 2009

김대근, 「정치자금 투명성 제고방안 연구」, 『KIC issue paper』 제6호, 서울: 한국형사정책연구원, 2015

박상철 · 김현태 외, 「선거비용 선거공영제 개선방안연구」, 중앙선거관리위원회 연구용역 보고서, 한국 정치법학연구소, 2018

임성근 · 박기관, 「선거제도의 효율화 방안 연구 – 전자투표제 도입방안을 중심으로」, KIPA 연구보고서 2013-20, 한국행정연구원, 2013

임성근 · 장우영, 「중앙선거관리위원회의 공직선거제도 관리실태 분석 및 개선방안」, KIPA 연구보고서 2014-17, 한국행정연구원, 2014

최현선 외, 「정책선거 활성화 및 책임정치 강화를 위한 정당구조 개선방안에 관한 연구」, 한국지방자치학회, 2014

홍완식, 「부정청탁금지 및 공직자의 이해충돌방지법안에 대한 입법평가」, 입법평가 issue paper 13-24-2, 2013

참고문헌

■ 기본자료

강정석 외, 「공직가치 재정립 및 내재화 방안」, 인사혁신처 · 한국행정연구원, 2015.

고권삼, 『조선정치사』, 을유문화사, 1948

금장태, 「사회변동과 유교의 역할」, 『사상과 정책』 1(3 여름호), 1984.

김경동, 『한국인의 가치관과 사회의식』, 박영사, 1992

──, 『한국사회변동론』, 나남, 1993

──, 『선진한국, 과연 실패작인가?: 김경동의 문명론적 성찰』, 삼성경제연구소, 2000.

──, 『한국사회발전론』, 집문당, 2002.

──, 『현대의 사회학』, 신정판. 박영사, 2004.

──, 「현대 민주주의의 위기와 미래 민주주의의 유가적 구상」, 『미래연구』 3(2), 2018.

──, 『사회적 가치: 문명론적 성찰과 비전』, 푸른사상사, 2019.

김경동 · 김여진, 『한국의 사회윤리』, 철학과 현실사, 2010.

김경동 · 백완기 · 임현진, 「위기 속의 민주주의」, 백산서당, 2019.

김문조, 「사이버 문화의 특성과 동학」, 『사이버 시대의 삶의 질』, 아산사회복지사업재단, 2000, 231~248쪽.

김영미, 「미군정기 남조선과도입법의원의 성립과 활동」, 『韓國史論』 32집, 1994.

김영호, 「정약용과 경세유표」, 『한국의 실학사상』, 삼성출판사, 1983.

김태창, 『일본에서 일본인들과 나눈 공공철학 대화』, 도서출판 모시는 사람들, 2017.

김학주, 『신완역 맹자』, 명문당, 2002.

─────, 『논어』, 서울대학교 출판문화원, 2009.

램프레히트, 스털링, 『서양철학사』, 김태길 외 역, 을유문화사, 1989.

마키아벨리, 니콜로, 『군주론』, 신봉룡 역, 을유문화사, 2019.

서수용 외, 『선비정신에서 찾는 공직자의 길』, 문화체육관광부, 퇴계학연구원, 2011.

박형준, 『한국사회 무엇을 어떻게 바꿀 것인가?』, 메디치미디어, 2014.

박형준·권기돈, 『보수의 재구성: 새로운 정치를 위한 자유공화주의 선언』, 메디치미
    디어, 2019.

송재소, 「다산의 사회시」, 한우근 외, 『정다산연구의 현황』, 민음사, 1985.

─────, 「정약용의 사상과 문학」, 예문동양사상연구원박홍식 편저, 『한국의 사상가 10
    인: 다산 정약용』, 예문서원, 2005.

심지연, 『대구10월항쟁연구』, 청계연구소 출판국, 1991.

애커로프, 조지·레이첼 크렌턴, 『아이덴티티 경제학』, 안기순 역, 랜덤하우스코리아,
    2010.

이병수, 「문화적 민족주의의 맥락에서 본 안호상과 박종홍의 철학」, 『시대와 철학』 제
    19권 2호, 2008.

이상옥, 『예기(중)』, 명문당, 2003.

이상은 감수, 『한한대사전』, 민중서관, 1983.

이석호, 『춘추좌전 중』, 평범사, 1980.

이재열, 「무너진 신뢰, 지체된 투명성」, 정진성 외, 『한국사회의 트렌드를 읽는다: 국
    민의식조사를 통해서 본 외환위기 10년』 서울대학교출판부, 2009.

장수찬, 「한국 사회의 신뢰수준의 하락과 그 원인 : 국가 간 비교 분석적 관점에서」,
    『세계지역연구논총』 25(3), 2007.

정일균, 『다산 사서경학 연구』, 일지사, 2000.

조남국, 『율곡의 사회사상』, 양영각, 1985.

진덕규, 『한국현대정치사서설』, 지식산업사, 2000.

최호철, 「사이버 시대의 언어생활」, 『사이버 시대의 삶의 질』, 아산사회복지사업재단,

2000.

추병완, 「사이버 윤리의 정립 방안」, 김경동 외, 『사이버 시대의 사회변동』, 집문당, 2002.

카타오카 류(片岡龍), 「14세기 말에서 16세기 중엽 '공공' 용례의 검토: 『조선왕조실록』과 『한국문집총간』을 중심으로」, 한국과 일본의 공공의식 비교연구 국제학술대회, 국립고궁박물관, 2012.11.21.

한국행정연구원, 「사회통합실태조사」, (주)케이에스센세이션, 2018.

인사혁신처 · 한국행정연구원, 「공직사회 신난 빛 발선방향 노색. 공식가치 재성립을 위한 전문가 포럼」, 2015.

한국행정연구원 · 인사혁신처, 「공직가치에 대한 이해와 대응」, 한국행정연구원 · 인사혁신처 학술세미나, 한국행정연구원 대강당, 2015.

한글학회, 『우리말 큰사전』, 어문각, 1991.

한양원, 『정약용의 목민심서』, 나무의 꿈, 2019.

한우근 외, 『정다산연구의 현황』, 민음사, 1985.

한형조, 「공(公)으로 사(私)를 물리치다: 유교적 공동체, 힐링과 참여로 공공을 구현하다.」 한형조 외, 『500년 공동체를 움직인 유교의 힘』, 글항아리, 2013.

황경식, 『덕윤리의 현대적 의의』, 아카넷, 2012.

Akerlof, George A, *Identity Economics: How Our Identities Shape Our Work, Wages, and Well-Being*, American First Edition, Princeton, NJ: Princeton University Press, 2010.

Beck, Ulrich, *The Risk Society*, London: Sage, 1992.

Bell, Daniel, *The Coming of Post-Industrial Society: A Venture in Social Forecasting*, New York: Basic Books, 1973.

──────, *The Third Technological Revolution*, Seoul: Korea Telecom, 1990.

Bell, Wendell, *Foundations of Futures Studies: Values, Objectivity, and the Good Society*, Human Science for a New Era vol.2, New Brunswick(USA) and London(UK): Transaction Books, 2004.

Breen. M., *The Koreans Who They are, What They Want, Where Their Future Lies*, New York: St Martin's Griffin, 2004.

Brill, Steven, "My Generation was Supposed to Level America's Playing Field. Instead, We Rigged It for Ourselves." *Time*. May 28: 28~35. Excerpted from Brill, Tailspin, New York: Alfred A. Knopf, 2018.

Chan, Wing–Tsit, *A Source Book in Chinese Philosophy*, Princeton, NJ: Princeton University Press, 1973.

Crouch, Colin, *Post-Democracy*, Cambridge: Polity Press, 2004.

Crozier, Michel, et al, *The Crisis of Democracy. Report on the Governability of Democracies to the Trilateral Commissions*, New York: New York University Press, 1975.

Dahl, Robert A., *On Democracy*, Yale University Press, 2000

de Barry, Wm. Theodore and Irene Bloom, *Sources of Chinese Tradition* Volume I, Second Edition, New York: Columbia University Press, 1999.

Gibbs, Nancy, "Will the Nation Succeed Where the President Failed?" *Time*, 22~23. August 28. 2017.

Gurri, Martin, *The Revolt of the Public and the Crisis of Authority in the New Millennium*, Kindle Edition. 2014.

Habermas, Jürgen, *The Philosophical Discourse of Modernity*. London: Polity Press, 1985.

Held, David, *Models of Democracy*, 2nd ed. Stanford, CA: Stanford University Press, 1996.

Jacobs, Norman, *The Korean Road to Modernization and Development*, Urbana, IL: University of Illinois Press, 1985.

Juan Linz, *The Failure of Presidential Democracy*, The Johns Hopkins University Press, 1994.

Kagan, Donald, Steven Ozment, and Frank M. Turner, *The Western Heritage*, Complete in one volume, Third Ed., New York: Macmillan, 1987.

Kim Kyong–Dong, "Is Perfect Democracy Possible?", Keynote Speech delivered at the

44th NAS International Symposium on "Democracy in Crisis: Challenges and Opportunities," hosted by the National Academy of Sciences, Republic of Korea, October 20, 2017, the Grand Conference Hall of the Academy. 2017a.

—————————, *Korean Modernization and Uneven Developmen: Alternative Sociological Accounts*, London & New York: Palgrave Macmillan. 2017b.

Kim Kyong-Dong, Wanki Palk, and Hyun-chin Lim(eds), *Democracy in Crisis*, Seoul: Baiksan Publishing House. 2019

Laski, Harold J., *Democracy in Crisis*, London and New York: Routledge, 2015[1933].

Mihelic, Katarina Katja, Bogdan Lipicnik and Metka Tekavcic, "Ethical Leadership", *International Journal of Management & Information Systems* 14(5 4th Quarter). 2010, pp.31~41.

Northhouse, Peter G, *Leadership: Theory and Practice*, 5th ed., Thousand Oaks, CA: Sage, 2010.

Novak, Michael. "Was Western Civilization a Bad Idea?", *AIE Newsletter*, March, Washington DC: American Enterprise Institute for Public Policy, 1994.

Papadopoulos, Yannis, *Democracy in Crisis? Politics, Governance and Policy*, London and New York: Palgrave Macmillan, 2013.

Putnam, Robert D., *Bowling Alone: The Collapse and Revival of American Community*, New York: Simon & Schuster, 2000.

Rafaeli, S., and J. Newhagen, "Why Communication Researcher Should Study the Internet: A Dialogue", *Journal of Communication*, 46(1), 1996.

Robbins, Stephen P. and Timothy A. Judge, *Organizational Behavior*, 7th ed. Boston, MA: Pearson, 2017.

Rokeach, Milton, *The Nature of Human Values*, New York: Free Press, 1973.

—————————, *Understanding Human Values*, New York: Free Press, 1979.

Skilton, Mark, and Felix Hovsepian(eds.), *The 4th Industrial Revolution: Responding to the Impact of Artificial Intelligence on Business*, London and New York: Palgrave Macmillan, 2018.

Soros, George, "The Capitalist Threat", *The Atlantic Monthly*, 279(2; February), 1997.

Stogdill, Ralph M., *Handbook of Leadership: A Survey of Theory and Research*, New York: Free Press, 1974.

Toffler, Alvin, *The Third Wave*, London: Pan Books, 1981.

Wayne, L., "A Promise to be Ethical in an Era of Immorality", *New York Times*, May 30. 2009.(http://www.nytimes.com/2009/05/30/business),

Weber, Max, *The Theory of Social and Economic Organizations*, Transl. by Talcott Parsons, New York: Free Press, 1947.

──────, *The Religion in China*, Hans H. Gerth, tr. & ed. New York: Free Press, 1951.

──────, *Economy and Society*, GüntherRoth and Claus Wittich, eds., New York: Bedminister, 1968.

──────, "Politics as Vocation", in Tony Waters and Dagmar Waters(eds. & transls.), *Weber's Rationalism and Modern Society*, New York: Palgrave Macmillan, 2015[1919], pp.129~198.

Williams, Robin M. Jr., *American Society*, Third Edition, New York: Alfred Knopf, 1970.

Zavalloni, Marisa. "Values", in H.C. Triandis and R.W. Brislin(eds.), *Handbook of Cross-Cultural Psychology, Vol. 5. "Social Psychology"*, Boston: Allyn and Bacon, 1980. pp.73~120.

新城道彦.『朝鮮王公族』, 中公新書, 2015.

磯田道史, "十九世紀日本人", 山本博文 外,『外国人が見た近世日本: 日本人再発見』, 輘: 角川学芸出版, 2009, 221~293.

찾아보기

저자 소개

■ 김경동 金璟東

　서울대학교 사회학과를 졸업하고, 미시간대학교에서 석사, 코넬대학교에서 박사학위를 받았다. 서울대학교 교수, 기획실장, 한국사회학회 회장, 한국정보사회학회 초대 이사장, 국회공직자윤리위원회 위원 등을 역임하였다. 주요 저서로『사회적 가치』『자발적 복지사회』『한국의 사회윤리:기업윤리, 직업윤리, 사이버윤리』『한국사회 발전론』『미래를 생각하는 사회학』『발전의 사회학』『인간주의 사회학』등이 있다. 옥조근정훈장, 대통령표창, 인촌상, 경암상, 성곡학술문화상, 중앙문화대상, 탄소문화상대상 등을 받았고, 마르퀴스 후즈후 등에 이름을 올렸다. 현재 서울대학교 명예교수, 대한민국학술원 회원이다.

■ 진덕규 陳德奎

　연세대학교 정외과를 졸업하고, 같은 대학원에서 정치학 석사, 박사학위를 받았다. 이화여자대학교 정외과 교수, 이화여자대학교 한국문화연구원 원장, 대학원장을 역임했다. 주요 저서로『한국현대정치사서설』『한국정치의 역사적 기원』『민주주의의 황혼, 학문과 사상사』등이 있다. 한국백상출판문화상(저작상), 용재학술상, 민세상(학술연구부문) 등을 받았다. 현재 이화여자대학교 명예교수이다.

■ 박형준 朴亨埈

　고려대학교 사회학과를 졸업했다. 중앙일보 기자, 동아대학교 교수를 거쳐 2004년 17대 국회의원으로 정치 활동을 시작했다. 대통령실 홍보기획관, 정무수석비서관, 사회특별보좌관을 지냈으며, 제29대 국회 사무총장을 역임했다. 주요 저서로『한국사회, 무엇을 이떻게 바꿀 것인가』『보수의 재구성』등이 있다. 현재 동아대학교 국제전문대학원 국제학과 교수로 재직 중이다.